本书系国家社科基金项目"平台经济条件下劳资关系新变化与劳动法制变革"（21BFX021）阶段性成果

ON

THE

丁 芳 著

OBLIGATIONS

# 用人单位义务论

OF

EMPLOYERS

江苏大学出版社
JIANGSU UNIVERSITY PRESS
镇 江

**图书在版编目(CIP)数据**

用人单位义务论 / 丁芳著. -- 镇江：江苏大学出版社，2023.12
ISBN 978-7-5684-2053-2

Ⅰ.①用… Ⅱ.①丁… Ⅲ.①劳动法－研究－中国
Ⅳ.①D922.504

中国国家版本馆 CIP 数据核字(2023)第 244174 号

**用人单位义务论**
Yongren Danwei Yiwu Lun

著　者/丁　芳
责任编辑/柳　艳
出版发行/江苏大学出版社
地　　址/江苏省镇江市京口区学府路 301 号(邮编：212013)
电　　话/0511-84446464(传真)
网　　址/http：//press.ujs.edu.cn
排　　版/镇江文苑制版印刷有限责任公司
印　　刷/江苏凤凰数码印务有限公司
开　　本/710 mm×1 000 mm　1/16
印　　张/15
字　　数/320 千字
版　　次/2023 年 12 月第 1 版
印　　次/2023 年 12 月第 1 次印刷
书　　号/ISBN 978-7-5684-2053-2
定　　价/70.00 元

如有印装质量问题请与本社营销部联系(电话：0511-84440882)

# 前　言

........................................................

　　无救济则无权利，没有义务保障的权利只能是空谈。单方面的"权利泛化"会使权利在规范层面面临冲突，导致现实中"立法愈多而秩序感愈少"。义务性规范以设定社会成员的行为规范为目标，旨在建立社会的秩序性，是权利实现的根本保障。清晰、适当的义务边界是法律关系的稳定器。遗憾的是，当前我国法律对用人单位义务缺乏稳定而清晰的边界。

　　以"劳动者保护"为核心导向的劳动法学研究可能导致用人单位承担过重的义务，造成劳资之间权利义务失衡，使得权利兑现的阻力增大。法律和规范只不过是在保障、配合、纠正自然关系，超出义务载体承受能力的单方面赋权往往事与愿违。对劳动者权利的保护必须以尊重用人单位的义务边界和现实的劳动关系为前提，具体考量用人单位的承受能力和运营成本。

　　用人单位资格认定的赋权思路是导致当下用人单位范畴难以厘清的理论症结。与内涵标准相比，列举式立法简化了用人单位资格认定程序，但同时导致了雇主资格的僵化。以"赋权"方式认定的用人单位资格，其内涵却以"义务"为主，造成了实践中用人单位身份认定的混乱，以至于用人单位义务来源主要以公法形式出现，劳资自治空间不足。用人单位义务设定至少要遵循经济原则、均衡原则、法治原则与和谐原则，并同时具备一定的前瞻性。

　　劳资关系在不同的发展阶段体现了不同的利益导向。"劳工法规"禁止乞讨和流浪，以保障资本原始积累的顺利实现。新教禁欲主义提倡的强制节俭促成了资本主义的加速积累。古典经济学派主张通过自由放任的劳工理论来调整劳资关系。劳资冲突论试图通过限制资方利益促成对劳动者的保护。弗雷德曼、约翰·韦斯顿、拉萨尔、康芒斯、韦伯、雷蒙·阿隆、乔治·柯尔、张维迎等学者均表达了对劳资冲突论的否定态度。韦伯夫妇、萧伯纳的产业民主理论提倡社会改良思想在劳资关系中的运用。圣西门、傅立叶、罗伯特·欧文、康芒斯及泰罗均提倡在劳资之间开展合作。孙中山三民主义劳资改良思想主张劳资合作与共治。埃米尔·迪尔凯姆指出，双赢的、建设性的劳资关系是未来劳资关系发展的必然趋势。彼得·德拉库尔、亚当·普沃斯基、彼得·德鲁克、西格尔·巴萨德均论证了劳动者的自由度和工作效率之间的正向关系。

我国劳动合同立法管制有余，自治不足。在劳动关系中，国家规制作用大于契约自由，强制性义务多于任意性义务，这导致我国劳动合同缺乏足够的弹性。劳动关系黏附性强，国家强制立法不太能综合考量具体劳动合同中的个别因素。只有允许劳资之间进行充分的谈判，才能保证二者就劳资合作的具体细节达成共识，从而建立稳固的合作基础。

依据不同的标准，可以对用人单位义务做出不同的类型化分析。① 依据来源可以把用人单位义务分为法定义务与约定义务。法定义务包括支付报酬义务、缴纳社会保险义务、提供劳动条件义务、劳动保护义务、强制缔约义务、告知义务、建立劳动规章义务。约定义务主要指竞业禁止义务和专项培训义务。② 从对合同类型判断的影响来划分，可以将用人单位义务分为主义务和附随义务。主义务包括给付义务和照顾义务。附随义务是指根据诚信原则，为保障合同目的的顺利实现，在合同的主义务之外通过约定或者法定的方式确立的协助、保密、通知等义务。③ 以义务主体承担义务是否以积极实施某种特定行为为前提，可将用人单位义务分为作为义务与不作为义务。

具体来说，用人单位给付义务狭义上包括工资、奖金、经济补偿金，广义上还应包括差旅费、社会保险金、丧葬费、医疗费、节假日慰问金、因工支出等。工资约定必须遵守劳动基准，其支付形式以货币支付为原则，但实物或准实物工资在我国一直是存在的，主要表现在住房、用车、配偶就业、子女入学、出国旅游等方面。实物工资在增强劳动关系的稳定性、增强企业管理的韧性、体现企业的人文关怀等方面有着相对独特的优势。

彼得·德鲁克、欧利文·谢尔顿、亚当·斯密均强调了工业社会中"企业的社会责任"。迪尔凯姆也指出，工业革命以后职业团体的功能加强了，个体的归属感必须从工业组织本身中获得。用人单位承担对劳动者的照顾义务符合经济学中的"财政上最富裕者"承担责任的原理，可以最大限度地节约生产成本，同时也体现了公司的社会责任。用人单位的照顾义务既包括对劳动者生命健康的保护和照顾，也包括对劳动者人格权、财产权的保护和照顾。卡拉布雷西的危险控制理论认为，由用人单位承担对劳动者的保护照顾义务，更有利于对风险的控制，同时降低事故的发生率。

　　附随义务保障劳动关系顺利运行，提升了合同之债的保障功能，并呈现法定化的趋势。用人单位的附随义务主要包括制定规章制度、提供劳动条件、合理使用劳动者、提供工作资历证明、偿还因工支出、告知义务及对劳动者个人信息的保密义务等。

　　用人单位的责任形式包括民事缔约过失责任、劳动违约责任、违反规章制度的损害赔偿责任，以及因侵害劳动者人身权、财产权和休息权应承担的损害赔偿责任。考虑到人权保障和刑罚的谦抑性，刑法专家往往对劳动行为入刑持谨慎态度。但由于劳动领域存在着恶性的社会后果，超出了民事和行政责任所能够保障的范畴，因此劳动刑法自20世纪中期起在英、美、法、日等国以法典或法律的形式得以确立，我国也逐渐在劳动纠纷的一定范围内适用刑罚。目前我国刑法中与用人单位直接相关的罪名有"重大责任事故罪""强令违章冒险作业罪""雇佣童工从事危重劳动罪""重大劳动安全事故罪""不报、谎报安全事故罪""强迫劳动罪""拒不支付劳动报酬罪"。尚有一些罪名在学理上处于酝酿之中，如"招用童工罪""社会保险诈骗罪""侵犯公民劳动权利罪"等。

# 目　录

# 导　论

∙∙∙∙∙∙∙∙∙∙∙∙∙∙∙∙∙∙∙∙∙∙∙∙∙∙∙∙∙∙∙∙∙∙∙∙∙∙∙∙∙∙∙∙∙∙∙∙∙∙∙∙∙

## 一、用人单位义务研究：现代劳动法之重要课题

### （一）近代学界对权利研究的过分关注导致义务研究缺失

近代化的一个重要标志乃是对权利，尤其是私权利的关注。对权利的认可乃至追捧是现代化的应有之义，权利研究的蓬勃成了一种无法遏制的趋势。① 这促成了权利本位在法学界的主导地位，导致法学研究的诸多领域均以讨论权利为出发点，劳动法领域亦如是。近代关于权利的过分关注是以私权为出发点的。在劳动关系中，劳动者权利作为私权利的代表，被充分强化。无论是主张"单保护"还是"双保护"，都以"劳动者保护"为出发点，甚至有学者认为必须在二者之间做出一个非此即彼的选择。② 对劳动者权利的保护成了劳动法学研究的主旋律，以至于权利成为人们讨论劳动合同的理论起点，其结果就是劳动法理论的中心内容是关于劳动者权利的确定、实施和保障。③ 然而，近代对于权利的关注是有其特定历史背景的，其重点在于强调公权与私权之间的位阶，指以国家直接立法为法律的产生模式时，防止个人权利被国家权力吞没，所以主张个人权利先于国家权力而存在，即"权利先定、义务后生"。它证明的是公民私权利对国家公权力的先在性，而不是一般意义上的权利对义务的先在性，更无法直接指向劳动者权利及其对应的用人单位义务。④

法律关系由权利和义务组成。近年来，法学界关于权利的强调和关注远多于义务，这无疑博得了社会公众的认同，乃至于相当一部分学者认为，法律关系中的"权利本位主义"是一种社会的进步。然而权利和义务是一

---

① 陈林林：《反思中国法治进程中的权利泛化》，《法学研究》2014 年第 1 期，第 10-13 页。

② 王全兴：《我国劳动合同立法的基本取向》，《中国劳动》2005 年第 7 期，第 11-14 页。

③ 常凯：《劳权论：当代中国劳动关系的法律调整研究》，中国劳动社会保障出版社，2004，第 2 页。

④ 张恒山：《义务先定论》，山东人民出版社，1999，引言第 2 页。

枚硬币的两面，没有义务保障的权利最终只能化为空谈。美国的《权利法案》，通篇描述的都是义务，包括对国会、政府、法院的禁止性义务。从表述方式上来看，《权利法案》更接近于义务性规范。很多以权利形式呈现出来的法律关系未必代表着先进。如罗马《十二铜表法》以权利的形式允许债权人分割债务人的身体，这种残酷的肉刑显然与进步无关。相反，古巴比伦王国的《汉谟拉比法典》以义务的形式"禁止对债务人实行终身奴役"，此举亦不能说明落后。足见，权利与义务的形式本身并不代表进步与落后，对法律关系进步与否的评判不能脱离法律事实。脱离法律事实只谈权利义务的表现形式，无疑是一种空谈。脱离法律事实后，"权利本位主义"与"义务本位主义"本身均无法预设价值上的进步与落后。

近代以来，学者们对于"权利本位主义"的推崇是在一定的法律语境下进行的。"权利本位主义"观念在我国最初兴起于 20 世纪初。在当时的社会环境下，"权利本位主义"观念有助于明确个人与国家之间的关系，旨在避免国家以公权力侵害私权利，保障个体发挥更大的自由和创造性。"权利本位"的研究趋势在一定时期内修正了我国公民在公权力面前的"义务本位观"，赋予了普通私法主体与国家、社会等公权力主体平等对话的机会和可能，有一定的进步意义。这一思潮也催生了各式各样的公民权利，各色赋权立法层出不穷。"我们越来越习惯于从权利的角度来解释法律问题，来思考和解决社会问题，我们整个世界的权利问题正以几何级数的速度增长。"① 然而，劳资之间不是公权与私权之间的关系，公、私权利这种个人与国家之间的法律语境选择不能适用于所有的法律关系。保障权利是法律追求的目标之一，但绝不仅仅是有了保障权利的利益诉求就可以将某种利益直接转化为权利。单方面的"权利泛化"会使得权利在规范层面发生冲突，导致现实中"立法愈多而秩序感愈少"，使权利设置的目标与实效分离且冲突，甚至以维权为名渗入更多的政府管制，造成权利维护的乌龙效应。②

权利的实现必须以一定的义务保障为前提，义务性规范是权利实现的依据和根本保障。义务性规范以设定社会成员的行为规范为目标，旨在建立社会的秩序性，其不但约束着基本的社会成员，也约束着立法者群体及其相应的立法行为。人类社会以禁忌和义务的出现为其有序化的标志，人

---

① 张文显、姚建宗：《权利时代的理论景象》，《法制与社会发展》2005 年第 5 期，第 3-15 页。

② 陈林林：《反思中国法治进程中的权利泛化》，《法学研究》2014 年第 1 期，第 10-13 页。

类早期的法律主要由义务性规范组成。如犹太人早期的习惯法"摩西十诫"，公元前 18 世纪的《汉谟拉比法典》，公元前 6 至公元前 5 世纪法兰克王国的《撒利克法典》，均以义务性规范为主要内容。罗马《十二铜表法》中第六至十二表也以义务性规范为主，仅在前一至五表中有少部分授权性规范，且其中涉及权利的规范均附有一定的义务性规范。人类法律的发展历史表明，法律产生的初期是以义务为重心建立社会秩序规范的，而非单方面对权利的宣告，清晰适度的义务边界是法律关系运行的稳定器。

**（二）用人单位义务过重**

劳动法既是公法也是私法，用人单位遵守的义务既有公法义务也有私法义务。公法义务主要是用人单位必须遵守的劳动时间、最低工资、缴纳社会保险等劳动基准方面的义务，私法义务则是指用人单位可以通过合同与劳动者协商的义务，如试用期、保密义务、专项培训义务等。用人单位义务过重主要表现为公法领域劳动基准的提高和部分私法义务公法化。前者如最低工资标准过高、劳动时间缩短、社会保险缴费标准的提高等，后者如不定期劳动合同泛化、试用期解除合同的限制等。在劳动法领域，以保护劳动者为出发点的权利宣告增加了用人单位的义务，造成劳资之间权利义务不平衡，使得用人单位难以承受。权利的兑现阻力巨大，最终流于学术或立法形式。实际结果是造成了劳动法领域的权利乌龙效应，即劳动者所享有的规范权利越多而实际获得的保障越少，无法真正起到对劳动者的保护作用，甚至引发实业界的震荡。例如，张五常等人认为，《中华人民共和国劳动合同法》（以下简称《劳动合同法》）生效后，对劳动者权利的倾斜保护导致一些用人单位不堪重负，部分工厂关闭。一批劳动者失业后直接丧失了劳动者身份，根本无从进行维权。据张五常等人估算，《劳动合同法》对劳动者权利的倾斜保护导致用工成本提升，使得很多外资企业将工厂迁往印度、越南等用工成本较低的国家。[①] 可见，法律和规范应当保障、配合及纠正自然关系，超出义务载体承受能力的单方面赋权往往事与愿违。[②] 对劳动者权利的保护必须以尊重用人单位的义务边界和现实的劳动关系为前提，具体考量用人单位的承受能力和运营成本，以及劳资关系运行过程中实际存在的阻力。

用人单位义务与劳动者权利既此消彼长又相辅相成。然而，由于受到

---

① 张五常、季卫东、王宁、高薇：《解释社会：关于法学和新制度经济学的对话》，《交大法学》2015 年第 3 期，第 20—26 页。

② 让-雅克·卢梭：《社会契约论》，黄小彦译，译林出版社，2014，第 58 页。

中国传统文化和社会环境的影响，我国劳动法领域的权利义务设置过分强化两者的对立，而忽视了双方合作和共赢的可能。对劳动者权利的过分保护导致立法及学界倾向于将用人单位作为义务载体加以考量，对其权利则往往忽视或者认为其可以实现自保，不需要立法和学界的加持。这高估了用人单位在当前市场经济环境下的承受能力，加重了用人单位的负担。与之相应，学界关于劳动者权利的研究相当活跃，涉及试用期、职业安全、劳务派遣、合同中止、休息休假、竞业限制等方方面面，且主要从劳动者立场出发，主张对劳动者的保护及对用人单位的约束。这种单方面的学术繁荣表明了我国学术界对待劳资关系的态度，即劳动法的主要责任是保护劳动者的权利。

**（三）现象研究使劳动法学走入了理论误区**

改革开放以后，国有企业实施减员增效，一大批计划经济体制内的劳动力被推向市场，契约劳动关系大量出现，引发了劳动法学研究的热潮。令人遗憾的是，这一时期的研究大都是劳动法领域的现象研究，未能形成完整的理论体系。尤其是这些研究多是从单方面保护劳动者的权利为出发点的，严重泛道德化。因此，自我国建立社会主义市场体制以来，劳动法学看似发展突飞猛进，但总是"争论"大于"共识"，少有成熟的理论问世。法律规范的产生与形成无不从基础理论开始，基本概念和理论是科学知识的基本建材，也是进行学科认知和思考的基本前提。[①] 缺乏成熟的理论和学界共识的现象研究对于一个部门法而言无异于沙丘建塔，完整的部门法理论依赖于清晰的概念、明确的赋权与限权边界，而这些都是劳动法学所欠缺的。对基础的、特定的概念内涵达成一致是秉持各种观点的学者进行探讨的根本出发点，也是构建劳动法理论的基础。在"同一学科内基础概念混乱"的情况下进行探讨只会"造成学科内部学派林立"，看似热闹地在各自语境下做隔岸对打式的学术争论，"很难深入地研究某一部门法的知识体系和内在结构"[②]。用人单位义务缺乏稳定而清晰的边界是导致我国劳动法整体理论体系难以建构和发展的重要原因之一，这是笔者决定对"用人单位义务"这一基础理论进行研究的根本原因。

**（四）基础理论匮乏导致相关概念模糊**

清晰的基础理论和概念是进行学科理论研究的定海神针，然而，劳动法领域对于用人单位义务的基础理论研究却极其匮乏。这不仅造成了部门

---

① 黄越钦：《劳动法新论》，中国政法大学出版社，2003，第19页。
② 秦国荣：《劳动权保障与〈劳动法〉的修改》，人民出版社，2012，第1页。

法研究的混乱，而且让诸多非法律边缘学科概念乘虚而入，如对劳动者权利的过分保护促成了我国劳动关系内容的泛道德化，形成了学界对用人单位的声讨之势。从"资强劳弱"到"资恶劳善"，其道德内涵可能大于法律内涵，舆论谴责大于理性分析，不利于良性劳资关系的建立。劳动法领域的"倾斜保护"理论被舆论和道德掌控，演化为"单保护"与"双保护"之争，形成了以对弱者的保护程度来衡量劳动法优劣的价值判断。为了对用人单位义务规定过重这一偏颇进行修正，有学者引入了经济学的分析方法，劳动法基础理论研究演化成对用人单位的经济成本的考量。从经济学的角度审视劳动关系固然有其合理性，然而，在劳动法学者们尚未对劳动法领域的诸多概念进行清晰界定之前，这一经济分析的加入而导致的劳动法学术繁荣或许并不持久。例如，劳动法理论尚未对用人单位形成清晰的分层共识，经济学这把"牛刀"如何解剖上至跨国公司，下至个体户的成本状况？况且，我国的用工主体极其复杂，大量的小微企业、个体工商户并没有清晰的成本核算，其雇主本身也是劳动者，甚至是最主要的劳动者。在劳动法自身理论不健全的情况下，由于没有从根本上定位劳资关系问题，经济学视角的考量最终也只能是只见树木不见森林。因此，劳动法理论研究的当务之急是构建自成体系的逻辑结构和理论体系，而用人单位义务是劳动法理论体系中的基础问题之一。

## 二、用人单位义务研究综述
### （一）国内研究

我国关于用人单位义务的研究，可以追溯到 1934 年史尚宽先生所著《劳动法原论》一书，书中简要介绍了用人单位义务，并提到了雇佣人的给与义务、保护义务和附随义务。① 然而，史尚宽先生显然更注重团体协约和工会方面的研究，对用人单位义务着墨不多。新中国成立后，最早论及用人单位义务的著作是谢怀栻、陈明侠先生于 1985 年出版的《劳动法简论》。该书在介绍资本主义国家的劳动合同时，提到了雇佣人给付工资的义务、保护的义务、使用的义务、证明的义务及向受雇人说明劳动条件的义务。② 但该书论述的主要是资本主义国家劳动合同制度，并未指出我国用人单位是否也适用同样的义务标准。

近年来学界往往将用人单位义务作为保护劳动者权利的附属品，只在

---

① 史尚宽：《劳动法原论》，世界书局，1934，第 27~45 页。
② 谢怀栻、陈明侠：《劳动法简论》，中国财政经济出版社，1985，第 77~78 页。

论证对劳动者保护的必要性时浅尝辄止或靶向性提及，鲜有深入探讨，故用人单位义务研究基本处于停滞状态。《中华人民共和国劳动法》（以下简称《劳动法》）及《劳动合同法》的颁布将前述所列用人单位义务法规化，而在此前后学界均未见关于用人单位义务的系统性理论研究。大多数劳动法论著也只是对用人单位义务做一些罗列性的介绍，不仅篇幅短小，而且不大涉及用人单位义务设定的原则及其背后的基本法理基础。即使是一些劳动合同法领域的权威学术著作，亦鲜有专门论述用人单位义务者。近年的少数学术论著中出现了关于用人单位义务的分类，如将用人单位义务分为付酬义务、安全卫生义务、帮助义务、使用义务、培训义务、制度保障义务。① 再如将用人单位义务分为、给付工资的义务、保护义务、使用义务、为被雇佣人提供证明书的义务、向被雇佣人说明劳动条件的义务。② 然而，这些论著对用人单位义务的研究均仅止于分类，对于分类的原因、标准及依据均未作进一步论证，缺乏关于其背后的理论基础的详细阐述。黄越钦先生提出了"提供经济地位向上机会之义务"，以及"受雇人智慧财产权之保护义务"，但是同样没有对其所列义务从基础理论的角度进行充分的论证。③ 另有一些权威论著，如程延园教授编著的《劳动关系》（中国人民大学出版社，2002 年）、沈同仙教授的专著《劳动法学》（北京大学出版社，2009 年）等，都没有提及用人单位义务这样一个劳动法律关系中的核心问题。可见，以往关于用人单位义务的研究极其匮乏，一般仅限于各学者在自己的思考范畴内进行简单的描述与分类。《劳动法》和《劳动合同法》的起草与成稿均沿袭了这样的做法：对用人单位的义务止于罗列。

关于用人单位义务研究的论文同样匮乏。尽管用人单位义务在近年来开始受到少数学者的关注，但焦点局限于用人单位的个别义务。笔者在中国知网上检索到的相关论文只有关于告知义务、强制缔约义务等个别义务的论述，而且在研究的视角和立场上未见新意。由此可见，目前国内关于用人单位义务的研究基本局限于简单列举或从保障劳动者权利的道德立场出发设定用人单位义务，缺乏从整体上对用人单位义务的内涵、法理及边界等基础概念的研究，距离构建完备的理论体系更是相距甚远。这也是笔者撰写本书的原因所在。

---

① 王全兴：《劳动法学（第二版）》，高等教育出版社，2008，第 120 页。
② 林嘉、曾宪义、王利明：《劳动和社会保障法（第四版）》，中国人民大学出版社，2016，第 72 页。
③ 黄越钦：《劳动法新论》，中国政法大学出版社，2003，第 176-182 页。

## （二）国外研究

我国的契约劳动关系是随着改革开放而逐步发展和建设起来的，其最大的特点是政府主导，呈现出公法私法化的倾向。西方国家劳动法的发展经历的是私法公法化的过程，早期内容均由民法加以规定，义务以民法上债之义务为理论基础。在法国、德国等市场经济比较成熟的国家，契约自由在劳动法领域得到了相对充分的体现。如《法国劳动法典》在"劳动合同"一章以私法的形式规定了雇主的惩戒权、对于受雇人的保护义务、制定内部规章的义务、给予年休假的义务。① 同时，由于西方国家的工会制度相对完善，在劳资博弈的过程中，双方更具备平等谈判的可能性。因此，这一研究的缺失对现实法律关系造成的损害相对较小。

在很多西方学者看来，劳资关系的性质较少涉及意识形态或价值判断，雇主与雇员更多是一种生活方式的选择。例如，奈特认为，在企业这种体制下，自信者和冒险家承担风险以保证动摇者和胆小鬼获得一定的收入。② 在科斯看来，剩余利润是对风险承担的奖励，企业家对于员工和企业的指挥和控制权则是出于风险控制的必须。因此，科斯认为，指挥是雇主与雇员这种法律关系的实质。从经济学的角度考量，企业作为一种市场主体参与竞争是各类契约的集合与浓缩，不同的生产要素或劳动力所有人通过企业这样一种集中交易的形式最大限度地节约成本，提高生产效率。雇主和雇员基于对风险的责任承担不同而享有不同的收入分配权。雇主承担风险，因而对企业和雇员拥有一定的组织管理权，相对讨厌风险的雇员获得了相应稳定的收入。③

---

① 《法国劳动法典》，罗结珍译，国际文化出版公司，1996，第 51-55 页。

② Frank Knight：*Risk*, *Uncertainty and Profit*, First edition, 1921. Hart, Schaffner & Marx；Boston：Houghton Mifflin Company, The Riverside Press, Cambridge, p.267.

③ ［美］罗纳德·H. 科斯：《企业的性质》，格致出版社，上海三联出版社，上海人民出版社，2014，第 42 页。

# 第一章　用人单位义务的相关理论

## 第一节　用人单位的界定

### 一、学界观点梳理及评析

用人单位是与劳动者或雇员相对应的概念，目前尚无准确而又通用的定义。王全兴教授从用工能力角度来判定用人单位，认为有能力雇佣并使用一名以上劳动者而且定期向劳动者支付额定报酬的组织可以称之为用人单位。[①] 董保华教授建议，"在用人单位的法律资格上，应当建立起'劳动力使用者'的范畴"[②]。常凯认为，"用人单位"这一术语是计划经济的产物，既不准确也不周延，是计划经济劳动关系在劳动法学中的反映，表明了我国市场经济改革的不完善。[③] 随着市场经济体制的建立，很多学者主张用"雇主"取代"用人单位"。

"用人单位"这一概念具有极强的本土性，对它的理解和定位必须与中国的社会现实相结合。仅就概念本身而言，西方常用的"雇主"一词其含义与"用人单位"最为相近。从学界修辞习惯来看，"用人单位"与"雇主"的内涵基本是一致的。因此，用人单位和雇主的概念目前在我国基本处于混用状态，然而两者称呼上的差异又足以表明其蕴含着不同的文化背景。相对于"雇主"而言，"用人单位"一词是我国特有的对雇佣一方的称谓，它反映了从计划经济向市场经济改革过程中人们对于雇佣关系的普遍排斥。"用人单位"这一术语之所以能够落地生根，有着非常深厚、复杂的社会制度背景和文化渊源，反映了公众在特定文化背景下的心理感受，隐含着当事人对社会地位的不同期待，体现了劳动立法的价值取向。董保华

---

[①]　王全兴：《劳动法学（第二版）》，高等教育出版社，2008，第114页。
[②]　董保华：《劳动关系调整的法律机制》，上海交通大学出版社，2000，第233页。
[③]　常凯：《劳动法》，高等教育出版社，2011，第112页。

教授对"用人单位"这一用法也给予了高度的评价，认为"用人单位"这一称呼是我国劳动法为适应中国特有的劳动力市场改革而进行的创造，它在一定程度上反映了我国劳动法独特的发展过程，即制度、政策逐步淡化，立法逐渐规范和健全的过程。"用人单位"见证了我国劳动立法的发展史。[①]同样，"劳动者"一词也隐含了我国社会主义意识形态下人们对于自身主人翁地位的价值期待，有其特定的文化内涵。

概念是研究问题的起点，但过分纠结于概念无异于作茧自缚。不同的概念只要描述的是同一范畴的理论问题，即具有了可公度性，有了比较和交流的基础。因此，对于含义模糊或尚有歧义但是已经具备比较和交流基础的学术概念，在某一时间段内可以允许其共同存在。不对二者进行清晰的概念界定并非出于懒惰，而是求同存异，在比较中寻求创造和发展。谨小慎微地纠结于定义反而会限制基于不同文化背景而产生的概念之间的比较，进而扼杀从这种比较中可能创造出的有益智慧。[②]从某种意义上讲，概念的模糊性有助于拓展学术研究的边界和基础。[③]舶来的"雇主""雇员""劳资关系"概念与我国本土的"用人单位""劳动者""劳动关系"概念有着文化认同和历史渊源上的巨大差别，但这两组概念讨论的无疑是同一范畴的问题，具有可公度性。简单地肯定一种表述而否定另一种表述，显然是不可取的。学术探讨不必纠结于如何使概念达成绝对的统一，容忍概念在一定范畴内的模糊性本身也是对学术的拓展。因此，对于这样两组既具有文化差异同时又具有一定统一性的概念，笔者以使用"用人单位""劳动者""劳动关系"概念为主，但论及国外的案例和立法时会尊重其用语习惯称呼"雇主""雇员""劳资关系"等。

### 二、国外用人单位主体资格认定标准

何为"用人单位"？世界各国或地区立法多是以一定的内涵标准来界定的，具体的雇主资格认定则交给司法机关在实践中通过个案加以甄别。例如，美国的《公平劳动标准法》根据"对工人是否有控制的权力"来确定雇主身份。在我国台湾地区，雇主地位在法律上的核心内涵是"劳务请求权"和"指示命令权"[④]，凡是符合这两个标准的用工关系均可认定为劳动

---

① 董保华：《劳动合同研究》，中国劳动社会保障出版社，2005，第 57 页。
② 刘家和、陈新：《历史比较初论：比较研究的一般逻辑》，《北京师范大学学报》，2005 年第 5 期，第 67–72 页。
③ 冯同庆：《劳动关系理论研究》，中国工人出版社，2012，第 4 页。
④ 黄越钦：《劳动法新论》，中国政法大学出版社，2003，第 97 页。

关系。德国关于用人单位的概念范畴则更加开放。在德国，雇主并不是一个清晰的概念范畴，雇主身份的确定完全依赖于雇员的概念，在劳动关系中与雇员相对的另一方即为雇主。① 这些相对概括和抽象的概念为用人单位资格认定提供了一定的内涵标准，发生纠纷时可以从更灵活的范围内确定雇主身份，寻找责任人，有助于保障劳动者的权益。

鉴于中小企业在规模及管理上的劣势，以及它们所承载的经济稳定和就业责任，在以内涵为标准的认定基础上，美、德、韩、日等国都在劳动法规中规定了一定程度的用工责任豁免制度。美国劳动力市场以自由著称，但其立法也规定了诸多对小企业的特殊豁免。例如，美国 1964 年《民权法案》第七章涉及的关于种族、肤色、宗教、性别或国籍方面的歧视性规定，适用于雇员超过 15 名的雇主；1967 年《雇佣年龄歧视法案》仅对雇员超过 20 名的雇主生效；1990 年《残疾人法案》适用于雇员超过 15 人的企业。无独有偶，以劳动保护著称的德国解雇保护制度也对小企业实行了豁免。根据德国《经营条例》第一百三十四条第二款的规定：只有在企业规模大于 20 人时，雇主才有义务向雇员出具写明工资总数及各项扣除项目的证明。② 德国的职工参与制度也仅针对雇员在 5 人以上的企业。德国 1969 年《不当解雇保护法》起初只适用于雇工超过 5 名的雇主，1996—1998 年扩大了豁免范围，调整为雇工在 10 人以下的雇主，1999—2003 年调整为 5 人以下，2004 年以后又重新调回 10 人以下。虽然管制与放松随经济形势的变化而有所变化，但是对小企业的豁免和优惠却是一以贯之的。韩国《劳动基准法》原则上不适用于小企业，雇员在 5 名以下的小企业可以豁免，雇佣家政工作人员和只雇佣住在一起的亲戚的企业同样豁免。同时，韩国和日本对雇工在 10 人以下的小企业免除了制定工作规则的义务，小型家族企业同样可以被豁免。根据澳大利亚《公平工作法》的规定，其解雇保护仅对有限的雇主适用。只有少数雇员有权质疑雇主的解雇是"不公平的""苛刻的"或"不适当的"。这些雇主必须是《工作选择法》所覆盖到的，即雇佣员工在 100 人以上，且员工的年收入不超过 106400 澳元的用人单位。③ 这种区别用人单位经济实力的分层立法对我国用人单位的界定有重要的借鉴意义。

---

① 谢增毅：《劳动法的比较与反思》，社会科学文献出版社，2011，第 7 页。
② 王倩、朱军：《德国联邦劳动法院典型判例研究》，法律出版社，2015，第 101 页。
③ 白羽：《澳大利亚劳动法律制度研究》，法律出版社，2011，第 65-66 页。

### 三、我国用人单位主体资格认定标准

我国劳动立法并未给用人单位一个确定的理论概念，而是采用列举的方式界定用人单位主体资格。根据《劳动法》第二条的规定，我国用人单位主体包括企业、个体经济组织、国家机关、事业组织、社会团体。这一关于用人单位主体资格的列举是比较封闭的，并未以"等"的方式给司法或民间留有开放适用的可能性。直到后来制定《劳动合同法》时，囿于封闭的用人单位主体范畴给劳动合同认定带来的现实困扰，《劳动合同法》第二条将用工主体扩展至民办非企业单位。[①] 尽管如此，劳动立法也只是将用工主体从传统的五大类扩展至六大类，并未改变列举式立法的形式。列举式立法简化了用人单位资格认定程序，为实务操作提供了便利，保障了用人单位概念边界清晰，但是这种立法形式也将用人单位概念限定在一个固定的范围内，使其内涵不再具有延展性。列举式的用工主体范围很难适应司法实践中灵活多样的劳动关系，往往置劳动者于被动地位，使劳动关系远离了对劳动者倾斜保护的初衷。

通过列举的方式将用人单位主体资格锁定为特定主体，其主旨在于简化用人单位资格认定的难度，减轻司法环节操作的困难，却使得用人单位极易通过自否身份的方式规避本应承担的劳动法责任，为劳动者权益保护及劳动关系的良性运行留下了隐患。由于市场经济的多变性，列举的方式不管怎样拓展都难以周延现实社会中的雇佣主体。目前虽尚不宜以"与雇员对应的相对方就是雇主"来确定，但至少可以确定一个基本的前提。综合前文所述，当下宜以组织为前提确定用人单位资格，但由于组织是一个抽象概念，在签订劳动合同时，劳动者从常识或民事角度往往难以判定，可能导致现实中不具备用工资格的组织违法签订劳动合同，而劳动者对此并不知情，这就需要一个直观可见的书面鉴定材料呈现在劳动者面前。建立用人单位资格审查制度是一条可行的出路。劳动力用工市场不同于一般市场，应有专门的市场准入规则，用人单位资格应由国家专门机关予以确认。用人单位资格审查是指由劳动行政主管部门对具有用人资质的组织进行的审查，通过发放用人资质证书的形式提供书面的证明文件以证明其具备了用人资格的一种认证机制。这种认证机制要求用人单位在建立劳动关系时向劳动者出具相应的书面证明，可以保证劳动者以最便捷的方式识别用人单位有无用人资格，降低劳动者在签订劳动合同过程中的鉴别成本。

---

① 《劳动合同法》第二条：中华人民共和国境内的企业、个体经济组织、民办非企业单位等组织与劳动者建立劳动关系，订立、履行、变更、解除或者终止劳动合同，适用本法。

我国《劳动保障监察条例》规定的关于用人单位的资质及履约状况的监督审查都是事后审查。① 2015 年《中共中央 国务院关于构建和谐劳动关系的意见》强调应扩大劳动保障监察制度的书面审查覆盖范围，建立健全违法行为预警防控机制。事前用人单位资格审查是一项具体可行的违法预警防控机制，而且这一审查在我国有一定的制度基础。根据劳动和社会保障部 2006 年《关于建立劳动用工备案制度的通知》的要求，我国已建立了用人单位劳动用工备案制度。当下，只需将现有用工制度的形式备案审查改为实质的资格确认即可。可以依托《劳动保障监察条例》所规定的较为清晰的从中央到地方的监察责任主体②，由原来承担用人单位资格备案的相关部门直接履行这一职责。无论是在内容上还是在形式上，二者都一脉相承。现行的制度设计可以保证用人单位资格审查的落实，以书面资质证明用人单位身份，并规定其立约时加以明示，这既不会增加用人单位的负担，也没有滥用或扩大监察部门的职权，反而降低了劳动者对用人单位资质的鉴别成本，能在一定程度上保护劳动者权利。

### 四、列举式立法对用人单位范畴的局限

近年来，立法实践对用人单位范畴进行了一定的拓展。如 2008 年《中华人民共和国劳动合同法实施条例》第四条将用人单位资格拓展至依法取得营业执照或者登记证书的单位分支机构，以及虽然没有取得营业执照或者登记证书但是接受了用人单位委托的分支机构。这实质上确认了用人单位分支机构具有用人单位资格。2015 年人社部《关于贯彻实施〈中华人民共和国劳动合同法〉若干规定（征求意见稿）》也尝试性地对用人单位范畴进行了一定的拓展。该征求意见稿第六条承认了一定条件下分包方的雇主资格。实际上是尝试赋予不具有用工资格的分包方以用人单位身份。但是，以上诸多尝试不管成功与否，对用人单位资格的拓展都是被动的。首

---

① 《劳动保障监察条例》第十一条规定，劳动保障行政部门对下列事项实施劳动保障监察：（一）用人单位制定内部劳动保障规章制度的情况；（二）用人单位与劳动者订立劳动合同的情况；（三）用人单位遵守禁止使用童工规定的情况；（四）用人单位遵守女职工和未成年工特殊劳动保护规定的情况；（五）用人单位遵守工作时间和休息休假规定的情况；（六）用人单位支付劳动者工资和执行最低工资标准的情况；（七）用人单位参加各项社会保险和缴纳社会保险费的情况；（八）职业介绍机构、职业技能培训机构和职业技能考核鉴定机构遵守国家有关职业介绍、职业技能培训和职业技能考核鉴定的规定的情况；（九）法律、法规规定的其他劳动保障监察事项。

② 《劳动保障监察条例》第三条规定：国务院劳动保障行政部门主管全国的劳动保障监察工作。县级以上地方各级人民政府劳动保障行政部门主管本行政区域内的劳动保障监察工作。县级以上各级人民政府有关部门根据各自职责，支持、协助劳动保障行政部门的劳动保障监察工作。

先，这种列举式拓展远没有满足现实之需。市场经济中的用工关系是灵活多样的，市场经济是一个多变、流动的经营环境，随时可能生产出各色的雇佣需求，往往超出立法的预设。如家庭作坊对亲友的雇佣、对即将毕业的在校大学生的雇佣、对退休人员的返聘、对自谋职业的转业军人的聘用，凡此种种，有的已经在实践中通过司法解释加以解决，有的还在继续摸索之中。《中华人民共和国最高人民法院公报》2010年第6期通过对"郭某诉江苏某大药房连锁有限公司劳动争议案"的解释，认定"尚未毕业的在校学生已经达到法定的就业年龄，且用人单位在订立合同时明知劳动者系在校学生的，双方既已签订了劳动合同，并按照合同的约定履行的，该合同并不违反法律法规的规定，且不存在欺诈、威胁的情形，应当视为该劳动合同有效，劳动关系成立"。这无疑是对劳动关系认定的又一次拓展。但是实践中一次次对用人单位主体资格的拓展都是被动的，理论和司法解释被现实驱动着前行。可见，列举式的用人单位边界不能适应现实对于劳动关系的多样化需求。其次，更为重要的是，立法者眼中的"赋权"行为未必受到被赋权主体的欢迎，现实中的分包主体宁可选择非法雇佣或者通过民事合同来解决自己的用工关系，也不愿"享有"用人单位的雇佣身份。也就是说，这些用人单位资格的拓展因为实际上并没有改变用人单位资格认定的赋权思路，与实践中的用工状况之间存在着理念上的冲突。

如果"用工"是一种"资格"或"权利"，为何会成为现实中雇主们逃避的对象呢？造成这一现象的根本原因是对用人单位资格的权义身份认识有误，即立法理念上将"用工"认定为一种"资格"或"权利"，但被赋权主体在被认定为用人单位后实际上增加的更多的是义务。这就造成了劳动法领域一种非常滑稽的现象，即对于拓展用人单位资格的"赋权"行为，被"赋权"主体唯恐避之不及。这种偏差与我国计划经济体制下遗留的思想观念有关。在计划经济体制下，只有国有企业和集体企业才有用人权，雇主即国家，所有劳动者都受雇于国家。在这种环境下，用工资格是分配的，雇佣的资格或权利内涵显然大于其义务内涵。然而，随着改革开放的开展和深入，市场主体多样化，新兴的私人企业、外资企业等主体也需要一定的雇佣权利方可维持其经济生产。如果说计划经济体制下的用工资格是"分配"的，那么市场经济体制下的用工需求则是"生长"出来的。市场经济中有雇佣需求的主体各色纷呈，使得计划经济体制下分配用工资格的调整方式措手不及，也造成了劳动法理念的诸多冲突。我国立法从用人单位的"资格"条件出发，从财产、技术、组织等方面对用人单位提出认定条件，是一种以规范市场主体的方式来规范用工主体的思路，这加深了大众对用人单位身份的误解。从根本上讲，我国用人单位资格的认定在立法和实践上出现的偏差导致用人单位的范畴与现实之需严重不符，需要在立法和司法实践中通过补漏式的立法加以弥补。但是，只要关于用人单位资格的赋权思维不改变，用人单位的认定便无法满足市场经济环境的雇佣需求。新兴的多样化的远程雇佣会一再挑战用人单位的资格认定，灵活的工作时间、工作地点会使用人单位资格的认定更加模糊。可见，列举式立法难以穷尽现实中多变且随时更新的雇佣状况，而我国用工主体资格认定的诸多困惑均来自于理念偏差。用人单位如果不是一个义务主体，至少也是一个义务内涵远大于权利内涵的主体。不再以"赋权"或授予"资格"的形式对用人单位进行认定，可能很多问题都会迎刃而解。

众所周知，权利是可以放弃的，而以"赋权"为名认定的用人单位资格却内含着诸多不能回避的义务，这导致劳资纠纷发生后，用人单位往往想方设法通过证明自己不符合雇佣条件而逃避劳动法上的责任。由此可见，以权利身份来认定用人单位资格本身存在一定的理念偏差，已经变得不合时宜。董保华教授提出，以"组织"来定义用人单位更符合劳资关系的现实，他认为用人单位是依法雇佣劳动者，形成劳动关系，对劳动者进行管理并依法或依约定向劳动者支付报酬的社会组织。[①] 这一"用人单位"概念摒弃了学界长期坚持的"资格"认定传统。以"招用和管理劳动者"及"支付报酬"来认定用人单位有很大的进步意义，并且以"形成劳动关系"来定义用人单位，改变了学界关于"劳动关系"和"用人单位"认定的因果关系，是对传统用人单位概念的颠覆。在认定"劳动关系"和"用人单位"的先后顺序上，依传统学理观点来看，既然"用人单位"是一种用工的"资格"或"权利"，那么，经审核之后享有雇佣权利的用人单位进行的雇佣行为自然就是劳动关系。如此一来，在实践中用人单位被要求承担雇佣责任时，可以通过证明自己不具备用工条件而否定自己的用工资格。而用"劳动关系"来定义"用人单位"则改变了这一方向，因为劳动关系的认定是外部的、可见的，如是否"招用和管理"了劳动者、是否"支付了报酬"等，均可以判断劳动关系是否存在。从劳动关系的角度认定用人单位资格这一做法，肯定了用人单位的义务身份，可以避免用人单位通过否定自己的主体资格而逃避被强行"赋权"的现状。

---

① 董保华：《劳动关系调整的法律机制》，上海交通大学出版社，2000，第 233 页。

### 五、用人单位范畴的发展趋势

#### （一）多样化趋势

列举式立法模式局限了用人单位的主体范畴，将范畴外的各种用工关系中的劳动者置于尴尬境地。在各种事实劳动关系面前，用人单位很容易就可以证明自己不属于法律所列举的用人单位标准，以否定主体资格的方式免除自己应承担的责任。因此，尽管存在着关于劳动者的倾斜保护原则，但劳动者维权却遭遇了前所未有的尴尬。史尚宽先生对用人单位范畴的界定比《劳动法》与《劳动合同法》的定义要宽泛得多。史尚宽先生认为：雇主是指雇佣他人为自己劳动的人，无论是自然人还是法人，私法人或公法人，自己经营事业或使他人代为经营，也不管自己是否是工厂的所有人或承租人，只要与他人之间订立了以履行劳动为由而支付报酬的合同即可被定义为雇主。[①] 这一概念中的用人单位主体包括自然人、公法人、雇主的代理人和承租人。然而，新中国成立以后至 20 世纪 80 年代，我国实行的是计划经济，劳动关系以国家雇佣为主，只是用人单位的称谓有所差异。但不管用人单位是"政府机关""事业单位"，还是"企业"，都是国家统一雇佣，工资全国统一调整，劳动关系的内涵自然也非常单一，最复杂不过就是"招工"和"转正"之类。

1978 年改革开放以前，我国的用工主体均为公有制经济主体。中共十一届三中全会确立了多种所有制经济成分共同发展的经济政策，此后，各类私营经济主体及三资企业成为我国市场经济的重要组成部分。其在用工市场上的表现形式包括个体工商户、合伙企业、有限责任公司、股份有限公司等。多层次的用工主体不仅促进了我国的就业，对于创新和税收也起到了积极的推动作用。单一雇主的立法模式逐渐为新兴的市场主体所打破，从个体户到跨国公司，从私企到国企，用工主体逐渐多样化。在今天的中国，劳动关系日益复杂多样，常令研究者无所适从。然而劳动关系的复杂多样是随着社会经济发展而形成的，不可归因于雇主的多样化，史尚宽先生所提出的自然人、公法人、雇主的代理人和承租人等雇主类型依然未被现行国内劳动立法所囊括。

用人单位是我国对用工一方的惯用称呼。"单位"一词顾名思义是一种组织，因此我国除承认具有自然人属性的个体经济组织可以作为用人单位建立劳动关系外，不允许其他自然人主体以用人单位名义建立劳动关系。对自然人主体的排除将我国的用人单位资格限定在相对狭小的范围之内。

---

① 史尚宽：《劳动法原论》，正大印书馆，1978，第 10 页。

用人单位这一称呼在大部分国家被称为"雇主",雇主一词的内涵要比"用人单位"广泛,它承认了自然人作为资方的存在方式。在德国,雇主可以是自然人、法人,也可以是商事合伙。美国的雇主概念指"直接或间接地为了与雇员相对应的雇佣方利益而行事的任何人"①。根据这一立法含义,只要是依私法契约雇佣劳工,并将其纳入劳动组织者,即为雇主。可见,美国也承认自然人的雇主地位。此外,加拿大、韩国、日本,以及我国香港和台湾地区也都承认自然人的雇主身份。②

鉴于不少国家或地区对自然人雇主身份的普遍认可,有学者提出将家庭雇佣的服务人员纳入劳动法的保护范畴。③ 然而,就目前我国的劳动立法及实施状况来看,这种拓展尚难以实现。一是缺乏法律支持。尽管目前的劳动关系种类相对多样化,但劳动立法并未改变用人单位的列举式立法模式,用人单位主体的范畴虽然数量上有所增加,但立法方式依然是封闭的,司法及实务界对用人单位主体资格的认定并无自由裁量的空间。二是由于公认的对劳动者的倾斜保护原则,用人单位在劳动法领域所承担的义务常常大于其所享有的权利。认定某一用工主体雇主资格事实上是要求其承担超出民事合同的义务。在这种情况下,对自然人雇主身份的认定应该慎之又慎。有些学者主张将家庭雇佣列入用人单位资格之中,但家庭雇主无法承担劳动法规定的用人单位应承担的社会保障职责,强行列入只能导致雇佣关系在这一领域的萎缩。从某种意义上说,用人单位负担过重,限制了我国用工主体多样化的拓展。

随着数字时代的到来,雇佣关系将会更加多样化。从长远来看,用人资格范畴呈现扩大化的趋势,其内涵会逐渐丰富。部分学者也逐步认同了这一发展趋势,主张将自然人纳入雇主范畴。然而全面承认自然人的雇主地位势必会迅速扩张雇主数量,用人单位所应承担的责任又将加大劳动法实施的复杂性。④ 有关劳动关系和劳务关系的争议将大大增加司法成本。⑤笔者认为,现阶段,可以借鉴我国台湾地区与美国的做法,有限度地承认具有管理职责及代表企业主的部分组织内自然人即高管的雇主地位。所谓

---

① 谢增毅:《劳动法的比较与反思》,社会科学文献出版社,2011,第8页。

② 秦国荣:《劳动法上用人单位:内涵厘定与立法考察》,《当代法学》2015年第4期,第86-96页。

③ 胡大武:《〈劳动合同法〉家庭用人单位资格新考——以家政工人保护为中心》,《西南民族大学学报(人文社会科学版)》2014年第12期,第88-92页。

④ 郑尚元:《劳动合同法的制度与理念》,中国政法大学出版社,2008,第66页。

⑤ 谢增毅:《劳动法的比较与反思》,社会科学文献出版社,2011,第13页。

高管就是代表雇主履行一定管理职责的人，美国立法要求这类高管在特定情形下与雇主承担连带责任。我国台湾地区相关法规提出，法人之代表人、法人或自然人之代理人、受雇人或其他从业人员，因执行业务违反法律规定，除处罚行为者外，对该法人或自然人应处以规定的罚金。我国大陆在确定劳动法律责任时，仅规定了用人单位责任，即使涉及暴力、威胁、强迫劳动、侮辱、体罚、殴打等明显个人责任的，也缺乏追究相应自然人责任的惩罚机制。① 《劳动保障监察条例》同样规定，具有自然人性质的违法责任由单位承担。② 这无疑给用人单位的高管逃避责任提供了便利，而这些高级管理人员所获得的薪金远远超出了普通劳动者的薪资范畴，其工作内容也是以雇主名义进行的管理行为。可见，公司高级管理人员在我国劳动法律关系中的权利和义务是不对称的。反观我国民商事领域立法，如公司、证券等立法中不乏关于个人连带责任的规定。③ 因此，如果借鉴其他国家和地区的做法，将事实上行使劳动事项决定权的公司高级管理人员列入承担雇主责任的范畴，很可能会推动劳动法的实施和促进劳动者权益的保护。劳动合同与民事合同相比有其特殊性，应允许其对合同相对性有一定的突破。虽然公司高级管理人员不是直接的劳动合同相对人，但将其纳入劳动合同的连带责任主体有一定的现实必要性。

### （二）分层化趋势

长期以来，我国劳资关系被赋予了太多道德内涵。资方常被社会文化贬损和诟病，劳方获得了较多的文化褒奖和庇护。一方面，我国是无产阶级专政的社会主义国家，中国共产党的建立和发展依托了 20 世纪二三十年代的工人运动。新中国成立后，社会主义改造的主要对象是资本主义工商业。这导致我国在立法及司法中，比较强调对劳动者的保护。另一方面，传统观念认为，资方是富裕阶层，劳方是贫困阶层。这造成了用人单位义务的泛道德化，使资方在劳资关系中陷于被动地位。然而，我国当下的资方与计划经济时代的雇佣主体已有极大的不同。计划经济体制下，国有企业和集体企业的经济实力都比较强，并且雇主的最终责任都由国家来承

---

① 《劳动合同法》第八十八条：用人单位有下列情形之一的，依法给予行政处罚；构成犯罪的，依法追究刑事责任；给劳动者造成损害的，应当承担赔偿责任：（一）以暴力、威胁或者非法限制人身自由的手段强迫劳动的；（二）违章指挥或者强令冒险作业危及劳动者人身安全的；（三）侮辱、体罚、殴打、非法搜查或者拘禁劳动者的；（四）劳动条件恶劣、环境污染严重，给劳动者身心健康造成严重损害的。

② 参见 2004 年《劳动保障监察条例》第 23-30 条。

③ 参见《公司法》第二百零三、二百一十条，《证券法》第六十九条。

担，在这种环境下强化用人单位的责任实质上不会给具体用人单位造成根本的负担。不仅如此，社会中甚至形成了"企业办社会"的传统，单位对员工的生老病死负责，单位自办食堂、浴室，以及提供住房乃至自办幼儿园都是普遍现象。

《中华人民共和国宪法》在 1999 年进行了第三次修正，第六条第二款规定"国家在社会主义初级阶段，坚持公有制为主体、多种所有制经济共同发展的基本经济制度"，反映在劳资市场中即是市场经济环境下的雇佣主体多样化。我国劳动立法对用人单位范围采用的是列举式立法，包括"中华人民共和国境内的企业、个体经济组织、民办非企业单位"，以及建立劳动关系的"国家机关、事业单位、社会团体"。根据 1999 年宪法修正案，实践中用工主体的种类和形态已经非常广泛。仅以企业为例，不仅包含传统计划经济体制下的国有企业、集体企业，还包括外资企业，市场经济环境下新兴的股份有限公司、有限责任公司、合伙企业、个人独资企业等，此外，民办非企业单位也被列入资方的行列。与计划经济体制下的国家雇佣相比，除少数国有企业和规模企业外，市场经济中新兴的用工主体在资金、能源、税收等方面缺乏竞争力，在劳动关系中承担责任的能力自然与计划经济环境下的用人单位不可同日而语。不加区分地要求其承担传统以国企、央企为主的雇主义务，这远超出了其能力范围。因此，新形势下应对不同经济实力的用人单位分层区别对待，设定相匹配的义务，对于实力相对较弱的用工主体——主要指当下的中小企业、小微企业及个体工商户，可以进行一定程度的劳动法义务的豁免。

1999 年宪法的修正及随之而来的市场经济的逐步完善，造就了雇佣主体的多样化、平民化，雇佣市场上用人单位的经济实力变得参差不齐。经济实力不同的用工主体的抗风险能力截然不同，而我国劳动立法及法规秉持资强劳弱的理念，模糊了市场经济环境下各色用工主体之间的差异。面对用工市场上各色用工主体之间的实力悬殊，有必要对用人单位进行分层。分层的目的是有针对性地衡量各色用工主体的经济实力、雇佣传统，以便制定出更合理的劳动法律、法规和政策。通过分层，各类雇佣主体的雇佣能力、抗风险能力将会逐渐清晰化。出乎学界、立法界及民众意料的是，在我国当下各类用工主体中，雇佣人数最大的雇主种类或曰核心雇主，并非传统观念认为的国有企业、集体企业或大型跨国公司，而是数量众多但实力相对较弱的中小企业。《劳动法》通过列举的方式规定了多元的用人单位形式，包括中华人民共和国境内的企业、个体经济组织、国家机关、事业组织、社会团体。① 《劳动合同法》将用人单位主体扩展至民办非企业单位。② 据统计，在上述多元化的用工主体中，人员、资产与经营规模都比较小的中小企业雇佣了我国约 80% 的城镇就业人口。可见，核心雇主的地位与我国社会文化中"资强"的价值判断有一定差距。

据《中国中小企业人力资源管理白皮书》统计：80% 的中小企业主年龄在 20 至 40 岁，且创业者学历层次普遍不高，高中或中专占比 36%，大专、大学本科分别占比 24%、23%，研究生占 5%，除初中以下创业能力较弱的群体外，从高中到研究生创业人数的比例基本与受教育程度成反比。这些中小企业竞争力极弱，一旦遇到经济危机、金融危机，常常难以抵御风险，承担责任的能力与大企业不可同日而语，不宜强行要求中小企业承担与大企业同样的雇主责任。大部分中小企业由于寿命较短，缺乏完善的管理制度，用于人力资源管理方面的资金有限，用工形式极其灵活。雇员较少的企业，其雇员常常和雇主存在雇佣以外的关系，如亲友关系。雇主同时也是一线劳动者，雇员也偶尔会代行雇主职责，这种身份的组合常常使得中小企业的劳动关系难以适应《劳动合同法》的调整。在劳动法领域我国可以考虑参照国际惯例，对中小企业进行一定程度的豁免。社会的核心创造力来自中小企业，中小企业的健康发展是市场经济稳定运行的重要保障，劳动法律、法规有义务为中小企业创造良好的雇佣环境，这就需要针对中小企业的实力、经营状况对相关的雇佣法律法规进行修订。

另外，以劳资双方经济实力悬殊为出发点确定资强劳弱的理念存在偏差。在劳动者资产构成多元化的雇佣环境下，继续在学理上固化劳资群体，过分强调劳资双方在财产方面的差距是不客观的，据此对用人单位设定过重的义务难免阻碍劳资关系的运行。在劳资关系中给予劳动者一定的倾斜保护是基于资方在劳动关系中享有的管理权和信息优势，而不是经济优势。2013 年 12 月 28 日公布并于 2014 年 3 月 1 日起实施的《公司法》取消了有限责任公司最低注册资本限制，创业的门槛接近于零。再加上"大众创业、万众创新"的环境，很多地方政府通过各种政策鼓励应届大学毕业生创业，

---

① 用人单位狭义上仅包括各类企业和个体经济组织，广义上才包括国家机关、事业组织、社会团体，而后者仅有与之建立劳动合同关系的劳动者才适用劳动法。《劳动部关于〈中华人民共和国劳动法〉若干条文的说明》中指出此类人员主要包含三类：（1）国家机关、事业组织、社会团体的工勤人员；（2）实行企业化管理的事业组织的非工勤人员；（3）其他通过劳动合同包括聘用合同与国家机关、事业单位、社会团体建立劳动关系的劳动者。

② 《劳动合同法》第二条：中华人民共和国境内的企业、个体经济组织、民办非企业单位等组织与劳动者建立劳动关系，订立、履行、变更、解除或者终止劳动合同，适用本法。

进一步降低了雇主群体的经济优势。但是由于雇主掌握着劳动资料和与生产相关的信息，因此一旦确立劳动关系，用人单位就依劳动合同拥有了对劳动者的管理和使用权，加上用人单位的信息优势，自然会形成一定的强势地位。科斯在界定雇主与雇员的差异时，并未涉及两者经济实力上的不同，而是强调了劳资关系中的管理特色。科斯指出："指挥是'雇主与雇员'这种法律关系的实质。"① 科斯认为，雇主和雇员更多的是一种主动的身份选择，这种选择取决于主体对待不特定经营风险的态度。奈特也声称："一个人保证另一个人行动的特定结果而没有赋予其支配他人工作的权力是不现实的和非常罕见的。"② 当存在不确定的市场风险时，经营者的决策及决策的执行必须依赖一定的管理权。所以，雇主的管理和支配角色和雇员的接受管理及被支配地位根本上是由风险控制决定的。尽管世界各国普遍以资强劳弱为由认可对劳动者的倾斜保护原则，但这一强一弱不是或至少不仅仅是由经济实力决定的。具备管理职责的雇主对雇员承担一定保护照顾义务是管理者必须承担的责任之一。

必须再次声明，笔者并不否认用人单位对劳动者应承担一定的保护和照顾义务，只是认为许多人对这项义务来源的理解有偏差。劳资之间财产上的差异构不成"资强劳弱"的现实经济基础，随着社会经济的变化，甚至无法成为一个充足的理由，应对风险的管理需求及因此而获得的管理权和信息优势才是雇主拥有强势地位的根本原因。以 2014 年 8 月 2 日 "昆山特别重大铝粉尘爆炸" 一案为例，引发事故的直接原因是 "事故车间除尘系统较长时间未按规定清理"。除尘系统的清理周期问题显然超出了劳动者的判断能力，而 "为劳动者提供一个安全工作环境" 是用人单位的管理责任之一。用人单位未按规定清理除尘系统，最终酿成灾难，造成事故发生后 30 日报告期内 97 人死亡、163 人受伤，直接经济损失 3.51 亿元。这是一起典型的用人单位管理不善造成损害劳动者健康乃至生命的案件，理应追究用人单位及直接责任人员的责任。③ 可见，管理权是企业运营必不可少的权力，它是企业安全运营和盈利的保障，而由于企业运营的风险主要由雇

---

① ［美］罗纳德·H. 科斯：《企业、市场与法律》，盛洪、陈郁译，格致出版社、上海三联书店、上海人民出版社，2014，第 42 页。

② Frank Knight：*Risk, Uncertainty and Profit*, First edition, 1921. Hart, Schaffner & Marx；Boston：Houghton Mifflin Company, The Riverside Press, Cambridge, p267.

③ 2014 年 12 月 30 日，国务院对江苏昆山市中荣金属制品有限公司 "8.2" 特别重大铝粉尘爆炸事故调查报告作出批复，认定这是一起生产安全责任事故，同意对事故责任人员及责任单位的处理建议，依照有关法律法规，对涉嫌犯罪的 18 名责任人移送司法机关采取措施，对其他 35 名责任人给予党纪、政纪处分。

主承担，并且雇主同时享有信息和技术方面的优势，因此管理权理应由雇主享有，劳动者只能在与自身利益直接相关的事项上享有一定的参与权。可见，劳资之间通过结盟组成了市场经济组织，马歇尔把这种组织作为土地、劳动、资本之外的第四种生产要素引入经济学理论。组织运转的好坏决定了土地、劳动、资本这些传统生产要素的作用发挥。为此克拉克赋予企业家以统筹职能，认为市场交换价格通常可以实现商品交换的统筹。企业存在的价值在于：在企业内部，组织化生产代替了频繁的市场交易行为，复杂的市场结构被简化为企业家的责任，以企业家指挥生产的方式打包了市场交易中的一揽子契约关系。换句话说，"企业是价格的替代物"[①]。这是企业的最显著特点。企业要替代价格就必须赋予管理者以指挥和经营的权力，获得了一定指挥经营权的企业主或管理者因此成为劳资之间相对强势的一方，必须对劳动者承担一定的保护照顾义务，此为雇主承担对劳动者保护照顾义务的根本原因。

退而言之，即使仅从经济实力来进行考量，当下的用人单位实力悬殊巨大，中小企业及个体经济组织承担责任的能力与大企业不可同日而语。董保华教授指出，在国有企业减员增效的今天，用外部立法强加给用人单位过多的道德义务，实际上是强迫用人单位承担改革开放前国有企业的责任，不加区分地将太多道德责任强加到所有用人单位头上，忽视各类用人单位之间性质和实力的差异，有违社会现实。以个体经济组织为例，其本质是个体工商户，只是经过工商部门登记注册并领取了营业执照，其自然人属性强于组织属性，承担责任的能力不能与事业单位乃至企业相提并论。我国劳动关系承载着重要的社会保险功能，《劳动法》与《劳动合同法》均将其以组织形式列为用人单位，加上不加区分地要求个体经济组织承担传统用人单位的责任，事实上超出了其能力范围。导致的结果是，不管是在工资、安全卫生方面，还是在社会保险缴纳、劳动合同签订等方面，个体经济组织是所有用人单位主体中违法最为严重的群体。为此，甚至有学者提出将个体经济组织排除在我国现有用人单位资格之外，待到民事主体制度完善后再将其吸纳进去。[②] 这一观点不免偏激，也违逆了世界用人单位资格扩张的趋势和潮流。在这种情形下，可以考虑参考德国的差别对待原则，对用人单位进行分层立法。一方面承认个体经济组织的用人单位资格，另

---

① ［美］罗纳德·H. 科斯：《企业、市场与法律》，盛洪、陈郁译，格致出版社、上海三联书店、上海人民出版社，2014，第30页。

② 郑尚元：《劳动合同法的制度与理念》，中国政法大学出版社，2008，第66-67页。

一方面参照一般用人单位设定一定的责任减免。如德国有严格的雇主解雇保护制度，其《不当解雇保护法》会排除适用于雇员在十人以下的雇主，我国的个体经济组织界定的雇工人数则为七人以下。在我国个体经济组织建立的劳动关系中，可以考虑允许雇主和雇员建立更加灵活的用工形式，在签订书面劳动合同、进行经济赔偿及社会保险缴纳等方面给予优惠，适当减轻个体经济组织的劳动法责任，赋予个体经济组织相对较多的自由权。例如，关于养老保险费的缴纳可以参照城镇个体工商户和灵活就业人员按20%的标准缴纳等。

### （三）开放化趋势

我国劳动立法并未给用人单位一个确定的概念，而是采用列举的方式界定了用人单位的范围。如《劳动法》第二条规定："在中华人民共和国境内的企业、个体经济组织和与之形成劳动关系的劳动者，适用本法。国家机关、事业组织、社会团体和与之建立劳动合同关系的劳动者，依照本法执行。"2008年《劳动合同法》第二条将用工主体扩展至民办非企业单位。这种列举式立法将用人单位概念限定在一个狭窄的范围内，使其内涵不再具有延展性，导致在司法实践中界定劳动关系时，用工一方可以通过证明自身主体不合格而摆脱其在劳动关系中应承担的责任，进而置劳动者于被动地位。近年来，我国立法实践对用人单位范畴进行了一定的拓展。如《劳动合同法实施条例》实质上赋予了用人单位分支机构具有用人资格。[①]人社部《关于贯彻实施〈中华人民共和国劳动合同法〉若干规定（征求意见稿）》在一定程度上承认了筹备期间的用人单位的雇主身份。如果用人单位能够依法成立，则筹备期间的雇佣行为可以获得法律的认可。既然是"计入"，那么理应推断筹建单位不具备用人资格，筹备期间的工作依法不属于工作期间，只是筹建成立后工龄合并"计入"。但是这些关于用人单位资格的拓展都是被动的、应急的，不能满足现实之需。并且，人社部的规定赋予了筹备期间招用劳动者的行为两种不同的法律后果。一是如果筹建成功，用人单位依法成立，则筹备期间的工作视为劳动行为，这一工作时间"计入"工作年限。二是如果筹建不成功，用人单位未能依法成立，则筹备期间的劳动时间不作为工作期间，劳动者的工作不属于劳动法上的劳动行为。对劳动者而言，同样的行为却面临两种不同的结果，而筹建中的

---

[①] 《劳动合同法实施条例》第四条：劳动合同法规定的用人单位设立的分支机构，依法取得营业执照或者登记证书的，可以作为用人单位与劳动者订立劳动合同；未依法取得营业执照或者登记证书的，受用人单位委托可以与劳动者订立劳动合同。

用人单位最终能否成功建立为合法的用人单位并不是由劳动者决定的。造成这一现象的根本原因是封闭的用人单位范畴束缚了劳资关系的能动性，对用人单位身份的应急式拓展无法适应现实的用工需求。

用人单位范畴的封闭与开放取决于其内涵的界定。我国学术界早期是以用人权利能力和用人行为能力来界定用人单位概念的。[①] 然而，用人权利能力与用人行为能力是确定用人单位资格后产生的结果，不应是前提，因此，这一概念很快得到修正。2009 年，沈同仙教授提出用人单位是指与劳动者建立劳动法律关系并在劳动法律关系中享有权利和承担义务的劳动组织。[②] 2013 年，李炳安教授提出用人单位是指依法雇佣劳动者，并依约定或法定标准提供劳动条件、对劳动者进行保护并支付劳动报酬的社会组织。[③] 这二者的共同之处在于用"组织"来定义"用人单位"。李炳安教授强调用人资格的核心是"管理"和"报酬"，更进一步揭示了劳动关系的内涵，明确了用人权利能力和用人行为能力是用人单位概念界定后的结果而不是其前提，认为用人权利能力是用人单位依法享有的一种雇佣劳动者的权利和承担相应法律义务的资格，而用人行为能力则强调用人单位以自己的行为实际履行用人义务的能力。权利能力和行为能力的区分对进一步澄清我国用人单位概念有重要意义。对于用人单位概念持更开放态度的当属中国人民大学林嘉教授。林嘉教授在 2014 年提出用人单位是指在劳动关系中相对于劳动者一方而存在的另一方主体。[④] 这一概念更接近于德国法的标准[⑤]，提出以劳动者（雇员）为出发点来确定用人单位，将用人单位的概念置于一个开放的、动态的关系中加以界定，更符合我国的社会经济现实。

用人单位资格范畴封闭化是从 1995 年《劳动法》实施开始的。我国劳动关系发展的早期对用人单位资格持开放态度，史尚宽先生以"只要与他人之间订立了以履行劳动为由而支付报酬的合同即可定义为雇主"明确了雇主概念的开放性。[⑥] 黄越钦在《劳动法新论》中对劳动关系在历史、当下及未来的发展趋势做出了预测，指出基于资本和信息的流动，未来的劳动关系应是松散和自由的。管理的多元化赋予工作场所和工作时间更大的弹性，用人单位的范围也将更加开放和多元。用人单位资格的开放性不仅体

① 王全兴：《劳动法学（第二版）》，高等教育出版社，2008，第 114 页。
② 沈同仙：《劳动法学》，北京大学出版社，2009，第 22 页。
③ 李炳安：《劳动和社会保障法》，厦门大学出版社，2013，第 80 页。
④ 林嘉：《劳动和社会保障法（第四版）》，中国人民大学出版社，2016，第 6 页。
⑤ 谢增毅：《劳动法的比较与反思》，社会科学文献出版社，2011，第 7 页。
⑥ 史尚宽：《劳动法原论》，正大印书馆，1978，第 10 页。

现在资格认定的初始阶段，在劳资关系运行过程中雇主身份也存在被替代的可能。有些公司创始人被驱逐出董事会的案例表明，现代公司治理机制正在挑战传统的永恒雇主模式，雇员可以上升为高管行使雇主职责甚至成为雇主，而雇主投资失败后也可能重新回到劳动力市场接受雇佣。从某种意义上说，劳资身份是流动的，并不存在恒久不变的界限。在很多情况下"雇主亦可能同时为第三人之受雇人"①，或者雇主虽不受雇于第三人，在自营的经济组织中其同时承担着雇员的职责，而且常常承担着主要的职责。在现实的个体经济组织中，我们常常可以通过观察劳动者在劳动过程中的尽职程度而将那些深度参与劳动过程的雇主从雇员中区别出来。因此，雇主和雇员从来不是泾渭分明的两个封闭的群体，他们是流动的，职责和身份都存在交叉的可能。

## 第二节　用人单位义务的边界

用人单位作为一个市场主体所应承担的义务是多方面的，包括遵守法律法规、向国家缴纳税款等，劳动法意义上的用人单位义务则主要指对劳动者应承担的法定或约定的责任。因此，劳动法上的用人单位义务仅以劳动者为对象。在劳动法范畴内，用人单位义务主要包括向劳动者支付报酬和其他物质待遇，保护劳动者在劳动过程中的安全和健康，不强迫劳动者。② 实践中发生的诸多用人单位以否定自身雇主资格来规避责任的现状表明，用人单位身份中所包含的义务远远多于权利，即用人单位更倾向于是一个义务主体。用人单位义务边界则是指为保证劳动合同的顺利履行在设定用人单位义务时应遵守的底线。对于用人单位的义务边界，劳动法学界一直未能明确。用人单位义务边界模糊会使得劳动立法随社会风气而动，成为舆论的墙头草。以2007年《劳动合同法》的出台为例，由于提前定下了"资强劳弱"的基调，加上该法审议前山西"黑砖窑事件"的影响，对劳动者形成单保护之势的《劳动合同法》以高票通过。《劳动合同法》修改了《劳动法》中关于劳资关系的定位，将《劳动法》中对劳动者的倾斜保护原则进一步强化为对劳动者的单保护，通过解雇保护制度、无固定期限劳动合同、经济补偿金等多种途径增设了用人单位的义务。然而，这种对劳动者加强保护的善良初衷，可能并未带来理想的社会效果，劳动关系中

---

① 黄越钦：《劳动法新论》，中国政法大学出版社，2003，第97页。
② 王全兴：《劳动法学（第二版）》，高等教育出版社，2008，第84页。

以"保护劳动者合法权益"为宗旨的立法理念也开始遭受质疑。毕竟企业是劳资关系运行的共同平台，企业退出雇佣市场对劳资双方而言无疑是两败俱伤。造成这一现状的直接原因是《劳动合同法》增加了用工成本，使用人单位义务过重。可见，用人单位义务的设定需要一个相对客观稳定的边界。

**一、用人单位义务法定边界**

用人单位义务法定边界是指由法律规定的用人单位义务及由此形成的用人单位权利义务范畴。法律由国家专门机关制定或认可，具有强制实施的效力，无疑是用人单位义务的重要边界之一。并且，由于法律公布实施之前通常要经过学界和民间的讨论，对社会公众和劳资双方而言，以法律方式界定的用人单位义务更加直观且易于掌握，故通常认为用人单位义务是用人单位依法应对劳动者承担的责任，如提供安全的劳动环境、订立书面劳动合同、缴纳社会保险费等。依法律规范确定的义务并非由劳资双方约定，而是由法律直接规定的。劳资双方负有遵守法律的义务。这里的"法律"应作广义的理解，不仅包括《劳动法》与《劳动合同法》，也包括规定了劳资关系权利义务的其他法律渊源，如《宪法》及其他法律实施条例和细则。

法律是我国用人单位义务的主要来源，界定用人单位义务是立法的主要目的之一。《劳动合同法》第一条即明确了"完善劳动合同制度，明确劳动合同双方当事人的权利和义务，保护劳动者的合法权益"的立法宗旨。通观《劳动合同法》共九十八条法律条文，其中直接规定用人单位义务的共有三十八条，另有八条间接涉及了用人单位的义务。直接规定劳动者义务的条文有第二十三至二十五条、八十六条、九十条，第三十九和四十条则间接规定了劳动者的义务。可以毫不夸张地说，《劳动合同法》几乎就是一部"用人单位义务法"。由于劳资双方谈判能力的悬殊，出于对劳动者保护的利益考量，在有些方面，立法之详尽甚至涉及了原本可以通过契约由劳资双方自治的部分。如《劳动合同法》第十七条明确了劳动合同的必备条款，包括劳资双方的基本信息、合同期限、工作内容、工作地点、工作时间、休息休假、劳动报酬、社会保险、劳动保护、劳动条件等，与《合同法》第十二条关于合同内容的规定相比，内容更加详尽。比较而言，劳动合同的内容不仅包括了全部民事合同的内容，还涉及了社会保险的缴纳、试用期、培训及各类福利事项。用人单位义务是用人单位基于法律规定或合同约定而应对劳动者或社会承担的责任。然而，从现有劳动立法情况来看，劳资之间可以通过合同约定的内容严重受限。

## 二、用人单位义务约定边界

用人单位义务的责任主体是符合劳动法用工标准并建立劳动关系的用人单位，而其对应的权利主体则是劳动法意义上的劳动者。用人单位需要一定的劳动力作用于生产资料，开展生产以获利，劳动者需要通过出让一定期限内的劳动力使用权以获得稳定的收入。劳资之间通过契约建立劳动关系，互通有无，各取所需。从本质上讲，劳动关系乃是用人单位与劳动者基于市场双向自主选择并通过缔结劳动契约而形成的特定雇佣关系。① 所以，劳资关系是一种契约关系，劳资双方的特定化乃是因为双方签订了劳动合同，或者事实上通过雇佣确立了劳动关系。从尊重契约自由的理念出发，应为劳资双方提供充足的谈判空间，尊重双方当事人合理范围内的意思自治。劳资双方理应可以为彼此设定权利和义务，这是用人单位义务约定边界的法理基础。这一法理基础在劳动立法中也有相应的体现。《劳动合同法》第三条以基本法的方式明确了劳资关系的契约性，其中的"公平、自愿、诚实信用"原则作为传统民事契约的基本精神，同样适用于劳动合同。类似的规定出现在1995年实施的《劳动法》中，其第十六条、第十七条分别认可了劳动关系的契约性和民事合同的基本原则在劳动合同中的适用。这表明我国劳动基本法尊重双方当事人的意志，认可了劳动关系的契约性和劳动合同对双方的拘束力。虽然原则已定，但是在我国现有的立法框架内，用人单位法定义务远超契约义务，劳资之间可自由协商的内容非常有限，劳动立法实际上给劳动合同保留的自治空间很小。

在劳资关系中，契约自由事实上受到了比民事合同更多的限制，即使允许自治的内容，立法也常常对其设定诸多约束，契约的作用实质上未能充分发挥。例如，尽管《劳动合同法》允许劳资双方约定试用期，但是对试用期的设定期限、次数、条件、工资标准等设置了严格的限制。② 顾名思义，试用期是劳资双方进行深度磨合以确认自己是否确定愿意建立一桩劳动合同关系的时期。在试用期间，劳资关系处于相对不稳定状态。由于劳动力市场通常呈现买方市场的现实，为平衡劳资关系，《劳动合同法》对试用期进行了诸多限制性规定。首先是关于试用期限的限制。除对相应的短

---

① 秦国荣：《用人单位义务：责任范围与立法逻辑》，《法治研究》2018 年第 3 期，第 109-120 页。

② 王全兴：《劳动法学（第二版）》，高等教育出版社，2008，第 157 页。

期劳动合同限制了试用期的长度之外，也明确了试用期的最长期限。① 其次是对试用次数的限制，即同一用人单位与劳动者建立同一劳动关系只能试用一次，除非发生调岗等工作内容变化的情形，不得重复试用。② 再其次，立法限制了试用范围，即对于仅以完成一定工作任务为期限或者期限不满三个月的劳动合同，不允许约定试用期。③ 最后，立法对试用期工资也进行了限制，即试用期的工资不低于正常工资的百分之八十，同时不能低于最低工资标准。④

试用期间劳资双方都有解除合同的权利，劳动关系极不稳定，一定程度上会增加劳动者的心理压力。上文述及的所有立法对试用期的限制性规定，其目的都是平衡试用期间劳资双方的权利义务关系，防止用人单位利用劳动者安全感匮乏和劳动力买方市场的优势地位在试用期间侵犯劳动者的合法权益。在试用期内，为避免劳动者随时遭到解除因而对用人单位作出以上限制，尚在情理之中。但是，《劳动合同法》第二十一条对试用期间用人单位解除合同"需向劳动者说明理由"的规定事实上超出了试用期间解除合同的合理范畴。如对于"劳动者过错"⑤、患病、非因工负伤及完全不能胜任工作⑥而解除劳动合同的情形，均属于劳动合同正常运行期间用人单位可以解除劳动合同的情形，在试用期内当然可以适用。但是对于试用期间不是以上原因导致的合同解除，却仍然要求用人单位"应当向劳动者说明理由"，则限制了用人单位在试用期间的用工灵活性，事实上使得试用期对用人单位而言丧失了试用的根本价值。劳资关系具有人身性，是一种深度合作关系，未必所有解约的理由都可以言说，况且，凡能够言说的理由劳资双方常常在订立劳动合同时均已明确约定。允许约定试用期实际上针对的是那些基于身份关系而产生的不可言说的理由，给双方一定的解约自由。《劳动合同法》第三十七条明确了劳动者在试用期间"提前三日"通知用人单位的自由解约权。但用人单位的试用期解约权却受到"说明理由"的限制，使得用人单位事实上丧失了灵活试用劳动者的机会，剥夺了用人单位基于试用关系而享有的灵活用工权。在劳资双方深度磨合后最终作出选择时，其解除合同的理由不应仅限定于合同的常规解除理由，以常规理

---

① 参见《劳动合同法》第十九条。
② 参见《劳动合同法》第十九条。
③ 参见《劳动合同法》第十九条。
④ 参见《劳动合同法》第二十条。
⑤ 参见《劳动合同法》第三十九条。
⑥ 参见《劳动合同法》第四十条。

由限制用人单位解除合同实际上剥夺了用人单位本应享有的用工灵活性，是一种对契约精神的侵犯。

立法对用人单位义务失之过宽，导致劳动合同不能发挥应有的作用，根源在于受到了计划经济的深远影响。在计划经济环境下，用人单位种类非常少，只有国有企业和集体企业，而这两类企业的最终责任均由国家承担。事实上，国家是唯一的用人单位。劳动力资源由国家统一配置，国家以行政手段调控劳动力的流动。因此，计划经济时代的用人单位责任最终是以国家作为担保的，其承担责任的能力自然优于当下市场经济中的各类用人单位。我国劳动者的政治身份为国家的主人，因此在计划经济时代对用人单位义务标准设定较高。用人单位除需要承担常规劳动关系中的发放劳动报酬、保护劳动者安全等责任外，还需要承担分配住房、提供子女入托入学等责任，养成了劳动者对体制和单位全面依赖的习惯。改革开放以来，国家逐步建立社会主义市场经济，打破了行政手段对劳动关系的过分干预，但是传统计划经济体制下养成的劳动者对体制的依赖心理并不能在短时间内消除。这种思维惯性通过立法的方式继续主宰着劳资关系的基调，导致劳动者保护实质上从政策依赖走向了法律依赖。

党的十九大报告明确提出，要"破除妨碍劳动力、人才社会性流动的体制机制弊端，使人人都有通过辛勤劳动实现自身发展的机会"。劳动力资源的有效配置不但需要劳动力市场的充分开放，更需要给与劳资双方充分的自治空间。而根据现有法律的规定，用人单位在履行了法律规定的义务后，与劳动者几乎不再有谈判的空间。这导致用人单位义务较难得到充分落实。基于企业的现状，劳动者通过常识判断，自认为难以拥有基于用人单位法定义务而获得的全部劳动者权利。以缴纳社会保险金为例，我国很多家庭作坊式的用人单位，家庭成员是主要的劳动成员，会另外雇佣一至二人作为帮工。这类雇主通常自己本身也没有缴纳社保，缺乏医疗、工伤等方面的保障，收入也常常不太稳定，并无明显的生产资料和资本方面的优势。此种情形下，虽然法律规定了用人单位缴纳社会保险的义务，但普通劳动者从常识和情理出发鲜有以未缴纳社会保险为由将雇主起诉到法院的。笔者接触到的一些基层法官表示，他们在审理此类案件时处于两难困境。很多雇主尚且未享有的"五险一金"① 等用人单位法定义务，大部分劳动者通常也默认放弃，更谈不上再进一步约定用人单位义务。

---

① "五险一金"是对依《中华人民共和国社会保险法》应建立的"养老、医疗、生育、工伤、失业"五项基本保险和一项住房公积金的简称。

### 三、用人单位义务设定原则

综合以上分析，我国目前的用人单位义务以立法规定为主，当事人约定为辅。然而，立法的边界又在哪里呢？遵循《劳动合同法》设定的用人单位义务给企业带来了沉重的负担，阻碍了劳动关系的良性运行。用人单位义务的设定像民法、刑法等部门法一样应有一定的宗旨可循，在法律之上还应该有关于用人单位义务设定的基本原则或理念。这些理念或原则可以指导立法，方便在立法出现偏差时对其进行调整或修订。笔者以为，为保障劳动关系的顺利运行，用人单位义务的设定至少要遵循经济、均衡、法治与和谐的原则，并应具备一定的前瞻性。

#### （一）经济原则

哈耶克把对有益于人类知识的开发利用，视为判断社会秩序优劣的重要标准。[1] 在劳资之间进行权利义务分配时理应遵循经济原则。经济原则是源于经济学和管理学的基本原则，通常强调成本控制，在劳动关系中则指合理分配劳资双方的权利义务以降低生产成本和促进生产效率的提高。在劳动法领域，经济原则强调劳资双方权利义务的设定应在符合经济发展水平的前提下尽量提高社会生产效率，保证节约社会资源。用人单位义务的设定必须尊重经济发展的基本规律，在尽量节约成本的同时保障经济运行的效率和良性运转，故经济原则应为用人单位设定义务的基本原则之一。在用人单位义务设定方面，经济原则至少包含两方面的内涵：一方面指用人单位义务的设定应符合当下的经济发展水平，能够提高社会生产效率、促进经济发展；另一方面则是指用人单位义务的设定应该能够促进社会总成本的节约。

劳动关系是市场经济运行过程中的重要关系之一，从经济效率的角度来看，用人单位义务的设定必须符合经济发展的规律，不能脱离社会经济发展的现实。换言之，用人单位权利义务的设定不能超越当下的经济承受能力。脱离现实经济状况强加用人单位过多的义务会使用人单位不堪重负，导致用人单位退出用工市场，最终侵害劳动者的利益。归根结底，劳资之间是合作的共同体，彼此之间是共赢互利的关系，所以对用人单位义务的设定应合理地考量当下的经济发展水平和用人单位的承受能力。这一考量包括用人单位的原材料成本、经营成本、赋税、劳动力成本及通货膨胀率等。从某种意义上讲，用人单位义务的设定是一个精确的经济学问题，是一个精密的计算过程，因此必须遵循经济的原则。从经济学的角度考量，

---

[1] Hayek, *Studies in Philosophy*, *Politics and Economics*, Routledge & Kegan Paul, 1967, p.71.

用人单位所承担的所有义务最终都会以生产成本的形式传递出去。如果用人单位义务设定过重，生产成本亦会过高，最终会出现两种情况。一是用人单位在销售环节将过高的成本传递给消费者，即提高所生产的产品或服务的价格。在消费环节，劳动关系中的劳动者将以消费者的身份支付更高的生活成本，这意味着劳动者工资的实际购买力会下降。二是如果用人单位在销售市场上没有调控价格的能力，价格上涨将无法推行，那么用人单位就会面临亏损。虽然根据现有法律，劳动者不承担用人单位的经营风险，即用人单位在亏损的情况下，仍负有向劳动者支付工资的义务，因此亏损在短期内不会损害劳动者的利益，但是，如果用人单位不堪重负，长期亏损，必然退出用工市场。随着企业的裁员乃至关闭，劳动者也将丧失相应的就业机会。可见，劳资双方是利益共同体，对用人单位义务的设定必须尊重现有的经济发展水平。

经济原则的另一个要求是用人单位权利义务的设定应有利于节约社会成本。以用人单位保护义务的设定为例，在民事法律关系中，各所有人负有保护自己财产安全的义务，但是在劳动关系中，要求劳动者保护自己在工作场所内的相关财产安全则会造成严重的资源浪费。因为，进入工作场所后，劳动者对工作环境的掌控力明显下降，要求劳动者在无法掌控的环境中维护自己的财产所有权会造成安全措施的重复建设和生产效率的下降。例如，为保障上下班交通工具的安全，劳动者被迫配置多把锁具。每个劳动者都采取同样的保障措施，必然带来社会财产的浪费。并且，在工作过程中劳动者会尽可能地对自有财产随时保持关注，从而造成劳动效率的下降。这一财产安全责任如果由用人单位承担，则只需配备两名轮岗的保安，对进出企业厂房的人员进行身份核实即可。这样不但可以保障劳动者进入工作环境的交通工具的安全，而且也能保障企业其他财产安全。况且通常情况下，出于对用人单位自有厂房、机器设备等其他财产的安全考虑，安保岗位是用人单位的基础配置之一，将劳动者上下班必需的交通工具安全保障义务列入用人单位保护义务范围并不会额外增加用人单位的负担，只需规范和完善单位安保人员的职责范围即可。突破传统民法的财产安全责任，对劳动者为工作必需而带入工作场所的财产，由用人单位负责其安全，便于降低生产成本，提高生产效率，更符合经济原则，更有利于经济的发展。

企业是用人单位最集中的表现形态，那么企业为什么会存在呢？从根本的意义上考量，企业的存在本身就体现了节约社会成本的经济原则。在没有企业存在的完全竞争的市场环境中，价格决定资源分配，各种商品和资源完全可以通过市场竞价达到最优化，并通过一系列市场交易来协调其用途。然而，上述充分竞争的市场经济原理仅来自于经济学家的假设，事实上，"完全充分的竞争"和"交易成本为零"在现实生活中都是不可能存在的。信息的流动和获取需要成本，商品的竞价也需要耗费判断和决策的成本。随着交易的频繁进行，这种成本会不断增加，而企业则用内部的行政管理取代了这一系列成本。诚如科斯所言："在企业内部则排除了这些市场交易，资源分配变成行政决定的结果。"换句话说，"如果可以将资源分配交由定价制度决定，企业为什么要承担建立和运转这种行政机构的费用和负担呢？"① 所以，企业存在的重要原因是，在利用市场时，不可避免地会产生信息获取和判断等费用，而企业的行政机构可以避免这些费用，市场的交易和摩擦及随之产生的成本被企业内部的行政机构取代了。可见，企业是市场交易的一种替代方式，其存在价值之一在于节约社会总成本。

**（二）均衡原则**

我国的劳动关系生态以"劳动者保护论"为主宰。由于假定了劳资之间的利益此消彼长，所以在实力和信息对比悬殊的情况下特别强调对劳动者权利的保护。这导致我国关于劳资关系的研究一直以对劳动者的保护为主线，从劳资对立的立场出发，尽力排除或减少用人单位对劳动者利益的侵害。以保护论为主导的学术氛围在劳资关系中植入了一个预设的假定，即建立劳动关系对劳动者而言常常是受损的开始。然而，尽管我国法律充分保障了劳动者自由辞职的权利②，"侵害"劳动者利益的雇佣关系仍然存在，而劳动者有时并不愿从这种关系中脱身。为了避免劳动者利益"受损"，保护论者从人权、伦理、道德、社会公平等不同的角度给劳动者提供了种种"帮助"或者论证提供"帮助"的理由，然而却忽略了一个问题，即劳动者本人才是其自身利益的最佳裁判者。劳动者之所以愿意"忍受"有瑕疵的劳动关系，是其作为一个理性人结合自身与劳动力市场的现实状况慎重判断的结果，其中体现了劳动者通过理性对劳动力市场的预判。此预判有二：第一，即便是有瑕疵的劳动关系也优于失业；第二，即使再建立一桩劳动关系也很可能无法改变这种状况。劳动合同由于技术的积累和保险的缴纳等原因具有极强的黏附性，频繁更换工作对劳动者的职业发展

① [美]罗纳德·H.科斯：《企业、市场与法律》，盛洪、陈郁译，格致出版社、上海三联书店、上海人民出版社，2014，第51页。
② 参见《劳动法》第三十一、三十二条，《劳动合同法》第三十六、三十七条。

是不利的。劳动者是理性的人,他会通过全面的考量尽可能使自己的利益最大化,"忍受"学理上乃至法律上有瑕疵的劳动关系有时其实是劳动者作出的最优选择。

"法律的功能在于调节、调和与调解各种错杂和冲突的利益"①,实现各种利益之间的平衡。劳动关系是经济运行的基础关系之一,平衡稳定的劳动关系是经济良好运行的根本保障。为保障社会经济的健康发展,劳资之间的权利义务配置应保持合理的平衡。董保华教授指出,法律的利益平衡价值即在于对各种利益作出评估,以和谐的方式或标准实现利益重整。② 因此,界定用人单位义务的出发点是劳资之间利益关系的平衡。劳资之间权利义务的分配应充分考量二者的实力、抗风险能力及是否有利于促进社会生产效率的提高。我国有相当一部分学者秉持资强劳弱的观点③,认为用人单位处于强势地位,主张给用人单位配置高标准的义务。这种观点一度主导了劳动立法的进程,《劳动合同法》即是在这一理念指导下制定的。诚然,在劳动关系中,劳动者的议价谈判能力相对较弱,如果不对用人单位加以适当约束,用人单位会利用自己的管理和信息掌控的优势通过订立合同建立实质上不平衡的劳资契约关系。劳动者利益极易受损,有些劳动关系甚至会侵害劳动者的基本人权。但是,从根本上讲,劳资之间是一种契约关系,过分强调劳动者的弱势地位,会破坏劳资之间的谈判基础。劳动关系乃是用人单位与劳动者基于市场双向自主选择并通过缔结劳动契约而形成的特定雇佣关系。用人单位对劳动者承担义务与责任的依据在于用人单位与劳动者之间的权利分配状况,即保持用人单位与劳动者之间的权利义务平衡构成了用人单位责任承担的伦理逻辑与立法依据,用人单位在缔约阶段应承担诚信义务与契约责任,在履约阶段应承担保护责任与照顾义务。劳动立法应以公平、公正的立场保护劳资双方的正当合法权益,既要形成要求用人单位履行劳动伦理责任与法律义务的有效机制,又要充分尊重用人单位的劳动用工自主权和内部管理权,维护劳动力市场的有效调节功能。④ 当然,笔者并不否认用人单位基于管理和信息优势而具有的一定的强势地位,在此前提下给予劳动者一定的倾斜保护也是国际上的普遍做法。

---

① [美] 罗斯科·庞德:《法理学(第 3 卷)》,邓正来译,中国政法大学出版社,2004,第16 页。
② 董保华:《社会法原论》,中国政法大学出版社,2001,第 4 页。
③ 常凯:《关于罢工的合法性及其法律规制》,《当代法学》2012 年第 5 期,第 109-117 页。
④ 秦国荣:《用人单位义务:责任范围与立法逻辑》,《法治研究》2018 年第 3 期,第 109-120 页。

1995 年《劳动法》充分体现了对劳动者进行倾斜保护的原则，但 2008 年《劳动合同法》将 1995 年《劳动法》对劳动者进行"倾斜保护"的原则发展成为对劳动者的"单保护"则有些矫枉过正了。

《劳动合同法》对于用人单位义务设定的扩大化根源于学界"资强劳弱"的理论假定。这种假定来自两个方面：一是资方实力强于劳动者，二是资方在劳动力市场上拥有选择权。在笔者看来，这两者都不是绝对的。首先，从"资强"这一方面来说，且不论作为我国各类小微企业、个体工商户等用工主体作为"资"究竟"强大"与否，即便是对于跨国公司等实力较强的用人单位，这种提法也是在劳资之间设置屏障、制造矛盾。因为"资强"是建立劳动合同的前提，劳动者在寻找用人单位的时候，对方的实力是重要的考量标准之一。相对于小微企业而言，劳动者更愿意与大企业建立劳动合同，因为只有"资强"了，劳动者的工资、保险乃至发展前景才有保障。可以说"资强"不但代表着用人单位的实力，也代表着劳动者的发展平台和职业前景。在一定意义上讲，正是劳资之间的实力悬殊促成了劳动合同存在的可能。如果劳资双方实力均衡，则双方的法律权利和义务不需要社会法另行规范，由传统民事或商事合同调整即可。"资强"是用人单位吸引劳动者的重要砝码之一，也是劳动者发挥才智、实现自身价值的重要平台保障。"资强劳弱"对劳资双方而言是共赢的，它可以成为"倾斜保护"的理由，但必须掌握一定的度，不能以此为由将用人单位义务无限扩大。其次，从用人单位的选择权方面来看，劳动力市场的确呈现某种意义上出买方市场的现象。用人单位拥有相对强势的选择权，但是劳动关系具有一定的人身性，双方做出决定的理由常常隐蔽而细微。事实上，用人单位在劳动力市场上的信息获取成本相对较高，而劳动者却较易隐藏自己的个人信息。对于究竟什么是"与劳动合同直接相关"[①] 的信息，立法上并未列举，用人单位获得信息必须以尊重劳动者的隐私权为前提。如此一来，用人单位通常只能公开获取劳动者的学历、技能、工作经历等"与劳动合同直接相关"的信息。基于劳动关系的人身性，用人单位需要对劳动者进行考量的信息远不止于此，然而相对私密的信息一般仅对特殊行业开放。以美国《联邦儿童保护法》为例，对于涉及儿童安全利益的护理和保育行业，允许雇主询问雇员的犯罪前科；再如食品、药品行业的用人单位可以了解劳动者的健康状况，银行业、证券业用人单位可以了解劳动者的信用记录。但其他行业用人单位就不能随意获取上述信息。综上所述，用

---

① 参见《劳动合同法》第八条。

人单位的"强大"是劳资共赢的基础，用人单位以劳动力买方市场所享有的选择权实质上受到劳动者民事权益保护的诸多限制，用人单位在劳动力选择权方面的所谓"强势"地位不宜过分渲染和夸张。

根据《劳动合同法》，我国用人单位承担的责任与其享有的权利并不平衡。以解雇保护制度为例，根据我国现行法律规定，用人单位解除劳动合同时需要证明劳动者不能胜任工作，而录用劳动者时所需要的学历及工作条件都是明确的。因此，在劳动关系运行过程中，再次证明劳动者不符合录用条件的难度是显而易见的。据董保华教授统计，在证明劳动者不能胜任工作的判例中，北京的用人单位全部败诉，上海的用人单位胜诉率仅为5%。2002年我国台湾地区"李丰武诉台北县芦洲市公所"一案两审均败诉的案件，或许可以为大陆提供一定的参考。在此案中，为证明李丰武不胜任工作岗位，巡查员张见安、副组长林培钊、机动组组长陈建坤、清洁队分队长游志坚、清洁代理队长卢艺文均到庭作证，证明李丰武有擅自脱岗等不良表现。兹为证明一人不能胜任工作，动用的证人团体不可谓不大。可见，用人单位想要证明劳动者"不能胜任工作岗位"并非易事。人证之外，还有多次关于"责任路段，确实未清扫""清扫路段期间多次擅离岗位""与管理人员发生冲突"的不良记录。从事实到程序，证明责任全部由用人单位承担。

用人单位义务标准设定过高的另一个不良后果是滥诉。2008年1月1日《劳动合同法》生效后，劳动仲裁案件数量飙升。以广州为例，2008年年底，广州市劳动仲裁案件已经排期至次年9月。数据显示，2010年1月至8月，全国法院共受理劳动争议案件20.74万件，比上一年同期增长近一倍。劳动诉讼案件增长过快甚至恶性诉讼暴增往往不是出于维护社会公正的需要，而是因为立法为劳动者提供了超过接受雇佣可以获得的诉讼利益诱惑。法律的作用在于定分止争。《商君书》有言："一兔走，百人逐之，非以兔可分以为百，由名之未定也。夫卖兔者满市，而盗不敢取，由名分已定也。"[1] 受《劳动合同法》规定的超额诉讼利益的诱惑，个别劳动者甚至超出自身的经济能力支付诉讼成本，一旦案件败诉，诉讼成本无法挽回，则会情绪崩溃，甚至向司法工作人员施加暴力，最终酿成恶性事件。如2015年9月9日，胡某某刺伤湖北十堰市中级人民法院四名法官，并造成多人重伤。笔者认为，这类事件是由劳资之间权利义务设置不平衡及超额

---

[1] 商鞅：《商君书》，石磊译注，中华书局，2011，第178页。

诉讼利益诱惑引发的。因此有学者指出，用人单位的权利与义务应保持平衡[1]，用人单位义务边界不宜失之过宽。[2] 就用人单位的实际规模和组成来看，目前我国的用人单位以中小企业为主，中小企业的规模和抗风险能力与劳动者相比没有明显优势，而用人单位的管理权是出于用人单位整合资源的需要，不能成为对其增设义务的理由。

党的十九大报告强调了就业在社会稳定中的重要价值。工作保障社会成员实现其社会功能，而失业者则常常游离于社会之外。劳动关系应立足于现实的劳资生态环境。充分的就业对于社会的安定而言远远超出其经济价值，在"失业救济金"高得几乎与没有技术的劳工工资持平的国家里，失业的社会影响与那些根本没有组织化救济的国家表现得几乎一样充分。[3] 可见，劳动关系的建立不是劳资关系协调与平衡的起点，保护论者以建立了劳动关系的狭义劳动者为研究对象，但忽视了其随时可能丧失劳动者身份的风险。尤其是在资方生态环境欠佳，部分中小企业随时有可能退出劳动力市场的情况下，劳动者的选择范围更加狭小，此时建立劳动关系、成为合法的劳动者（而不是一个潜在的劳动力资源）本身即是对其自身利益最大的保护。李克特指出："尽管一个人可以自由地接受一个较好的工作而辞去原工作，但成千上万的美国人并未因此而得到好工作，除了他们目前所拥有的工作之外，他们再无实际的选择了。然而，对于这些人的个人选择自由的限制，是由一些实际的情况所带来的，而不是由政府的权威所限定的。"[4] 可见，充分雇佣或保持较低的失业率是劳动者敢于重新建立劳动关系的基本前提，而这离不开资方的盈利和健康发展。因此，营造和谐的劳动力市场氛围，保证雇佣市场上一直存在一批有生命力的、有利可图的用人单位是实现劳动者就业权的基本保障。对劳动者或劳动权的保护不能仅以建立劳动关系为出发点，忽视劳动力买方市场的购买力、生存环境和社会中的隐性劳动力资源而探讨劳动者保护有失客观。劳资是同一事物的两个方面，维护资方的运行环境，保障其收益，最终会将其收益通过收入分配的竞争机制传递给劳动者。所以，在确立劳资关系时，理应以尊重契

---

① 秦国荣：《用人单位义务：责任范围与立法逻辑》，《法治研究》2018 年第 3 期，第 109-120 页。

② 董保华：《我国劳动关系解雇制度的自治与管制之辨》，《政治与法律》2017 年第 4 期，第 112-122 页。

③ ［美］彼得·德鲁克：《工业人的未来》，余向华、张珺译，机械工业出版社，2016，第 64 页。

④ ［美］丹尼斯·吉尔伯特、约瑟夫·A. 卡尔：《美国阶级结构》，彭华民等译，中国社会科学出版社，1992，序第 7 页。

约自由为前提，提倡并树立劳资合作与共治的理念，以促成良性的劳资伦理关系的建立。由于倾斜性保护而必须增加的用人单位义务宜锁定在劳动基准、安全生产、劳动者基本权利保障等社会性利益方面。[①]

### （三）前瞻性原则

法的权威性来自于它的稳定性。《劳动法》于1995年施行，其基本精神及诸多内容被2008年生效《劳动合同法》所修改或取代。而《劳动合同法》自公布实施之后，在执行中遇到了许多难题，于2012年进行了修正。劳动立法反复修改，并且出现前后抵牾之处，一方面表明我国立法和学界对劳动立法的原则和精神没有达成符合劳动关系现实的共识，另一方面说明我国劳动立法没有对变化中的劳动关系的发展趋势做出合理的预判。在瞬息万变的经济现实面前，劳动法在一定程度上缺少了应有的弹性和前瞻性。法律是客观社会和经济规律在人文意识领域的反映。本质上讲，法律不是制定出来的，而是被发现的。劳动法的制定"只是表明和记载经济关系的要求而已""在任何时候都不得不服从经济条件，并且从来不能向经济条件发号施令"[②]。立法者不能违背社会的基本需求和经济发展的规律创造法律，然而，社会经济现实时刻处于变化之中，旧的生产关系逐渐被淘汰，新的生产关系不断产生，这就需要立法者对社会关系的运行保持敏感以保证所立之法具有一定的预见性。否则，社会经济生活一旦发生变化，现有立法将会应接不暇，需要不断修订，从而影响法的权威性。在当下的资讯时代，信息革命加速了社会关系运转的进程，给传统劳动关系带来了深刻的变革，这就更需要立法者对社会关系的发展变化保持足够的敏感性。

就目前来看，影响劳动立法的社会经济关系发生了哪些变化呢？传统劳动关系是随着工业革命的出现而发展起来的，它的外在形态表现为大量农耕人口从农村进入城市，从土地走向工厂。因此，传统劳动关系开展的场所性极其明显。在传统劳动关系中，雇佣必须发生在一个特定的生产车间，固定的工作场所是一个明显的雇佣标志。但是当前，随着信息革命的深入，出现了新的经济业态和生产方式，平台服务经济日益普及，固定的生产经营场所在劳动关系中的标志性作用逐渐下降，出现了很多与传统劳动关系不同的非典型雇佣劳动关系，如网约车、外卖、代驾等。在平台就业这种新的就业模式下，公司提供平台，劳动者通过网络进行线上接单。

---

① 秦国荣：《劳资伦理：劳动法治运行的价值判断与秩序维护》，《社会科学战线》2015年第7期，第222-230页。

② 马克思、恩格斯：《马克思恩格斯全集（第4卷）》，人民出版社，1958，第121页。

劳动者的工作量和收益直接取决于劳动者自身的服务质量，对传统用人单位的管理依赖大大降低。这种用工模式打破了雇佣劳动必须发生在固定的生产经营场所的传统。新经济业态下的雇佣关系场地标志逐渐淡化，并且这一趋势在未来将会更加明显。经营场所的打破修改了劳资之间的权利义务内容，与场所相关的用人单位安全保障义务随之瓦解。与此相适应，用人单位对劳动者信息安全的保障责任逐渐突出。在某些劳动关系中，固定的生产经营场所实际上已经成了劳资双方的负担。用人单位要保证工作场所的安全，劳动者要舟车劳顿地通勤，所以现实中有些用人单位已经对全部或部分劳动者放弃了到固定生产经营场所上班的要求。没有了固定的生产经营场所，传统的劳动者是否到岗的考核标准就会被打破。实际上，现在很多没有固定生产场所的用人单位逐渐开始采取"钉钉打卡"之类的移动考勤方式。可见，现实劳动关系已经先于法律开始了突破传统雇佣方式的运作，劳动立法如果不关注经济发展规律，迎头赶上并适应这种新出现的雇佣需求，而继续固守以场所为核心的立法理念，就很难制定合理合适的法律。

劳动关系对固定生产经营场所的依赖性减弱，随之带来了工作时间的弹性化。工作时间在传统劳动关系中是重要的劳动强度指标。在雇佣关系开始的早期，时间是衡量劳动强度的重要乃至唯一标准，很多劳动关系直接实行工时工资制度。但是今天，信息传输革命导致专属于个人的有效信息可以跟随劳动者移动，劳动者很容易在工作时间内做自己的私事。传统行业中朝九晚五的劳动者可以在工作时间内购物、聊天、炒股、开网店、在线学习……在这种情况下，工作时间在劳动关系运行中的指标性价值逐渐下降，以时间标准考核劳动者必将成为一个过时的手段，随之而来的是对劳动关系绩效考核的改革。可以预见，在未来的部分劳动关系中，工作场所不定，工作时间灵活。如果忽视这些变化，依然固化劳动关系的场所和时间特质，相关立法会与社会的需求产生脱节。

除了工作场所、工作时间逐渐不确定以外，在未来劳动关系中，如何鉴别雇主身份也将成为一个棘手的问题。一直以来，《劳动法》和《劳动合同法》均采用列举的方式确定用人单位资格。如前文所述，这一立法模式封闭了劳动关系，导致雇主身份僵化，实践中很多事实劳动关系中的雇主易于通过否定自己的雇主身份而免除劳动法上的责任，常使劳动关系的认定陷于被动之中。面对新业态下的劳动用工模式，我国劳动立法需要重新审视传统的列举式用人单位资格认定标准的不足，顺应社会生产需要，为劳动关系松绑，尝试确立认证式的用人单位资格认定制度。认证式的用人单位资格认定制度是指不事先确定用人单位主体的范围，而只确立认定用人单位资格的核心理念，用人单位究竟是否属于合法的用工主体由法官根据这一核心理念在个案中确定的一种用人单位确认制度。该模式实际上将用人单位资格认定由事前赋权调整为事后确认，弱化了事前的赋权功能，强化了用人单位身份的义务内涵。这是因为在劳动关系中，用人单位资格内涵的义务多于权利，认定用人单位身份实质上是在寻找一个义务主体，而不是发现一个权利主体。我国劳动立法长期以赋权的思路界定用人单位范畴，具有一定的局限性。事实上，现实而非理论假定的雇佣主体或准雇佣主体对于雇主身份是排斥的，对用人单位资格的认定与其说是赋权，不如说是发现甚至追寻出一个义务主体。以赋权思路确认用人单位资格与现实劳动关系中用人单位的弱权利、强义务内涵不符，从某种意义上讲，用人单位资格的确立是一种事后的义务追索行为。赋权式的用人单位资格认定理念已经给我国劳动法的实施带来了诸多不便，笔者认为在新的经济业态下，应调整观念，以认证式的用人单位资格认定标准取而代之，否则将会对劳动关系的运转造成更大的阻碍。

对用人单位权利义务身份的认识偏差，导致确认雇主身份成了我国劳动法实践中的难题，并且，随着社会生产关系的变化，雇主身份确认的难度将进一步增加。当下，平台经营模式大量出现、工作场所灵活性增强及工作时间弹性化，将会使用人单位通过自否身份以规避法律责任的做法更加频繁且更易达成目的。很多灵活就业形式与传统雇佣模式表现形式差异较大甚至没有签订书面劳动合同，因此，平台提供方很容易否认自己的雇主身份，从而免除用人单位应承担的责任。如2018年5月1日凌晨2时许，E代驾公司司机范某某在下班途中被撞身亡，肇事者逃离，但代驾平台运营经理韩某却否认与代驾者之间存在劳动关系，拒绝认定范某某为工伤。数字时代的到来对传统劳动关系的运行提出了新的挑战，在全球范围内劳动关系将更加灵活，"不稳定的劳动关系"将会逐步常态化。如果继续通过固化劳动关系要素的方式认定雇佣关系，将难以适应未来社会劳动关系灵活运作的需要。未来究竟需要什么样的劳动关系？由于生产关系的急速变化，预见的难度越来越高。在这种多变的环境下，如果将劳动关系的各个要素继续固化，结果将是僵化的劳动关系理论内涵和多变的现实劳动关系形成"两张皮"。因此，很多国家放弃了确认劳动关系的外化标准，而以是否存在雇佣现实这一开放的理念来认定劳动关系。如前文所述，德国对雇主的定义摒弃了劳动关系认定的时间、场所、书面合同等外在形式要件，而是从提供劳动和支付报酬的实质内涵上来进行考量，给劳动关系逐渐松绑。[①]
日本的雇佣契约构造在 20 世纪已经发生了根本的变化，非正式雇佣关系已逐渐成为社会的主流，劳动关系的灵活性和用人单位资格的开放性均得到广泛承认。总之，随着劳动关系的灵活性增强，合作的非正式雇佣方式将会逐渐繁荣，开放的立法理念既是现实之需，也代表了国际发展的潮流。如果不在立法上承认雇佣关系的灵活性，未来仍将难以克服雇主身份和雇佣关系认定的难题。

**（四）法治原则**

长期以来，劳动法学者在讨论问题时常常需要首先摆明自己的道德立场。当年以"山西黑砖窑"为背景的"童奴"事件对劳动立法具有一定影响。事实上，"童奴"事件超出了劳动法的调整范畴，涉及限制人身自由、故意伤害等刑事犯罪，其中根本不存在合法的雇佣关系，也没有适格的雇佣主体。在道德因素的催化下，因这一恶性社会事件产生的负面评价最终都强加给了"用人单位"。2012 年全国人大常委会决定修改《劳动合同法》，增加了用人单位的义务，获得全票通过。

劳动关系的泛道德化不仅会造成劳动立法理念的偏差，也会影响劳动关系的良性运行。在对待劳动关系的态度上，部分学者单纯从"资强劳弱"的观念出发，主张限制用人单位权利，扩大用人单位义务与责任范围。然而，对用人单位施加过多的道德义务实际上超出了用工主体的承受能力。在劳动关系中，用人单位基于其掌握的信息和管理优势，固然会形成一定的强势地位，但这种"强"不宜被过分夸大。事实上，不少人之所以成为雇主，是因为在劳动力市场上弱于其他劳动者，无法找到满意的工作，不得不走上创业道路。有些创业者缺乏劳动力市场所需的就业能力，创办的中小企业竞争力并不强，此时如果固化用人单位的道德身份，盲目扩大用人单位义务，将使其很难应对市场经济中的经营风险。

劳动关系泛道德化使得司法实践在劳资之间的权利义务分配上"拉偏架"的现象较为普遍。以劳动者擅离工作岗位遭遇交通事故为例。擅离工作岗位无论是基于劳动合同还是劳动法都是明显的劳动者违约行为，但是目前除广东省对于这一情况不予认定为工伤外，其他省区市对此要么含糊其词要么公开承认属于工伤认定范围，个别省区市默认提前 30 分钟以内下班仍为"合理"的下班时间。工作时间是劳动合同和劳动法的核心内容，在有明确时间约定的前提下允许 30 分钟的"合理出入"无疑是对合同（准

---

① ［德］雷蒙德·瓦尔特曼：《德国劳动法》，沈建峰译，法律出版社，2014，第 55 页。

立法）和立法的无视。司法实践受道德观念的影响在劳资之间"拉偏架"，最终的结果是用人单位无法根据合同乃至法律判断自己的义务边界，导致用人单位在事实上对劳动者承担无限责任。劳动关系本质上是一种契约关系，以泛道德化的倾斜保护为出发点，过分增加用人单位的义务，实际上违背了对契约双方平等保护的基本法律原理。综上，法治原则应当是确立用人单位义务的核心原则，脱离法治轨道界定用人单位义务，只能导致其漫无边际。客观界定用人单位义务首先要明确权利和义务是一对法律概念，用人单位义务的界定应严格限定在法律范畴之内，只有在劳动法范围内，以契约关系为基础来界定用人单位的义务才是有价值的。

**（五）和谐原则**

劳动关系作为社会经济运行的基础关系存在已久，然而劳动者对这一关系和身份的认可和接纳程度却并不乐观。不管是中国式的"等赚足了钱就回老家"，还是西方中产阶级的理想目标——中年以后购置一个自己的小农场，重新回归田园生活，都表明了劳动者对工业雇佣生涯的排斥。他们无法从劳动关系中获得价值感和社会责任感。大量的受雇者并不享受其被雇佣的状态，常常幻想着从工业的雇佣身份中逃离。他们接受雇佣乃是因为"不得不"，而不是"我愿意"。彼得·德鲁克认为，造成这一现象的根本原因是工业社会的雇员依然像从前的产业工人一样没有融入组织体系之中，雇佣关系无法实现其社会功能，因此在雇佣关系中，雇员始终是游离的，不属于雇佣组织本身。[①] 受雇者无法将其内心融入代表未来主流经济关系的雇佣关系之中，这就难怪大批工业社会中的劳动者虽然参与了雇佣实则怀揣着田园生活的梦想，随时准备着逃离。对劳动者而言，缺乏社会身份和社会功能就意味着社会本身不存在。[②] 城市中诸多忙碌的劳动者的梦想是赚足了钱重回乡村，这是当代工业社会的悲剧，也是对全人类的讽刺。工业社会是人类的未来，回归田园只能是极少数人的现实。除非受雇者能从雇佣关系中获得根本的满足，否则工业社会对其而言就是悲剧。和谐的劳动关系是终结这一时代悲剧的重要出路。

和谐社会的建立依赖于社会中各种利益关系的协调，依赖于劳动关系的和谐运行。在当代及未来的工业社会中，企业的健康发展是社会稳定的

---

[①] ［美］彼得·德鲁克：《工业人的未来》，余向华、张珺译，机械工业出版社，2016，第29页。

[②] ［美］彼得·德鲁克：《工业人的未来》，余向华、张珺译，机械工业出版社，2016，第16页。

基础，劳动关系是创造社会产品的摇篮，其质量折射了时代的经济发展水平和质量。① 在党的十八大报告的基础上，党的十九大报告提出了"打造共建共治共享的社会治理格局"。所谓"共治共享"，在劳动关系中即体现为：鼓励劳动者积极主动地参与公司治理，通过劳动关系实现劳动者的社会功能和职业荣誉感，促成劳资利益的深度连接，建设和谐的劳动关系。马克思认为经济基础决定上层建筑，而不是相反。彼得·德鲁克也指出不存在所谓"非经济的社会奇迹"，人类社会所有文明的推进都必须建立在经济良好运行的基础上，而劳动关系作为创造社会经济财富的重要容器是所有社会关系中最重要的一种，合作与共治的和谐劳动关系是经济健康发展的根本保障。②

和谐的劳动关系代表着未来劳动关系发展的主流价值观。黄越钦先生认为 21 世纪劳资之间的"斗争"会逐渐减少，以建立社会安全为目标的和谐合作将会逐步增加。③ 董保华教授指出必须用开放的态度对待劳动关系，从而激发企业的活力，并以此保障劳动关系的和谐与稳定。随着现代信息技术的发展，工作和生活的边界越来越模糊，劳动者对工作环境的愉悦程度要求越来越高，"希望从企业中获得的满足感与以往不可同日而语"④。而良性安全的劳动环境远非雇主仅通过提供一定的物质条件就可以达到的，它需要劳动者的配合乃至对所从事职业发自内心的热爱。因此，检验未来企业成功与否的标准将会转变为企业是否凝聚了社会的创意精英，是否为发挥创意精英的潜能营造了良好的氛围，对客户需求是否足够敏感，是否生产出了高度匹配社会需求的产品和服务。⑤ 世界各国中，瑞典较早将"舒适与和谐的工作环境"确立为劳资关系的首要目标。美国 1970 年《职业安全卫生法》、英国 1974 年《职业安全卫生法》、法国 1991 年《职业灾害防止法》均是遵循劳资共建和创造良好的工作环境的原则而制定的，体现了试图营造和谐劳资关系的理念。

---

① 包政：《我对彼得·德鲁克的理解》，《公司的概念》（序言），机械工业出版社，2013，第 7 页。

② 包政：《我对彼得·德鲁克的理解》，《公司的概念》（序言），机械工业出版社，2013，第 4~5 页。

③ 黄越钦：《劳动法新论》，中国政法大学出版社，2003，第 6 页。

④ ［美］埃里克·施密特、乔纳森·罗森伯格、艾伦·伊格尔：《重新定义公司》，靳婷婷译，中信出版社，2015，前言第XLII页。

⑤ 曾鸣：《赋能：创意时代的组织原则》，《重新定义公司》，中信出版社，2015，序第XI-XII页。

# 第二章　用人单位义务的学说演进

................................................

### 第一节　雇佣关系萌芽阶段对资方的支持

#### 一、立法强制工人接受雇佣

对劳动者的倾斜保护在当今的立法和学术界已基本达成共识，这常让人误以为，劳资关系自其诞生以来就是以保障劳动者的利益为出发点的，然而事实并非如此。在资本主义发展的早期，为了保障资本原始积累的顺利实现，各资本主义国家均颁布了一系列法规对资本主义的发展进行加持。14—18世纪，以英国为代表的欧洲国家的劳动立法均以"劳工法规"为主，其基本内容是以国家强制手段迫使因工业革命而失去土地的农民接受雇佣。这一时期的法规站在资本家的立场上，提出了诸多对劳动者进行约束的主张。这些主张由于与当下对劳动者进行倾斜保护的原则背道而驰，一直以来被学界称为"恐怖的劳工法规"。"恐怖的劳工法规"通过强迫工人接受雇佣的方式实现对资方的支持。早期英国的"劳工法规"强制脱离土地的人们接受雇佣，并禁止乞讨和流浪，甚至规定可以对流浪者进行鞭打，乃至监禁。如英国爱德华三世在1349年颁布法令禁止乞讨，并规定了对流民、乞丐的种种惩罚。1351年法国让二世签署法令，镇压和驱逐有劳动能力的流浪及乞讨人员，强迫其进入工厂接受雇佣，并限制社会救济机构向流浪者开放，对流浪者的盗窃或抢劫行为处以相对严厉的惩罚。英国亨利八世时期曾明确规定对流浪者给予鞭打，再度流浪可以割去流浪者的半只耳朵，三度流浪则可将其定为重犯处死。此外，早期"劳工法规"通过规定最高工资和最低工时强化雇佣剥削。如英王伊丽莎白一世时期的《学徒法》不仅规定了法定的最高工资限额，同时规定超出最高工资标准支付工资要受到惩罚，而且这种惩罚是双向的，不但惩罚雇主，也惩罚接受工资者。对于超出最高工资标准发放工资的雇主处以监禁10天的处罚，而对于接受超标工资的劳动者则处以监禁22天的处罚。在这一时期，立法对资本原始积累的支持可见一斑。

部分学者认为，"恐怖的劳工法规"只是与劳资关系相关的立法，不是现代意义上劳动法的起源。然而，"现代"一词是一个相对的概念，对立法"现代"与否的评判离不开当时的时代背景。不同的时期，"现代"的内涵也是不一样的，很多"现代"的立法、观念和理念后来也被证明过时了或者是错误的。14—18世纪，工业革命的到来使传统的耕作方式发生了巨大的改变。土地所能容纳的劳动力越来越有限，但是对于已经习惯了农耕社会的民众而言，背井离乡，进城接受雇佣无疑也是巨大的挑战。工业革命不但是对农耕生产方式的摧毁，一同被摧毁的还有农耕社会的人们附着于土地所信奉的文明和价值观。对于祖祖辈辈扎根于土地的农民而言，进城接受雇佣所面临的心理和文化障碍远非地理位置的转移所能概括。诚然，在后来的200多年中，工业革命的确展示了它的威力，生产效率提高，劳动力得到解放，社会财富大幅增加，并且不管人们愿不愿意，它都势不可挡。然而当时展现在普通大众面前的是土地被剥夺、远离田园、家庭成员分居，这些都是农耕社会的根本和人生的主要乐趣，接受雇佣的价值和优势则极为缥缈。[①] 低工资、高工时、恶劣的居住环境、随时被监管……最初脱离土地的那一代人对工业社会有所排斥完全是情理之中的事。生产方式的转变摧毁了农民世代以来信奉的价值观。在农耕社会，人们对于未来的信心来自四季轮回所生产的物品，一旦这一信心被摧毁，而人们对于新的工业社会的信任又未曾建立，前路迷茫的人们无疑会选择"及时行乐"的生活方式，犬儒主义的乞讨和流浪成为最直接的表现。

在今天，不管是保安、营业员、司机，还是法官、医生、教师，人们对工业机器人的面世都怀有某种恐惧。社会大众无法预知自己在新的社会生产模式中将会处于怎样的生存状况，恐慌和抗拒是必然的。但是不管公众如何抗拒，就像当年的工业革命一样，今天的信息技术革命也是一种必然趋势。当时的法规制定者看到了这一趋势，并且力图促成这一社会生产方式的转变。尽管当时的"劳工法规"以强迫的方式要求人们接受雇佣，确实是冷酷无情的，但它顺应了农耕社会向工业社会转变的趋势，力促这一转变的顺利完成，符合社会生产的发展规律。所以，"劳工法规"在工业革命的早期是"现代"的，符合当时社会经济发展的需要，对破除普通公众对农耕社会的生产、生活方式的依赖有相当的促进作用。

在14世纪到18世纪的400多年间，劳动立法一直站在资方的立场上对

---

① ［美］彼得·德鲁克：《公司的概念》，慕凤丽译，机械工业出版社，2013，第28-29页。

资本主义生产方式进行加持。然而，随着时间的推移，"劳工法规"所引发的对劳动者的财富乃至身心健康的掠夺，逐渐超出了人性和良知所能容忍的极限，自由资本主义的负面影响逐步显现并扩大。资本从最初"勤勉自律"的结果和推动社会进步的力量演化成了"血和肮脏的东西"，它代表的是一种无耻和贪婪，劳资之间的冲突和斗争关系由此形成。马克思认为这种剥夺的历史，应以血与火的文字，写在人类的记录中。① 至于现代劳动关系确立的基本原则即"雇员应接受雇主的管理"，则被描述为一种被迫的"隶从状态"，是一种从"封建榨取"到"资本榨取"的转变。② 为了缓解日益激化的劳资矛盾，保障资本主义生产关系的顺利发展，这一时期的劳动立法开始进行调整，最初体现为英国 1802 年《学徒健康与道德法》的制定。《学徒健康与道德法》禁止纺织厂雇佣 9 岁以下的儿童，同时限制了未成年学徒工的工作时间，即每日不得超过 12 小时并且禁止在晚上 9 点至次日凌晨 5 点之间安排未成年学徒工加班。这一最初关于未成年学徒工的工时立法，在今天看来无疑仍然是极为苛刻的，但它改变了"劳工法规"的立法方向，是首次以保护劳动者为导向制定的劳动法律，被誉为"工厂立法"的开端，揭开了现代意义上的劳动立法的新篇章。有些学者以今天对劳动者倾斜保护的社会法理念否认当时的"劳工法规"，认为那时的立法不是劳动法，不符合现代意义上的劳动法精神，在论及劳动法的起源时直接进入19 世纪，否认之前的劳动立法的存在。③ 这种观点有失客观。在当时的背景下，"劳工法规"是很"现代"的，或者说，今天学界所公认的"现代"本身也有其局限性。所有的"现代"都依赖于一个时间维度，今天的"现代"真的就"现代"吗？对劳动者的倾斜保护真的会一直符合社会经济发展的规律吗？随着各种新业态的经济实体的出现，各种新的雇佣关系大量涌现，传统雇佣关系中对于特定工作场所和工作时间的依赖逐步减退。灵活雇佣、平台雇佣使得劳资双方的管理与被管理的角色逐渐受到挑战，对劳动者的保护也有可能回到民事契约的出发点。

**二、新教伦理对资本主义经济的促进**

在前资本主义社会，一般认为新兴的雇佣劳动关系是优于中世纪封建生产关系的，因此新兴的雇佣关系得到了从立法到宗教的普遍赞美，这一

---

① ［德］卡尔·马克思：《资本论（第一卷）》，郭大力等译，上海三联书店，2011，第 530 页。
② ［德］卡尔·马克思：《资本论（第一卷）》，郭大力等译，上海三联书店，2011，第 531 页。
③ 林嘉：《劳动和社会保障法》，中国人民大学出版社，2016，第 38 页。

点在新教教义中体现得尤为明显。新教是基督教三大流派之一，提倡："要像上帝的命令那样，更进一步地把劳动本身当作人生的目的。"① 这种对于劳动的褒奖，无疑为资本主义雇佣提供了充分的宗教思想保障。16 世纪后半期，从新教加尔文派中诞生了清教。清教具有反封建性质，其教义为英国资本主义的发展做了充分的舆论铺垫。清教徒将工作视为天职，认为没有天职的人会缺乏系统性和条理性。清教教义的核心是禁欲主义，禁欲主义在世俗生活中的直接表现便是反对奢侈浪费，提倡极端节俭，赞赏财富积累。这恰好迎合了新兴资产阶级进行原始积累的愿望，因此，早期的英国资产阶级革命领袖多以清教徒为主。

清教伦理以禁欲著称，而劳动一直被认为是尊崇禁欲主义的最好方法。对于那些清教徒认为的"不洁的诱惑"而言，劳动无疑是最有特效的抵御手段。充分地尊重天职，参加劳动，被清教徒作为遵从禁欲主义的重要方面。早期清教徒的勤勉和节俭与后来的"基于资本主义蓄积的富者的奢侈消费"相比，前者无疑为原始积累阶段的资本家博得了美名。② 对于拥有财富的资本家，清教宣称他们由于遵从了严格的禁欲主义教义，自律勤奋，因此很好地管理了上天的财产。可见，在前资本主义时期，新教伦理尤其是加尔文派诞生的清教教义对资本主义精神进行了选择性的亲和，其禁欲主义价值观所倡导的节俭品性有助于资本的快速积累。③ 早期资本家凭借其禁欲主义的强制节俭实现了资本的原始积累，新教的入世观点加上其禁欲主义精神还给资本的原始积累增加了宗教光环。

新教在通过大力提倡禁欲主义促进资本原始积累的同时，也通过劳动的天职观促成了资本主义雇佣生产方式的发展。新教伦理鼓励人们参加劳动，倡导将劳动本身作为目的，将工作作为一种天职去履行，对流浪则加以贬抑。在中世纪，乞讨行为不仅无可厚非，甚至被认为是值得赞美的，因为乞讨者为富人们提供了行善的机会。但新教伦理认为劳动是天职，只有通过劳动方可获得天恩。清教徒们相信劳动和勤勉是他们对上帝应当负的责任，那些有劳动能力却以乞讨为生的人不仅犯下了懒惰的罪孽，也亵

---

① ［德］马克斯·韦伯：《新教伦理与资本主义精神》，马奇炎、陈婧译，北京大学出版社，2012，第 160–161 页。

② ［德］卡尔·马克思：《资本论（第一卷）》，郭大力等译，上海三联书店，2011，第 530 页。

③ ［德］马克斯·韦伯：《新教伦理与资本主义精神》，马奇炎、陈婧译，北京大学出版社，2012，第 174 页。

渎了同胞的责任。① 巴克斯特论述了典型清教主义的观点："如果人没有一项明确的天职，那么他的一切就只能算是偶然而非正式的，他会把时间浪费在游手好闲而非辛勤耕耘之上，有专业技术的劳动者会井然有序的开展工作，而其他人则只能长久地陷入困惑之中，这些人既没有合适的时间也没有合适的场所来开展自己的事业。"② 可见，新教教义中的劳动天职观有效地促进了资本主义雇佣生产方式的发展。

## 第二节　古典经济学派自由放任的劳工理论

在"劳工法规"引发了严重的劳资矛盾后，17 世纪中叶，古典经济学派应运而生。古典经济学派（Classical Economics）由亚当·斯密在 1776 年开创，以《国富论》的问世为标志。古典经济学派提倡自由竞争，相信价格体系是最好的资源配置办法，将自由竞争的市场机制看作一只"看不见的手"，反对国家干预经济生活。这一理论得到了大卫·李嘉图、托马斯·马尔萨斯和约翰·穆勒等人的支持。古典经济学派把自由放任的经济理论从流通领域拓展到生产领域，主张在劳动生产领域由劳资之间通过自由竞争来调整劳资关系，通过协调劳动力的价格（工资）来完成劳资之间的供求关系。在资本主义生产方式产生的早期，劳资矛盾尚处于潜伏阶段，社会的主要任务是清除发展资本主义道路过程中的封建阻碍。

在英国，1688 年光荣革命为资本主义的发展清除了政治障碍。不可否认，与封建生产关系相比，资本主义具有历史先进性。因此，古典经济学派的主要任务便是论证资本主义的合理性与优越性。不过古典经济学派的自由竞争劳工理论在实施以后也带来了诸多社会问题。古典经济学派的自由经济理论认为，市场经济通过价格竞争机制调整市场主体的行为。在古典经济学派看来，市场主体都是自利的，为了获得利益，他们必须遵从"理性"，在"利己"的同时"不损害别人"的利益。这一自由放任的经济主张被认为是亚当·斯密对经济学理论的最大贡献。自由经济理论阐明了市场经济的核心原理，为扫除资本主义发展过程中的障碍提供了理论支持，自其问世以来就不乏追随者，尤其是在《国富论》出版后，自由竞争的理

---

① ［德］马克斯·韦伯：《新教伦理与资本主义精神》，马奇炎、陈婧译，北京大学出版社，2012，第 165 页。

② ［德］马克斯·韦伯：《新教伦理与资本主义精神》，马奇炎、陈婧译，北京大学出版社，2012，第 163 页。

念得到普及并深入人心。某种意义上讲，自由经济理论促进了资本主义的发展，甚至支配着整个 19 世纪和 20 世纪早期的资本主义的发展。英国从 1846 年废除 "谷物法"① 开始，彻底承认了资本的最高权力，以至于维多利亚时期（1837—1901 年）的英国发展成为 "日不落帝国"，形成了可以 "与世界抗衡" 的力量。

古典经济学派主张在劳资之间通过完全自由的方式来协调劳资关系，即采用自由放任的劳工理论。在自由放任劳工理论的指导下，为了提高生产效率，早期资本家进行了诸多尝试，如创造了计件工资制度。令雇主们惊讶的是，面对计件工资制度，雇工们的普遍反应是减少工作量而不是增加工作量。雇工们最初不是想努力工作赚更多的钱，而是考虑 "我干多少活，才能挣到和从前一样的钱，以满足自己的日常开销"。对于这样的结果，雇主将其归咎于雇员的懒惰、缺乏上进心。计件工资制度使工作效率不升反降，这令雇主们非常苦恼，尤其是对于赶着天气和农时收割庄稼的农业雇主而言更是成了一个难题。计件工资制度没有带来理想中的工作效率的提高，这类现象并不罕见。在前资本主义时期，无论在什么地方，一旦雇主考虑通过提高劳动强度提高生产效率，就会遭到雇员诸如此类的非暴力反抗。这使得资本家们一度认为雇工们只是因为贫穷才去工作的，因此有必要让他们保持贫穷，因为一旦生活实现自足，他们就会丧失努力工作的动力。于是雇主们开始尝试相反的策略，降低劳动者的工资，以大量雇佣廉价劳动力来弥补生产数量的不足。这样从总体上讲，虽然雇佣人数有所增加，但是由于工资水平的下降，对于雇主而言 "效率" 还是 "提高" 了。

当时不仅出现了大量的 "血汗工厂"，雇佣妇女、童工乃至贩卖人口的情形也屡见不鲜。低工资策略对于资本的原始积累起到了一定的促进作用，但是阻碍了资本主义自身质量的提高。低工资策略依赖于大量雇工的存在，而且导致雇工变得斤斤计较，时刻盘算着以最省力的方式挣得自己的习惯工资。② 长期来看，自由放任的劳工理论不能保证资本主义雇佣关系的良性发展。因此，许多现代工业国家都放弃了彻底的自由放任的原则，在经济上保持着必要的政府干预。自由放任主义认为经济发展过程实际上是新兴

---

① 谷物法又称 "玉米法案"，是 1815 年至 1846 年英国为 "保护" 农户及地主免受来自从生产成本较低廉的外国所进口的谷物的竞争而实施的强制进口关税制度。

② ［德］马克斯·韦伯：《新教伦理与资本主义精神》，马奇炎、陈婧译，北京大学出版社，2012，第 54-56 页。

的以雇佣为主的工业生产方式对传统农业生产方式的替代，这一替代的过程在劳动力的流向上表现为农村人口向城市的流动。在农村人口向城市转移的过程中，实际上存在一个城乡二元化的劳动力市场。直到工业雇佣将沉积在传统农业的劳动人口全部转移到城镇，方能实现劳动力市场的城乡一体化。至此，自由劳工阶段的劳动力无限供给模式就会瓦解。

古典经济学派将制约资本主义经济发展的因素锁定为资本的原始积累，忽略了劳动这一重要的生产要素，其重要原因是在资本的原始积累阶段，劳动力常常是无限供给的。资本扩张的本性使得传统农业逐渐工业化，达到一定的饱和状态时，资本原始积累过程中的劳动力无限供给市场就会消失，也就是人口红利会消失。此时，自由竞争阶段的低工资带来的生产效率将难以维持。这样一个饱和的临界点就是所谓"刘易斯拐点"。"刘易斯拐点"是形成一个健康的劳动力市场的良好契机。在"刘易斯拐点"到来之前，在劳动力无限供给的条件下，资本呈现出它的稀缺性，人口红利可以堆砌出生产效率。或者说，在"刘易斯拐点"到来之前，资本稀缺性优于劳动力资源稀缺性，是劳动者在寻找工作机会，低工资不会减少劳动力的供应。在"刘易斯拐点"到来之后，人口红利丧失，工作条件将决定劳动者的流向，低工资将无法聘用到合适的员工。以当前中国经济的发展为例，随着城市化进程的加快，农村可转移到城市的人口逐渐减少，劳动人口城市化的成本逐渐增加，人口红利正在逐渐消失。

## 第三节  劳资对立冲突理论的斗争学说

### 一、劳资冲突理论的基本内容

古典经济学派主张的自由劳工理论在 18 世纪得到了充分的发展，激化了劳资之间的矛盾，于是，逐渐产生了对古典经济学派自由劳工理论的质疑。批评者认为所谓"自由放任"不过是无限制地鼓励商业贸易和雇佣剥削，为否定资本家对贫穷者和劳工应承担的责任提供了借口，激化了劳资之间的矛盾和冲突。为了消除劳资之间的阶级差别，建立起平等的社会，19世纪二三十年代，在英、法等国出现了空想社会主义或乌托邦社会主义思想。空想社会主义的理想在于建立一个平等和谐的社会，并提出为达到这一目的不惜采取暴力手段。这成为早期劳资冲突理论的源头。

将对劳动者的保护和用人单位的义务置于对立的立场是劳资冲突论的核心观点。冲突论认为对资方的利益限制会促成劳动者利益的增加，反之亦然。有研究指出，劳资冲突论起源于早期的剥削观念。从劳资对立的立场来看是劳动创造价值，而工资只是价值的一部分，其余的剩余价值被资本剥夺了，以此呈现资本对劳动的剥削。但是，从各国经济发展的规律来看，创造价值的不仅有劳动还有资本家投入的资本。近代以来，随着外国资本及其运营方式的传入，劳资关系在我国有所发展。后来由于全面的社会主义改造，我国走上了国家雇佣的道路，民间鲜有以契约为基础的雇佣关系。直到改革开放，我国开始建设社会主义市场经济，民间雇佣才复苏，并随着经济的发展逐步多样化。在中国当下的劳资关系中，随着经济全球化而来的是劳资之间在管理上的协调。① 改革开放后的历史和社会环境都在逐渐发生变化，我国也逐渐承认了资本参与分配的权利。资本和劳动都应在社会生产中发挥其应有的功能：劳动者得到合理的工资，资本得到合理的利润，从而增加使用价值的生产，创造更多的物质财富。②

事实上，冲突论自其诞生以来就受到多方质疑。弗里德曼认为劳资关系中，不能仅仅关注资本家的获益，并认定资方获益一定是对工人的剥削，同时必须分析工人对资方雇佣的主观理解和感受。事实上，工人有时对于接受雇佣的生活状态也心存感激。③ 生产过程不仅制造劳资冲突，在一定程度上也可以满足工人的需要，工人本身从生产过程中也有获益。因此雇佣的后果不一定是革命或者冲突。对于劳资冲突的核心"工资问题"，约翰·韦斯顿认为，工资的增加或减少都不会从整体上影响工人的生活水平，因为雇主会将增加的成本以物价上涨的形式传递出去，以降低工资的实际购买力。德国的拉萨尔也认为激烈的冲突和斗争改变不了工资铁律，即工人的平均工资始终停留在一国人民为维持生存和延续后代按照习惯所要求的必要生活水平之上。④ 康芒斯以社会改良的观点否认劳资是两大对立阶级，认为世界上存在各色利益共同体，劳资关系只是其中的一种。这些利益群体要么寻找到一种可行的利益协调机制，一荣俱荣，要么在冲突中一损俱损。康芒斯认为一国的劳动运动状况源自该国的经济、政治、社会和地理环境，并进一步指出美国劳动运动发展迟缓是由所拥有的自由的土地制度、选举权、市场的迅速扩张、联邦政府的复杂形式、移民与经济周期因素共

---

① 冯同庆：《劳资关系理论考察：从对立到协调》，《江苏社会科学》2010 年第 3 期，第 113-118 页。
② 冯同庆：《劳动关系理论研究》，中国工人出版社，2012，第 39 页。
③ 冯同庆：《劳动关系理论研究》，中国工人出版社，2012，第 144 页。
④ 冯同庆：《劳动关系理论研究》，中国工人出版社，2012，第 43 页。

同促成的。① 而这些缓解劳资矛盾的因素都是制度层面的建设，并非劳资斗争终结以后的对立消除。因此，康芒斯认为有远见的雇主应将劳动者视为伙伴，在劳动关系领域提高管理水平。而这也正是科学管理原则的精神内核，即在劳资之间树立相互的责任观念，促使雇主和雇工双方效率的提高，然后对他们共同创造的利润进行合理分配，把焦点从盈余的分配转到增加盈余的数量上来。

## 二、劳资冲突理论的两大失误

### （一）社会阶级结构划分不充分

劳动冲突理论的一个根本出发点是给劳资之间假定了对立的立场，但是在韦伯看来，刚性地把劳资参与者双方分别划入两个对立群体，即劳动者和资本家，是不符合社会现实的。诚然，劳资之间有一定的利益分化，但是劳资群体是可以流动的，劳动者可以加入创业者群体成为雇主，雇主也可能因为创业失利重新接受雇佣。过分强调劳资之间的对立实际上是"把社会经历贴上引人注目的标签来传播的对社会现实的激进解释"②。在张维迎看来，资本并没有固定的形态，它代表了财富不断演变的形态的其中一种，其中并不包含清晰的阶级概念，人们的身份也并不像封建社会那样固化。同样，韦伯也不否认共同的经济地位能够产生出共同的阶级利益乃至于阶级意识，但他指出这种分割不是必然的，而是有弹性的。阶级群体的组成是变化的，个体在社会中实质上可以察觉到自己或他人的阶级流动，因此会努力提高自己的社会地位。③ 再退一步讲，如雷蒙·阿隆所言，从不同的视角观察，划分阶级的方式可以有很多种。④ 以意识和生产形态划分，可以划分为封建贵族、资产阶级、小资产阶级、富农和中农、小自由农、农业工人和工业工人。依据所从事行业的性质，可以划分为金融资产阶级、工业资产阶级、商业资产阶级、小资产阶级、农民阶级、无产阶级、流氓无产阶级。仅以劳资关系将社会的主流关系划分为两大对立阶级失之偏颇。

---

① ［美］C. A. 摩尔根：《劳动经济学》，杨炳章、陈锡龄、曹贞敏等译，工人出版社，1984，第342-342页。

② ［美］丹尼斯·吉尔伯特、约瑟夫·A. 卡尔：《美国阶级结构》，彭华民等译，中国社会科学出版社，1992，第15页。

③ ［美］丹尼斯·吉尔伯特、约瑟夫·A. 卡尔：《美国阶级结构》，彭华民等译，中国社会科学出版社，1992，第15页。

④ ［法］雷蒙·阿隆：《阶级斗争——工业社会新讲》，周以光译，译林出版社，2003，第14页。

此外，有数据表明，西方国家的很多工人并不认同自己与资方对立的身份，他们更希望通过谈判和改革提高自身在雇佣关系中可以获得的利益份额。

**（二）劳资冲突论忽视资方运营风险**

冲突论认为，资方的收益来自于工人创造的剩余价值，由此论证了资方对于雇佣工人的剥削。这一论证是以资方盈利为出发点的，而资方并不总是盈利的。现今劳动者一般不承担资方运营风险，资方在亏损的情况下仍负有向雇员支付工资的义务。此时，资本的投入主要是给社会提供了一定的就业岗位。即使在资方面临破产的时候，雇员利益依然是优先于雇主的，这已经得到了《中华人民共和国企业破产法》（以下简称《企业破产法》）的保障。① 同时，对于职工的保险、医疗及伤残补助，也设定了相应的保障程序。② 其清偿顺序不仅优先于国家税收、普通破产债权，也优先于资方需要收回的出资。这表明了立法的态度，即在企业经营状况不佳以至于破产的情况下，首先保障的是劳动者的利益。劳动者利益不但优先于资方的盈利，也优先于国家税收及普通债权。此时，可以清楚地看出，劳资之间不是截然对立的，在资方存在运营风险时，劳动者的利益会首先得到保障。

**（三）劳资冲突论的现实阻碍**

劳资关系冲突论导致了对劳动者的过分保护，加之我国计划经济体制时期遗留下来的"企业办社会"的政策惯性，给我国当下的用人单位施加了巨大的运营压力，这在一定程度上阻碍了劳资关系的良性运行。在这样的立法环境下，《劳动合同法》给用人单位捆绑了较多社会道德责任。这导致我国用人单位实际承担的义务大于其享有的权利，用人单位义务边界失之过宽。在立法上表现为《劳动法》《劳动合同法》及相关配套立法关于用人单位权利义务规定得并不平衡。《劳动法》与《劳动合同法》均是按照保护劳动者的权利和增加用人单位义务为主线对劳动关系加以规制的，用人单位可以通过约定给劳动者设定义务的情形仅限于服务期和竞业禁止条款。③ 这样的立法局面使得用人单位在劳资关系中时常处于被动地位。以解雇保护制度为例，劳动合同的签订和变更全面书面化，造成劳动合同失去弹性，给企业运营和生存埋下了隐患。

我国自 1992 年确定建立社会主义市场经济体制以来，劳资关系及其运

---

① 参见《企业破产法》第四十八条。
② 参见《企业破产法》第一百一十三条。
③ 参见《劳动合同法》第二十二、二十三条。

行的经济环境均已发生深刻而复杂的变化。在市场经济条件下，国有企业的"营利性使命"增加，"公共政策性使命"有所淡化，随之影响了国有企业的用工制度。具体表现为国企用工制度从"计划用工"向"市场用工"过渡，从"固定工制"向"劳动合同制"转变。从"计划用工"转向"市场用工"是在剥离劳动关系中的身份性，从"固定工制"转向"劳动合同制"则是强调劳资关系的契约性，允许劳动合同因期限届满而解除，以此赋予国有企业更大的用工灵活性。在发生金融危机等经济风险时，国有企业可以通过减员等措施合法解雇员工，以应对市场经济环境中不可预估的经营风险。此外，用人单位主体逐渐多样化、平民化。1978年改革开放以前，我国的用工主体为公有制经济主体。中共十一届三中全会确立了我国多种经济成分共同发展的长期经济政策，个体经济、城乡合作经济、私营经济、中外合作经济和外商投资经济等经济形式成为我国市场经济的重要组成部分，其在用工市场上的表现形式包括个体工商户、合伙企业、有限责任公司、股份有限公司等。不同用工主体的抗风险能力截然不同，新兴用工主体不但在资金、能源、税收等方面与国企、央企等相比缺乏竞争力，而且在劳动关系中承担责任的能力也大为不及，要求其承担传统国有企业在劳动关系中同样的义务，远超出其能力范围。因此，董保华教授指出：在国有企业减员增效的今天，用外部立法强加用人单位过多的道德义务实际上是强迫用人单位承担改革开放前国营企业的责任。不加区分地将太多道德责任强加给所有用人单位，忽视各类用人单位之间性质和实力的差别，有违社会现实。可见，以劳资冲突论为主导的对劳动者的过度保护与市场经济环境和雇主责任能力不相适应，预设了劳资关系运行的障碍，无法适应当下的经济发展，不利于和谐劳动关系的建立。

### 三、劳资冲突理论的现实检验

雷蒙·阿隆指出，一些西方国家的工人阶级在一定程度上意识到自己是一个整体，然而并不想彻底否认资方的雇佣"[①]。劳方可能也愿意选择以改革的方式协调劳资之间的利益。1900年2月27日，英国工人组建了英国劳工代表委员会。该委员会1906年更名为英国工党，执政后采取的温和的改革政策即表明了当时劳方对待劳资雇佣的态度。韦伯夫妇充分肯定了工会在劳资平衡中的作用，认为劳资之间并不能通过一个阶级消灭另一个阶级而终结对立，其对抗和斗争可以通过雇主和雇员所拥有的交涉权力的均

---

① ［法］雷蒙·阿隆：《阶级斗争：工业社会新讲》，周以光译，译林出版社，2003，第23页。

衡而得以解决。① 乔治·柯尔也旗帜鲜明地反对劳资之间的对抗。② 马克思后来也肯定了劳工政党的建立和劳工立法改革的作用。③

以劳资冲突论为主导的对劳动者的过度保护与市场经济环境和雇主责任能力不相适应，预设了劳资关系运行的障碍，无法适应当下的经济发展，不利于和谐劳动关系的建立。在不同的法律关系中，用人单位所承担的义务是不同的。用人单位不但是劳动法上的用工主体，同时也是经济法中的被调控主体，是市场经济中的生产和交换主体，一定条件下还可能成为刑法领域的犯罪主体。长期以来，劳资冲突论严重影响了社会对于用人单位义务的判定，将一部分刑事责任盲目地以用人单位义务的形式分派给资方。韦伯认为如今的教育证书取代了从前的门第审查，促进了劳资身份转变的可能性。④ 尽管在劳动力市场上，劳资双方都是流动的，但是由于市场运营及政策变化的风险主要由雇主承担，因此实际上雇员的流动成本比雇主的流动的成本要小得多。"企业的生存与竞争压力在某种程度上要远大于劳动者。"⑤ 这造成的后果是用人单位对雇佣新人采取过于谨慎的态度。

## 第四节　社会改良思想在劳资关系中的运用

### 一、费边社改良实践与产业民主理论

费边是公元前 3 世纪的古罗马统帅，善于采用拖延战术，迂回周转，避免决战，因此，他的名字被 19 世纪"新生活同志会"借用，以表明他们试图在社会运动中采用谨慎的方法，而避免采用过于激烈的斗争手段，引导英国工人运动走向改良的道路。费边社会主义是劳动关系理论的重要思想渊源，韦伯夫妇、萧伯纳等人的加入促成这一组织积极探索英国的政治经济理论，提出了渐进社会主义思想。韦伯夫妇是西方劳工运动的理论先驱，费边社的创始人。韦伯夫妇认为，劳资双方的共同目标是提高生活质量和

---

① ［美］C. A. 摩尔根：《劳动经济学》，杨炳章、陈锡龄、曹贞敏等译，工人出版社，1984，第 336—337 页。

② ［美］乔治·柯尔：《劳工世界》，1913 年，第 378 页。转引自［美］C. A. 摩尔根：《劳动经济学》，杨炳章、陈锡龄、曹贞敏等译，工人出版社，1984，第 338 页。

③ ［美］C. A. 摩尔根：《劳动经济学》，杨炳章、陈锡龄、曹贞敏等译，工人出版社，1984，第 333 页。

④ ［美］丹尼斯·吉尔伯特、约瑟夫·A. 卡尔：《美国阶级结构》，彭华民等译，中国社会科学出版社，1992，第 398 页。

⑤ 秦国荣：《用人单位义务：责任范围与立法逻辑》，《法治研究》2018 年第 3 期，第 109—120 页。

工作效率，增进教育和参加民主政治活动。在韦伯夫妇看来，劳资矛盾存在的根源是劳动者要不断提高其在工业社会中的经济和社会地位，而这会影响到资方的收益。因此，只要存在工业社会，劳资之间的对抗和摩擦就是不可避免的。韦伯夫妇将矛盾的解决诉诸制度手段，认为这种摩擦可以通过工会维权得以缓解，因此十分重视工会的建设和发展，并出版了《工会运动史》。韦伯夫妇对于工会在劳资关系调整中所能发挥的作用寄予厚望，这与后来黄越钦先生提出的社会统合模式类似，即工会联盟非常强大，与雇主联盟一起共同构成强大的劳动力市场组织。

韦伯夫妇认为工会可以通过两种方法提升其谈判能力并最终提高劳动待遇，一是限制工会会员的人数，二是制定共同规则。但是很明显，限制雇员人数会损害生产效率，并且有降低在职劳动者的劳动能力的风险，最终导致的低效率将会损害劳资双方的共同利益，因此韦伯夫妇将目光锁定在共同规则的制定上。具体做法是通过集体谈判和立法来确定基本劳动条件，形成后来劳动立法中的劳动基准。马克斯·韦伯认为资本通过企业的运作方式来追求利润并期待获得永久性的再生利益，其获利欲求是理性的。资本运作者必须考虑企业运营的可持续发展，必须依靠资本核算调整自己的行为，即企业的获利行为必须与系统化地运用人力和物力相协调。① 而用工成本是企业运作中需要重点考虑的因素之一，因此在具体设定企业作为用人单位的义务时，必须要考量企业的用人成本。劳资双方都是市场运作不可缺少的部分，资方用工成本过高或过低都会造成经济发展的不平衡。工资过低会直接损害劳动者的利益，在某种程度上还会带来社会的不稳定。而用工成本过高，要么使企业不堪重负，退出用工市场，最终导致劳动者失业；要么使企业将成本以商品价格的方式传递出去，最终导致劳动者生活成本上升，即工资购买力的降低。净化劳资关系应从劳动合同出发，以契约为中心客观评价双方的经济实力与身份流动。在劳动法的立法方面要注意平衡劳资双方的市场地位，对资方的经济实力、管理手段作出合理评估，在此基础上作出理性的授权、限权规制。

## 二、空想社会主义者的劳资合作理论

自劳动关系确立成为社会经济运行的核心关系以来，劳资合作与共治的理念一直不乏支持者。圣西门提出了促进劳资合作与共治的"新实业主

---

① ［德］马克斯·韦伯：《新教伦理与资本主义精神》，马奇炎、陈婧译，北京大学出版社，2012，第7-8页。

张"，傅立叶设想资本家和工人可以在完全不必由国家干预的情况下和平相处，罗伯特·欧文甚至将"新协和工厂"的计划付诸实践。① 美国古典管理学派 F. W. 泰罗（也有的译者译为泰勒，本书统一称泰罗，参考文献中以出版时的翻译为准）认为："从本质上说，工人和雇主的最大利益是一致的。"② 现代科学管理精神提出树立劳资之间相互信任和负责的观念，在提高效率的基础上对雇工和雇主共同创造的利润进行合理分配，把劳资矛盾的焦点从盈余的分配转移到增加盈余的数量上来。在笔者看来，劳资双方是一荣俱荣、一损俱损的利益共同体，具有利益一致性。优秀的管理者总是非常注重企业与员工共同利益的协调发展，引导员工为了劳资的共同目标而付出努力，强调双方的共赢而非对抗。

在我国，金融海啸来临时，农业劳动者可以返回农村，使城市的失业矛盾不那么激化。而当城市需要重新雇佣大量劳动者时，劳动力缺口的信息从城市传入农村有一定的时间差，以致出现劳动力短缺的状况。所谓"用工荒"，一定程度上是信息反馈失灵的结果，并非真的劳动力不足。从某种意义上说，农村进城的"不稳定劳动关系"成了我国经济发展中的缓冲器。农业人口对城市建设做出了巨大贡献，同时又随时可以回归农村，这是我国劳动力市场的重要特色。这一庞大的劳动力群体可以在城乡之间"来去自由"的重要原因是他们对于土地具有依附性。但随着土地依附性的减退乃至消失，这种"不稳定劳动关系"所减缓的矛盾很可能会逐渐在城市集中并呈现出来。

### 三、孙中山三民主义劳资改良思想

孙中山三民主义主张劳资合作与共治，南京国民政府继承了孙中山劳资协调理论的精神。孙中山认为："社会之所以进化，是由于社会上大多数经济利益相调和，而不是社会上大多数的利益相冲突。"③ 根据这一思想，劳资之间实质上是一个双向选择关系，有良性合作的基础。但是在这一过程中，很多时候劳方的选择相对隐蔽，给社会留下总是资方在挑选劳动者的印象。在市场经济中，各种市场要素随时都在经历选择，这是优胜劣汰和促进社会进步的必要动力之一。从对自身发展的有利条件而言，劳动者

---

① 冯同庆：《劳动关系理论研究》，中国工人出版社，2012，第35页。
② ［美］F. W. 泰罗：《科学管理原理》，胡隆昶等译，中国社会科学出版社，1984，第138页。
③ 《孙中山选集（第5卷）》，人民出版社，1981，第906页。转引自冯同庆：《劳动关系理论研究》，中国工人出版社，2012，第313页。

总是想要获得与自身条件匹配甚至超过匹配标准的用人单位，这必然导致劳动者集中流向那些经济发达地区薪水高、前景好的行业。如此一来，这类行业必然水涨船高，形成用人单位挑选劳动者的局面。而对于那些经济相对不发达地区及实力欠佳的企业，用工难则较为普遍。因此，资方在劳动力市场上的选择权一定意义上是劳动者促成的，仅以用人单位在劳动市场上的选择权界定"资强劳弱"，并以此增加用人单位的义务是不客观的。须知在市场经济中，用人单位在资源、产品、实力等各个方面不但被劳动者选择，同样也被市场选择。我国企业的生存寿命平均不足一年，这便是市场选择的结果。在劳动者获得约定的报酬另择他业时，退出市场的用人单位何"强"之有呢？以资方在劳动力市场上拥有选择权认定"资强"是难以成立的，而以这种"资强"为由拓展用人单位义务边界的措施也显得比较牵强。

在市场经济中，雇主与雇员同样承担着市场运营的风险。用人单位要在市场经济环境中立足，不仅要接受劳动力市场的选择，同时还要承担技术创新、经营管理及融资的压力，在一定程度上还会受到国家的税收及货币政策的影响。市场的波动及各种不确定性也均由用人单位承担。在市场风险面前，劳动者相对安全，劳动者权益的优先受偿不仅包括工资、医疗费、伤残补助、抚恤费用，还包括基本养老保险和相关的补偿金。可见，在劳资关系中，立法对劳动者的市场经营风险进行了一定的规避。而成为雇主本身并无明显的门槛，因为我国的雇主包括个体工商户，最新修正的《公司法》也取消了公司注册资本的限制。可以说，雇主抑或雇员身份一定程度上代表的是个体的风险偏好，具有冒险特质的个体选择投资创业成为雇主，而风险规避型的个体则选择接受雇佣。因此，对于有些学者以劳动力买方市场为由，提倡对劳动者进行倾斜保护的观点，笔者以为必须在尊重劳资双方实际生存环境的基础上掌握好分寸。

### 四、迪尔凯姆的社会分工论

埃米尔·迪尔凯姆是社会学的奠基人之一，其代表作《社会分工论》深入分析了现代社会中的劳资冲突问题。迪尔凯姆分析了现代社会中城市化进程加速、人口增长、交通及通讯的发达对社会分工的影响，指出前工业社会的分工极为简单，个体之间以机械团结的形式组成同质化的"无机整体"①。但是随着社会分工的深入，个体之间的社会地位和工作职位差异越来越大，强化的"个人意识"侵蚀了传统的无意识的"无机团结"，但同时分工又增强了群体间的凝聚性。社会因此更像一个生物体，是一个严密的组织系统，或称之为"有机整体"，人们相互之间的依赖性增强是必然的。② 基于此，迪尔凯姆指出，双赢的、建设性的劳资关系是未来劳资关系发展的必然趋势。"前工业社会"的各种摩擦作为"无机整体"瓦解过程中的"病症"，不会长久存在。③ 在迪尔凯姆看来，社会分工不仅是经济问题更是社会问题，它在个体之间建立连接，使社会成为可能，促成了社会个体的凝聚和团结。文明越进步，分工越细致，职业的种类就越多，维系社会的纽带从血缘、宗教信仰等传统的朴素情感转化为社会分工。分工让各群体具备了自己的独特功能，各群体之间变得互相依赖，不可分割。劳资关系作为社会分工的重要内容之一，就其常态而言，可以带来社会的团结，但也可能拉大收入差距，激化矛盾。在中世纪，工人和雇主之间的关系相对密切，他们可以在"同一家店铺和同一把长椅上"分担工作，共同组成企业，共同过着同一种生活。"双方几乎是平等的，至少对某些业务来说，任何人只要完成了学徒任务，并拥有足够的资金，就可以另立门户。"在当时，劳资之间的冲突并不明显。15 世纪以后，情况开始发生变化。"同业公会已经不再是一个共同的避难所，它变成了雇主个人的财产，雇主本人可以决断任何事情……自此以后，雇主和雇工之间就形成了一条很深的鸿沟，雇工们开始自成一类，有了自己的习惯、规范和独立的联合会。"劳资身份的分离和相对清晰化，导致冲突变得频繁，并且随着专业化的不断发展，工人们的反抗越来越频繁。④

劳动分工把人们固定在了不同的生产领域，从而导致劳动产品与劳动的分离，以及社会的分裂。这种分裂反过来作为一种外在的力量支配了人，这就是马克思提出的劳动异化。在马克思看来，分工是劳动异化的前提。马克思指出："受分工制约的不同个人的共同活动产生了一种社会力量，即扩大了的生产力。由于共同活动本身不是自愿地而是自发地形成的，因此

---

① ［法］埃米尔·迪尔凯姆：《社会分工论》，张鹏译，吉林出版集团股份有限公司，2017，第 119 页。

② ［法］埃米尔·迪尔凯姆：《社会分工论》，张鹏译，吉林出版集团股份有限公司，2017，第 62-66 页。

③ ［法］埃米尔·迪尔凯姆：《社会分工论》，张鹏译，吉林出版集团股份有限公司，2017，第 12 页。

④ ［法］埃米尔·迪尔凯姆：《社会分工论》，张鹏译，吉林出版集团股份有限公司，2017，第 232-233 页。

这种社会力量在这些个人看来就不是他们自身的联合力量，而是某种异己的、在他们之外的权力。关于这种权力的起源和发展趋向，他们一点也不了解；因而他们就不再能驾驭这种力量，相反地，这种力量现在却经历着一系列独特的、不仅不以人们的意志和行为为转移，反而支配着人们的意志和行为的发展阶段。"① 简言之，是"扩大了的生产力"超出了人们的控制范畴，表现出了"异己"的社会力量，人们反倒受其束缚。异化劳动意味着劳动者与劳动的实现条件、劳动结果、劳动活动本身及人与人之间的分裂和对立，它必然导致社会和人的分裂和对立。迪尔凯姆开出的拯救伦理道德和建设和谐社会的药方是尽可能地避免职业差异导致的个体孤立现象，通过严密的职业群体的组织方式建立良性的劳资关系。② 这一点同费边社会主义的社会改良思想如出一辙。

## 第五节　古典管理学派促使劳资关系趋于缓和

随着资本主义经济的发展，劳资双方逐步积累了一系列的管理经验。19世纪末，美国和欧洲出现了相对系统的管理理论，古典管理学派应运而生。"科学管理之父"泰罗（1856—1915）创建的科学管理理论和法约尔提出的组织管理理论成为古典管理学派的两大流派。在此基础上诞生的现代科学管理精神为当下的劳资合作提供了理论和实践依据。现代科学管理的核心是缓和劳资之间的矛盾，在管理层和雇工之间建立友善的关系，促使劳资从对立走向合作，确保雇主和雇员两者之间共同的利益最大化。科学管理的基础正在于坚信雇主和雇员利益的一致性。没有雇员财富的最大化，雇主的财富最大化将无法持续。反之亦然，工人在得到高工资的基础上才能实现雇主利益的最大化，二者的根本利益是一致的。③ 根据泰罗的统计，在科学管理体制下工人没有发生一次罢工，通常管理体制下的猜测、多疑及公开的冲突被工人和管理层之间普遍存在的友好合作关系所取代。与此同时，他们的收入比周围与他们具有同等能力的工人高出30%到100%。④

---

① 《马克思恩格斯选集（第1卷）》，人民出版社，1972，第39页。
② ［法］埃米尔·迪尔凯姆：《社会分工论》，张鹏译，吉林出版集团股份有限公司，2017，第23页。
③ ［美］弗雷德里克·温斯洛·泰勒：《科学管理原理》，朱碧云译，北京大学出版社，2013，第4页。
④ ［美］弗雷德里克·温斯洛·泰勒：《科学管理原理》，朱碧云译，北京大学出版社，2013，第26页。

现代科学管理精神充分证明了劳资合作与共治的可能性。劳资关系在数百年来的实践和纠错中，已经积累了合作与共治的基本条件。首先，劳资纠纷解决机制完成了制度化建设。当下的劳资关系形成了新的平衡机制，雇主通过承认工会的方式约束无序的罢工，将劳资矛盾的解决纳入一定的制度轨道上来。工会也逐渐认识到罢工给工人带来的巨大压力和负面影响，因而越来越慎重地选择使用罢工手段，更加注重通过集体谈判来改善劳资关系。从20世纪20年代开始，欧洲国家的工会已开始尝试建立集体谈判的规范框架。如20世纪30年代瑞典蓝领总工会与雇主联合会达成协议，建立处理全国劳资问题的最高集体谈判框架。该框架限制了罢工和闭厂等激烈斗争方式的使用，所有劳资纠纷优先采用集体谈判的方式加以解决。这种谈判优先并尽量避免罢工与冲突的机制促进了稳定、和平的劳动关系的建立。工会从"战斗的学校"转变为要求与资方合理分享利润的利益争取者，目标是"做一天公平的工作，得一天公平的工资"，工作方式从斗争转向了谈判。即使谈判不成，罢工也是以有序的方式进行的，经济目的鲜明，罕以牺牲工人的生命为代价。

其次，民主与法治为劳资合作与共治提供了基本的制度保障。当下工人不仅分享到了经济繁荣的物质成果，生活条件得到改善，并且获得了一定的政治民主权利，这无疑影响了劳资纠纷解决方式的选择。一方面，代议政治把阶级斗争纳入了民主政治的合理冲突范围内，工人获得一定的选举权，可以选择在正常的体制之内表达不满。另一方面，法治的健全促使劳资纠纷逐步走向正规化，如欧洲资产阶级已经在一定程度上把劳资矛盾纳入了法制的轨道①，逐步制定了保障劳动者权益的法律，规定了最低工资、最高工时，为劳资合作与共治提供有效保障。除此以外，劳资纠纷仲裁和调解也成了劳资矛盾的重要缓冲器。从某种意义上讲，法制的健全使劳资矛盾有了良性循环的可能。政治民主、法制健全两大原因促使劳资合作与共治在19世纪中后期的欧洲及其他资本主义国家得以确立。②

最后，资本全球化、多样化使劳资斗争失去明确的目标。一方面，由于资本在全球范围内的流动，劳资之间很难找到自己直接对抗的对象。对身处异国他乡的资本家来说，罢工的威慑作用在逐步减少。另一方面，资本多样化模糊了劳资界限。玛格丽特·柯尔指出：假若资本社会化了，劳

① 林德山：《渐进的社会革命》，中央编译出版社，2008，第197页。
② 王雪：《19世纪英国工人运动改良主义倾向的再认识》，《西北大学学报（哲学社会科学版）》2003年第2期，第79-83页。

动者将受益无穷；然而，要是资本掌握在一小撮人的手中，贫困就必然会是多数人的命运。① 雇员投资基金制在一定程度上将资本转变成了劳方的集体财产，当下的资本持有方式较传统有所改变。例如，瑞典通过雇员基金立法影响企业经营决策。尽管该举措由于引发了工人内部的分裂和资产阶级的抵抗在20世纪90年代初自由党执政期间被取消了，但其将劳方引向生产资料共有者的做法却被保存了下来。如今各色的员工持股在世界上普遍存在。党的十九大报告重申了"完善按要素分配的体制机制"，从某种意义上说，劳资之间的边界越来越模糊了，劳资之间有望实现利益的共赢。

## 第六节　劳资关系和谐运行的伦理说

劳资关系乃是具有社会伦理特质的社会生产关系，经历了从相互斗争对立到合作共赢的伦理变迁过程。斯里茨特认为劳动关系问题是工业社会所面临的最重大的经济问题之一。② 厘清与弘扬劳资伦理关系，有助于劳动关系的法治化与社会主义核心价值观的建立。③ 我党在新中国成立前对劳动立法进行过艰难的探索。中央苏区的劳动立法中，由于主张劳资对立，将资方作为革命对象，过分强调对劳动者的保护，结果限制了中央苏区经济的发展，最终也损害了劳动者的根本利益。此后，从抗日战争到解放战争期间，党不断对劳动政策进行反思和调整，在主张劳资双方共同发展的基础上逐步提出了"发展生产、繁荣经济、公私兼顾、劳资两利"的处理劳资关系的方针。④

劳资关系争议的焦点常常以工资形式呈现。拉萨尔认为，一个国家的工资水平遵守着其必然的工资铁律，即工人的平均工资始终停留在一国人民为维持生存和延续后代按照习惯所要求的必要生活水平之上。⑤ 约翰·韦斯顿指出工资的增加或减少不会影响工人的生活水平，因为雇主会将增加的成本以物价上涨的形式传递出去，降低工资的实际购买力。彼得·德鲁克更加确切地指出工资具有外生性，并非劳资关系的核心问题。劳资政策

---

① ［英］玛格丽特·柯尔：《费边社史》，杜安夏译，商务印书馆，1984，第9页。

② ［美］C. A. 摩尔根：《劳动经济学》，杨炳章、陈锡龄、曹贞敏等译，工人出版社，1984，第5页。

③ 秦国荣：《劳资关系伦理的法学意蕴》，《政法论丛》2018年第1期，第24-31页。

④ 秦国荣：《建国前中国共产党劳动立法的演变及其启示》，《江海学刊》2008年第4期，第127-132页。

⑤ 冯同庆：《劳动关系理论研究》，中国工人出版社，2012，第43页。

本身并不是工资的决定因素，生产效率是决定工资的唯一基础。没有生产率提高作为基础的工资增长具有欺骗性，最终会损害工人的利益。[①]

如前文所述，早期农业资本家为了提高生产效率而尝试的计件工资制度以失败告终。早期农业资本家为及时收割庄稼，减少天气的不确定性造成的损失，希望通过提高计件工资水平的方式调动工人赚钱的积极性，结果适得其反。问题的症结在于雇工们对于提高计件工资水平的反应不是"尽量努力工作，每天多挣钱"，而是"每天干多少活就能挣得之前的工资"。因此，马克斯·韦伯认为人们并非"天生"渴望赚越来越多的钱，而是简单地要过一种自己已经习惯的生活。韦伯指出，无论在哪里，一旦现代资本主义开始通过增加劳动强度来提高人类劳动的生产率，就会遭遇这种前资本主义特色的阻力。荷兰经济学家彼得·德拉库尔将其描述为"人们只有在贫穷的时候才会工作"。后来，资本家反其道而行之，通过降低计件工资水平，迫使雇工主动增加工作量来挣得和原来一样的报酬。这催生了"低工资就是生产率"的信条。在随后的几个世纪里，这一信条在资本主义世界普遍盛行，导致了资本原始积累阶段无底线的低工资和恶劣的工作条件。[②] 在劳动力市场有充足的廉价劳动力的时代，这种低工资等于高效率的理念勉强能维持早期资本主义的正常运转。随着劳动力成本的上升及工作环境中对创新需求的不断提高，这种忽视社会责任、杀鸡取卵的做法严重损害了工人的尊严，导致工人对工作的敌视。彼得·德鲁克强调只有工人能够把技术进步当作自己的事情来看待，公司的强大才有希望。在劳资关系中，给予工人应有的尊重并唤醒他们的公民意识和合作精神，符合公司的根本利益。对工作的成就感和对企业的归属感会促使劳动更加高效，其收益将超出金钱和会计结算可以衡量和计算的范畴。相反，如果工人吝于付出他们的智慧、想象力和主动性，其后果是任何公司都承担不了的。[③]

在这样的背景下，19世纪中期以后，劳资之间的合作与共治观念逐渐兴起。英国"工联主义"极力主张劳资之间的合作，把工人运动的范围局限在经济领域。彼得·德鲁克认为，公司这一组织形式与社会契约的概念在1600年前后几乎同时问世绝非巧合，他指出公司是形式最为纯粹的契约

---

① ［美］彼得·德鲁克：《公司的概念》，慕凤丽译，机械工业出版社，2013，第153-154页。

② ［德］马克斯·韦伯：《新教伦理与资本主义精神》，马奇炎、陈婧译，北京大学出版社，2012，第54-55页。

③ ［美］彼得·德鲁克：《公司的概念》，慕凤丽译，机械工业出版社，2013，第158-159页。

社会，劳资之间有共同合作的基础。① 科斯从经济学的角度指出剩余利润是对风险承担的奖励，劳资身份乃是个体的选择，并不否认劳资之间合作的基础。② 亚当·普沃斯基强调生产过程不仅仅制造劳资冲突，在一定程度上也可以满足工人的需要，工人本身从生产过程中获益良多。③ 同时，劳动者的生存状况代表着企业的声誉，企业的良性发展蕴含着对劳动力的投资，包括提高工资、改善劳动环境等。可见，劳资关系本身是一种契约关系，二者相互依存。企业是员工赖以生存和发展的组织，对劳动者给予充分的尊重，唤醒他们的责任感和使命感，是提高生产效率的必由之路，也是和谐社会的应有之义。由于管理和信息的优势，用人单位一方对劳动者承担一定的伦理责任，但这一伦理责任应控制在合理的范围内。劳资关系的运行首先"应尊重劳资双方缔约过程中的意思自治，维护劳动契约履行中的劳资分工协作与利益共赢关系，维护劳资双方当事人的正当合法权益。劳资伦理所蕴含的价值追求与精神理念理应蕴含于劳动法治之中，"以良法指引和规范劳资当事方行为，以善治维护劳资关系和谐与社会核心价值观念"④，而非简单地操起道德大棒，激化劳资矛盾。劳动保护标准的过分提高无疑会降低企业的市场竞争力，导致企业利润下降甚至退出雇佣市场，最终危及劳动者的利益。⑤

"失业的威胁始终是一切政体的弊端，除非能够彻底消除行情的波动或赞同持久不断的通货膨胀，否则，所有实行自由雇佣制的经济都将包含失业，或至少是暂时失业的风险。"⑥ 劳动者是生产关系中最重要的环节，提高劳动生产率必须充分调动劳动者的积极性。而要提高劳动者的积极性，就需要在充分肯定劳动关系依附性的同时提高劳动者的收入。用人单位和劳动者均有长期合作的现实基础，双方共同的利益来源则是用人单位的盈利。用人单位的利润是劳资双方合作的共同收益，也是劳动关系长期稳定

---

① ［美］彼得·德鲁克：《工业人的未来》，余向华、张珺译，机械工业出版社，2016，第47页。

② ［美］罗纳德·H.科斯：《企业、市场与法律》，盛洪、陈郁译，格致出版社、上海三联书店、上海人民出版社，2014，第42页。

③ ［美］亚当·普沃斯基：《物质利益、阶级妥协和向社会主义过渡》，转引自冯同庆：《劳动关系理论研究》，中国工人出版社，2012，第144页。

④ 秦国荣：《劳资伦理：劳动法治运行的价值判断与秩序维护》，《社会科学战线》2015年第7期，第222-230页。

⑤ 刘媛媛、刘斌：《劳动保护、成本粘性与企业应对》，《经济研究》2014年第5期，第63-76页。

⑥ ［法］雷蒙·阿隆：《知识分子的鸦片》，吕一民、顾杭译，译林出版社，2012，第70页。

运行所依赖的物质基础。尽管劳动者并非出资方，但在用人单位没有盈利的情况下，劳动者依然有获取工资的权利，可以获得劳动合同约定的收益，然而这种情形只能存在于短时间内，也只能存在于个别劳动关系之中。长期而言，劳资双方的良性健康发展必须建立在互利共赢的基础之上。用人单位在自身无盈利的情况下支付劳动报酬不可能长期持续。出于经济效益的考量，用人单位会进行裁员或者闭厂。这必将损害劳动者的根本利益。沃顿商学院的西格尔·巴萨德指出，情感文化是公司认知文化的重要组成部分，也常常是一个公司最迷人的地方。特别是随着科技的发展，灵活雇佣越来越普遍，员工自由度越来越大，工作与生活逐渐融为一体，情感文化作为重要的公司软实力，将会更深入地影响雇员的忠诚度、创造力与工作质量，进而影响工作效率。[①] 为此，有公司要求员工下班前通过五种不同的表情按钮登记自己的心情，以便通过统计，寻找激励因素，塑造释放生产力的公司情感文化。纵观人类的经济发展史，会发现创新和新产业常常是不可预见的。[②] 具体到劳动关系中即指雇佣的自由及在劳动契约的基础上为劳动者提供的创新环境，以充分发挥劳动者的创新创造精神，并在此基础上实现劳资利益的最大化。可见，劳资关系包含重要的社会责任，企业利润是实现这一责任的基础保障，和谐社会的建立依赖于劳资关系的良性运转。应以良性的劳资关系促进更有效率的生产，创造尽可能多的社会财富，以科学的劳动基准优化社会分配，改善人民的生活。当下的劳资关系建设应着眼于让资本和劳动者在社会生产中发挥其应有的功能，增加使用价值的生产，创造更多的物质财富，满足人民不断增长的物质需求。

---

① ［美］西格尔·巴萨德、奥利维娅·奥尼尔：《把脉组织情感文化》，《哈佛商业评论》中文版，2016 年 1 月刊。

② 张维迎：《为什么产业政策注定会失败?》，《中国连锁》2016 年第 11 期，第 84-86 页。

# 第三章 用人单位义务的基本属性

## 第一节 用人单位义务的外在形式

### 一、法定性与约定性并存

#### (一)用人单位义务法定性与约定性并存之成因

"劳动关系谓以劳动给付为目的之受雇人与雇佣人间之关系"[1],对用人单位义务基本属性的判定决定着对劳动关系的基本理解。劳资关系是以契约方式建立起来的法律关系,在这一关系中,劳动者出让自己的劳动力使用权获得报酬,用人单位支付报酬获得一定期限的劳动力使用权。双方通过交换实现各自的利益,各取所需,这一契约基础是实现良性劳资合作的起点。用人单位与劳动者之间可以通过合同来约定彼此的义务。契约义务是用人单位义务的重要渊源之一,劳资双方通过劳动合同这一载体分别实现了自己的目标,形成了相互依赖的关系。双方紧密协作,共同面对市场竞争、利益共享、风险共担。[2] 劳资双方通过分工协作,实现各自的利益最大化。在这一劳动关系运行的过程中,资方享有一定的资金或管理方面的优势。仅仅依赖契约谈判,常常会过度强化用人单位的利益,使劳动者在劳动关系中陷入被动,严重时甚至导致劳动力退出市场。同理,在劳动力市场上,如果没有足够数量且各不相同的雇主可供选择,被雇佣者的地位也将大大衰落。[3] 劳动立法对于劳资双方的权利义务分配从实质公平的角度进行了一定的干预,即给予劳动者一定的倾斜保护。实质公平与形式公平相对应。李昌麒教授认为:"实质公平是在承认经济主体的资源和个人禀赋

---

① 史尚宽:《劳动法原论》,世界书局,1934,第2页。
② 秦国荣:《劳资伦理:劳动法治运行的价值判断与秩序维护》,《社会科学战线》2015年第7期,第222—230页。
③ [英]弗里德利希·冯·哈耶克:《自由秩序原理(上)》,邓正来译,生活·读书·新知三联书店,1997,第146页。

等方面差异的前提下而追求的一种结果上的公平。"① 也有学者指出，劳动
法领域的实质公平应从利益主体的角度来进行理解，各"经济主体认为其
自身利益实质上得到了公正对待"是衡量法律是否实现了实质正义的指
标。② 以上说法均有一定的道理，其共同的内涵是对于结果公正的追求。在
此基础上，李喜燕指出，劳资利益分配的实质公平是在起点公平的前提下，
通过相互制衡机制和程序公平而达成的一种结果公平。③ 在劳资关系中，由
于资方具有一定的信息和管理优势，常常使得劳资之间基于契约自由的谈
判基础难以保持平衡，劳动者在谈判中处于相对劣势。从实现实质公平的
角度出发，为保障劳方利益保护的起点公平，社会法领域给予了劳动者一
定的倾斜保护，具体表现为以强行立法的形式规定了用人单位必须遵守的
劳动基准方面的义务。此即构成了用人单位义务的法定性。

**（二）用人单位义务约定性之合同基础**

劳动关系以合同为基础，劳动合同从民事合同发展而来。德、美等国
的劳动合同依然保留了民事合同的大部分传统，契约自由有相当的体现。
允许劳资双方通过契约谈判的方式设定彼此的义务是劳动契约的应有之义。
新中国成立后很长一段时间不存在严格意义上的劳动关系，劳动关系以身
份性为主。计划经济体制下，国家是唯一的雇主。民众习惯了对国家的全
面依赖，对契约型的雇佣关系有本能的反感，因此，改革开放后对劳动关
系呈现出一定的不适应性乃至于有排斥的情绪。为了将劳动关系从传统身
份关系中剥离出来，凸显市场经济下的劳资双方的合意，我国立法对书面
劳动合同形式进行了充分的肯定。劳动力市场逐步放开后，为应对市场经
济中劳动关系的多样化需求，增强劳动关系的易辨性，1995 年生效的《劳
动法》第十六条第二款规定，"建立劳动关系应当订立劳动合同"。这是我
国首次以基本立法的形式规定劳动关系建立的书面形式要件，这种强制形
式要件模式旨在简化劳动关系的认定程序。但是，由于劳动合同基于社会
法的倾斜保护原则在一定程度上克服了民事合同的自由观念④，劳动关系中
更多地彰显的是用人单位的义务和劳动者的权利。因此，用人单位有强烈

① 李昌麒：《经济法学》，中国政法大学出版社，1999，第 85 页。
② 雍灵：《经济法视野中的公平》，西南政法大学博士学位论文，2006，第 56-57 页。
③ 李喜燕：《实质公平视角下劳方利益倾斜性保护之法律思考》，《河北法学》2012 年第 11
期，第 113-119 页。
④ ［德］曼弗雷德·魏斯、马琳·施米特：《德国劳动法与劳资关系》，倪斐译，商务印书馆，
2012，第 48 页。

的动机规避立法上的"雇主"① 身份，劳动者基于安全的需要对劳动关系的亲和需求无法战胜用人单位对于劳动关系的规避欲望。在签订书面劳动合同的过程中，劳资之间形成了两股相反的势力。劳动者希望确立劳动关系，以享有基于劳动关系产生的社会保险、各种保障和补偿及劳动基准的保护，而用人单位为了规避自己在劳动法上的义务则尽量逃避这一关系。由于劳资在劳动力市场上的实力悬殊，书面劳动合同订立与否常由用人单位的态度来决定，这就导致现实中大量事实劳动关系游离于法律的保护之外。采用书面劳动合同的形式的确简化了认定劳动关系的程序，但对于恶意不签订书面合同的雇主来说也能方便地逃避法律的约束。将大量不具备书面劳动合同形式的事实劳动关系置于尴尬境地，这也会带来一些问题。规避劳动关系的主体是用人单位，而不建立劳动关系实际上损害的却是劳动者的利益，这造成了劳动关系签约率极低的局面。对于缺少书面合同要件的事实劳动关系，1995 年劳动部《关于贯彻执行〈中华人民共和国劳动法〉若干问题的意见》重申了劳动部《违反〈劳动法〉有关劳动合同规定的赔偿办法》的赔偿标准。而劳动部《违反〈劳动法〉有关劳动合同规定的赔偿办法》是针对违反《劳动法》的通常处罚规则，《劳动法》对此并未明确惩罚机制。对于对签订书面协议起决定作用的用人单位而言，其违法成本非常低。通过不签订书面劳动合同的手段规避相关的劳动法责任成了一些用人单位的惯常做法，规避成功了则免予承担劳动法上的责任，规避不成功也只是承担一般的法律责任。由此可见，尽管我国立法在确认劳动关系时对书面劳动合同形式寄予厚望，但是，《劳动法》所要求的书面合同形式并未能有效地保障劳动关系的认定。由于缺少相应的惩罚机制，《劳动法》关于形式要件的规定甚至适得其反，催生了大量事实劳动关系。为清楚地界定劳动关系，《劳动合同法》在《劳动法》对欠缺书面劳动合同形式惩罚不足的情况下进一步强化了对书面劳动形式的要求，规定了无书面合同形式的双倍工资惩罚机制。这事实上推定了所有事实劳动关系的合法性，依法签订书面合同将是成本最低的法律行为。可见，在我

----

① 从学界修辞习惯来看，"用人单位"与"雇主"的内涵基本是一致的，且基本处于混用状态。笔者以为，对于含义模糊或尚有歧义但是已经具备比较和交流基础的学术概念，在某一时间段内可以允许其共同存在，不对二者进行清晰的概念界定并非出于懒惰，而是求同存异，在比较中寻求创造和发展。本书也将尊重中西方劳动关系发展的历史现实，不纠缠细节，不对用人单位和雇主、劳动者与雇员及相应的劳动关系与劳资关系加以区分，以使用"用人单位""劳动者"概念为主，但论及国外的案例和立法时尊重其用语习惯称呼"雇主"和"雇员"，对用人单位与劳动者之间的关系也不区分"劳动关系""劳资关系""雇佣关系"，含义视同一致。

国，劳动合同的书面形式是以劳动关系为前提的，劳动关系是因，劳动合同是果，劳资双方在任意法的范畴内约定的用人单位义务应该受到法律的保护。

**（三）用人单位义务法定性之法理依据**

劳动合同是建立劳动关系的基础，并且书面合同形式也得到了立法的充分肯定和支持，但是由于资方具备一定的资金和管理优势，仅仅依靠合同分配劳资双方之间的权利和义务常常有失公允，因此，在社会法领域，从实质公正的角度出发，立法对用人单位义务进行了一定的修正。资方天然具有一定的谈判和议价优势，因此相关的劳动立法对于用人单位设定了相对较"重"的法定义务。比如《劳动合同法》的很多条文是以用人单位"应当""不得""必须"等形式来表述的，其关于用人单位的义务性条款远远多于其权利性条款。可见，用人单位的义务一部分是由法律明确规定的，主要是劳动基准方面的内容，另一部分是基于劳动合同而产生的。

基于法律而产生的义务是法定义务，基于合同而产生的义务是约定义务。法定义务基于法律的明确规定而产生，用人单位没有改变的可能。因此，法定义务只在一个相对确定的范围内发挥作用，以免侵害当事人的意思自治。一般来说，法定义务主要针对劳动基准，体现为最低工资、最高工时、基础的劳动保护等方面的内容。但是就不同国家来看，法定义务所涉及的范畴有所不同。比如，我国基于劳动者立约能力普遍较低的社会现实，法定义务范围超出了劳动基准的范畴。劳动合同的法定性极强，当事人的契约自由受到了一定局限，劳动合同中可供当事人选择约定的条款仅有第二十三条保守商业秘密和第二十四条竞业限制的条款。法定义务扩张表明我国的劳动合同法弹性不足，现实中可能无法灵活应对市场风险。合同起源于民法，是当事人之间的内部"立法"，体现了当事人的意思自治，理应以契约精神为主，尊重双方的合意，给劳资双方留有必要的洽谈空间，以应对市场经济的变化。

## 二、强制性与任意性并存

法律规范依据当事人意思表示的参与程度不同，可以分为强制性规范和任意性规范。强制性规范的权利、义务体现了立法的刚性，用人单位必须依法适用，不允许当事人以个人意思表示予以变更或排除。强制性规范主要包括义务性规范和禁止性规范两类。我国劳动法的强制性规范主要存在于劳动基准和涉及反歧视的劳动公法方面。随着劳动力全球流动逐渐频繁，规范跨国劳动行为的强制性规范将会逐渐增多。用人单位的义务一部分来自于法律的强制性规范，如缴纳社会保险的义务、遵守最低工资标准和工时的义务等。用人单位义务的强制性与任意性并存一定程度上集中反映了劳动法中契约自由与国家规制的相互制衡。违反法律的强制性规定将会承担相应的惩罚责任，这已经在立法界达成共识。比如违反《劳动法》第七十二条有关社保缴费的规定，劳动者可以单方行使即时解除合同权，同时用人单位不能免除支付经济补偿金的义务。义务是法律关系主体以相对抑制的作为或不作为的方式满足权利主体获得利益的一种约束手段。① 用人单位义务的法定性与约定性并存一定程度上决定了其在具有强制性的同时具有一定的任意性。任意性规范在一定范围内允许当事人选择或变更甚至排除适用。用人单位义务的任意性规范部分来自于劳资双方之间的约定，如竞业限制、专项培训等。对于用人单位而言，不管是法定的还是约定的义务，违反时都必须以强制的方式承担相应的惩罚。

用人单位的强制性义务体现的是国家对劳动关系的管制，任意性规范则代表了国家允许当事人自治的程度。在我国，立法对劳动合同以管制为主，因此大部分的用人单位义务均是以立法的方式呈现的。如前文所述，劳资双方的权利义务在条文上明显不成比例。《劳动合同法》第十七条几乎囊括了劳动合同所应具备的全部内容，劳资双方继续在条款以外洽谈的空间非常有限。事实上，关于社会保险，劳资双方本质上没有谈判的空间，甚至也无需约定，因为社会保险的种类、缴费标准、缴费时间都已经由《劳动法》《劳动合同法》《社会保险法》及相关的法规和政策做出了强行性的规定。《劳动合同法》第十七条对社会保险的规定是对其他强行性法律规范的一种重申。大部分劳动者的谈判能力相对较弱，而一般的正规公司都有自己的法务人员，在用人单位的法定义务以外，劳动者通过谈判的方式给用人单位设定义务是极其困难的。从这一角度来讲，我国用人单位义务必然更多地以强制性的方式呈现出来。

### 三、双务性与单务性并存

根据合同双方权利的享有是否以一定的义务履行为前提，合同可以分为双务合同和单务合同。双方互负对待给付义务，一方的权利获得依赖另一方义务的履行的合同为双务合同。合同当事人一方签订契约通常以获得一定的利益为目的，而要实现这种目的又必须履行一定的义务，因此，双

---

① 张中秋：《法理学》，南京大学出版社，2001，第204页。

务合同是合同的常态，现实中的买卖、租赁、运输、承揽等合同大都为双务合同。劳动合同也不例外，由于一方义务的履行以另一方的对待给付为条件，劳动合同中的抗辩权应运而生。抗辩权是指妨碍他人行使其权利的对抗权，与对方当事人的请求权是一对相互制衡的权利。通俗地说，当一方行使请求权时，义务人享有的拒绝履行对方请求的权利即为抗辩权。《劳动法》与《劳动合同法》均肯定了劳动关系中抗辩权的存在。《劳动法》第二十五条、二十六条规定了劳动者不履行或不规范履行合同义务，用人单位享有的单方解约权。如存在"（一）在试用期间被证明不符合录用条件的；（二）严重违反劳动纪律或者用人单位规章制度的；（三）严重失职，营私舞弊，对用人单位利益造成重大损害的；（四）被依法追究刑事责任的"等情形，《劳动法》赋予了用人单位解除劳动合同的权利。对于其他非因劳动者本人过错导致劳动合同不能顺利履行的，如疾病、非工伤及劳动者能力问题等，用人单位也有解除合同的权利，需要提前三十日以书面形式履行通知义务。同样，对于用人单位未按约定履行劳动合同的，劳动者亦享有解除合同的权利。这一规定将劳动者享有的抗辩权解雇事由扩展至"工资支付、社会保险缴纳、规章制度的合法性审查"等事项。可见《劳动法》与《劳动合同法》均肯定了劳动合同的双务性，并认可了一方不履行义务时对方当事人的抗辩权。

用人单位义务的双务性与单务性衍生于双务合同与单务合同。双务合同与单务合同的区别在于合同双方当事人之间的义务有无对价关系。① 在解释用人单位义务方面，双务性意指用人单位义务这一负担的设定内含了一定的权利的享有，而单务性则指无法找出与某些用人单位义务相对应的权利。权利与义务是一对相辅相成的法学概念，互为表里。通常情况下，法律关系以双务为原则，因为社会主体总是渴望更多的权利而希望免除自己的义务。当各方怀有共同的愿望去建立社会关系时，如果一味地扩张自己的权利，那么社会关系会很难建立。于是各社会主体便会从理性的角度出发，为了获得自己想要的权利，不得不允许其他社会主体给自己设定一定的义务，否则谈判和各种社会合作将难以展开。现实中大部分关系都是以双务的方式建立的，这本质上是当事人之间进行相互博弈与妥协的结果。

虽然很少，但仍有部分用人单位的义务以单务的方式呈现出来。单务性的用人单位义务衍生于民事上的单务合同。有些民事合同衍生于民间的

---

① 傅鼎生：《义务的对价：双务合同之本质》，《法学》2003 年第 12 期，第 69-76 页。

信任、公序良俗或对人情社会的法理认可，如邻里、朋友之间的无偿委托、无偿保管、使用借贷，自然人间的借款合同等。这类单务合同的存在往往依赖于当事人之间长久存在的血脉、亲缘或地缘关系。从更大的时空来看，其本质并不是单务的，如世交之间常有一些单务关系，但是长远来看，这种单务关系依然是对另一个时空中某一法律关系的回馈和呼应，或是另一种有价值的投资。另有一部分单务合同产生于各类基金的赠与或扶持。这一类单务合同与传统人情社会的定向回馈不同，往往面向社会中的不特定人，如来自红十字会等社会公益基金的捐赠。传统社会中基于人情而产生的"单务"关系，放在更大的时空中就可以看出其明显的对价关系，而当代社会的各类基金捐赠则无法寻找出其一一对应的对价关系。当代的各类基金捐赠所形成单务关系是以工业社会为基础发展起来的。传统社会中虽然有施粥恤贫之类的救济，但并没有像今天这样形成一定的规模，并且可以作为一种制度在代际进行保存和流传。当前规模化的单务关系一定程度上是人类应对工业风险的产物。传统社会以家庭保障为主。工业革命打破了传统的分配方式，一部分群体仅仅依靠体力已经无从谋生，一部分群体由于缺乏技能被社会所抛弃，一部分群体由于占据了资源和资本的先天优势积累了大量财富。这些财富是如此巨额，以至于凭其一生及其可预见的后代都已经获得了足够的安全感。在这种情况下，回馈社会作为一种新兴的理念诞生了。以富豪为代表的批量捐赠行为本质上是工业社会的受益者对社会的反哺。与此同时，受这一理念的激发及宗教慈善观念的影响，普通群众中也形成了一定的捐助习惯，各种基金、社交筹款平台等都是形成这样一种工业社会特有的单务关系的资金来源。

还有一种单务关系则是法律明确强制设定的。如在《消费者权益保护法》中，大部分条文都是在直接规定经营者和生产者的义务。实际上，法律之所以作出这种规定，不是让一方只享有权利而强制另一方仅承担义务，而是因为双方的议价能力差异太大，任凭双方独立议价往往会产生严重不公平的后果。此外，双方对于义务的转嫁能力也不一样，比如在《消费者权益保护法》中，所有对于生产者和经营者施加的义务，只要超出了其承受的边界，即一旦他们的经营无利可图，生产者和经营者便可以通过提高产品或服务的价格将这类成本转移出去。而消费者处在生产和消费这条食物链的最末端，几乎不具备任何转嫁成本的能力，只能默默承担被施加给自己的所有不利后果。劳资关系的立法也呈现了这一特点。立法之所以规定了较多的用人单位的"单方"义务，一是因为用人单位议价能力较强，掌握信息和管理的优势，而且一旦劳动关系建立，用人单位还可以用单位规章制度来约束劳动者，所以用人单位比较容易地可以在劳资关系中维护自己的利益；二是因为用人单位可以将自身的义务作为成本转嫁出去。劳动关系是工业革命以后创造社会财富的基础关系，不管是物质财富还是精神财富或者服务产品，其定价权都掌握在用人单位一方。从另一个角度可以说，立法施加给用人单位的义务并非绝对的或终极的。一旦利润降低，用人单位就可以通过调整产品价格将成本转嫁出去。价格优势丧失，则表明用人单位的管理或生产效率跟不上行业的要求，而在提高管理水平和生产效率方面依然是由用人单位掌握主动权。反之，如果立法给劳动者施加太多的单方面义务，则这些义务是终极的，劳动者没有任何途径向外转嫁，最终只能造就一大批朝不保夕的弱势群体，可能冲破人类的道德底线甚至引发一定的社会动乱。

从终极意义上讲，绝对的单务合同是不存在的。权利的获得最终总有社会主体为之承担一定义务，只是有些权利与义务的对等性跨越了较大的时空，一时间难以由个别社会主体辨别其中的因果关系，所以被法律定性为"单务"。所以，用人单位义务的双务性与单务性本质上体现的也是法律允许劳资关系自治的程度。允许自治的领域由劳资双方进行谈判，谈判的结果以双务性的义务形式呈现出来，不允许自治的部分以立法的强制性规范加以规定，呈现出一定的单务性，而劳动者依据立法免除的义务很可能在市场上购买生活用品时以一种变化了的方式支付出去。一国劳动立法中所允许的用人单位双务性与单务性义务的比例，本质上代表了国家对劳资关系的管制程度。

## 第二节　用人单位义务的来源

### 一、法律法规

用人单位义务的渊源是多渠道的，而法律法规无疑是其中最重要的一种。由于劳动者的议价能力较弱，并且不具备转嫁成本的能力，因此，立法规定用人单位义务时有明显的倾向性。如前文所述，从某种意义上讲，《劳动合同法》是一部用人单位义务法，其对用人单位的规制体现得尤为明显。这一立法风格也体现在《劳动法》及其实施条例等相关法规之中。立法是我国用人单位义务的最主要渊源，劳动者通过谈判能够给用人单位设定的义务极为有限。新中国成立以来，我国非常注重劳动立法的建设，涉及用人单位义务的法律法规为数甚多。如 1950 年出台了《工会法》《关于劳动争议解决程序的规定》，1956 年出台了《关于工资改革的决定》，同年发布了三大规程，即《工厂安全卫生规程》《建筑安装工程安全技术规程》《工人职员伤亡事故报告规程》等，足见我国对于劳动立法的高度重视。1958 年国务院还出台了《关于工人、职员退休处理的暂行规定》，1963 年公布了《关于加强企业生产中安全工作的几项规定》。

　　1982 年《宪法》中有多处规定了劳动者的权利，后虽历经了 1988 年、1993 年、1999 年、2004 年、2018 年五次修正，但是关于劳动者权益保护的条文从未删减。现行《宪法》是我国劳动法的最基础的渊源。如《宪法》第四十二条规定："中华人民共和国公民有劳动的权利和义务。国家通过各种途径，创造劳动就业条件，加强劳动保护，改善劳动条件，并在发展生产的基础上，提高劳动报酬和福利待遇。"其中"劳动保护"和"劳动条件"的改善、"劳动报酬和福利待遇"的提高虽以宪法的形式加以规定，但并不是以抽象的国家或政府作为义务载体的，最终都必须通过基本立法以用人单位的义务体现出来。再比如《宪法》第四十二条规定："国家对就业前的公民进行必要的劳动就业训练。"《宪法》中并未以国家为名规定具体对劳动者进行就业训练的部门，代表国家的劳动部门，如人力资源和社会保障部也不可能具体安排对劳动者的培训，最终这一劳动者权利以"岗前培训义务"的形式呈现出来，依然由用人单位来作为其最终的义务主体。《宪法》第四十三条关于"劳动者有休息权"及"工作时间和休假"的保障，其最终的义务主体也是用人单位。《宪法》规定了公民在年老、疾病或者丧失劳动能力的情况下，有从国家和社会获得物质帮助的权利[①]，并提出国家要发展社会保险，以保障公民的基本生活需求。尽管这一规定以"公民"为主体，但实际上，目前能够保障公民基本生活需求的保障主要来自社会保险，而社会保险并不是全民享有的，尤其是在我国，社会保险是依托劳动关系建立起来的，其义务的承担方式主要是缴纳社会保险费。社会保险费的资金来源有单位缴费、个人缴费、政府拨款和社会捐赠及社会保险金的收益等。其中最主要的资金来源是单位缴费和劳动者个人缴费，而单位的缴费比例远远超过劳动者缴费比例。以我国 2010 年 10 月 28 日通过，并于 2011 年 7 月 1 日起施行的《中华人民共和国社会保险法》（以下简称《社会保险法》）规定的养老、医疗、失业、生育、工伤五项社会保险缴费为例，各地的单位缴费比例远超个人缴费比例。根据人力资源和社会保障部网络的数据，笔者进行了统计和整理，见表 3-1。

---

① 参见《宪法》第四十五条。

表 3-1　五项社会保险缴费比例

| 险种 | 合计缴费比率/% | 雇主缴费比率/% | 雇员缴费比率/% |
|---|---|---|---|
| 养老保险 | 27 | 19 | 8 |
| 医疗保险 | 12 | 10 | 2 |
| 失业保险 | 1.2 | 1 | 0.2 |
| 工伤保险 | 0.3 | 0.3 | 0 |
| 生育保险 | 0.8 | 0.8 | 0 |
| 合计费率 | 41.3 | 31.1 | 10.2 |

从表 3-1 可以看出，五项社会保险费合计费率占基本工资的 41.3%[①]，其中用人单位缴费占 31.1%，约占缴费总额的 75.3%，劳动者缴费占工资总额的 10.2%，约占缴费比例的 24.7%。可见，《宪法》规定的社会保险义务实际上通过劳动关系转嫁给了用人单位。用人单位在具体的缴费上承担了主要的义务，再加上我国规定必须以书面形式为依托建立正式的劳动关系，因此可以说，社会保险是立法规定用人单位必须承担的重要义务之一。对于其可能造成的用工成本，用人单位必须进行充分的核算，通过提高管理水平、提高生产效率等方式合理地分摊或转嫁。

除《宪法》外，我国涉及用人单位义务的基本立法也发展较快。1994年的《劳动法》对于劳动关系进行了全面系统的规范，并确立了对劳动者进行倾斜保护的原则，为此后的用人单位义务设立定下了基调。至此，以基本法律形式规范用人单位义务走上正轨，社会法的倾斜保护原则也在立法上得到了确立。《劳动法》以基本法的形式规定了用人单位的义务，涉及合同的签订、社会保险的缴纳及其他相关义务等。随着市场经济的进一步推进，1993 年《宪法》修正时纳入了建设社会主义市场经济的内容，劳动关系在市场经济运行过程中的基础性作用进一步彰显出来。全社会对于《劳动法》的认识逐步深入，但《劳动法》在运行过程中的弊端也逐步彰显。典型的如事实劳动关系普遍存在，而又缺乏针对用人单位的有效惩罚机制，导致《劳动法》实施不能或实施不佳。为了避免《劳动法》实施过程中的尴尬境地，《劳动合同法》在《劳动法》对劳动者进行倾斜保护的基础上进一步加强了对劳动者的保护，有学者将其总结为由"倾斜保护"或称"双保护"一路演变为"单保护"。劳动者的谈判议价能力普遍较弱，我国立法

---

① 各地根据地方政策，这一数据可能有所调整，但上下浮动不大，不影响笔者的统计和判断。

对劳动关系的管制程度较高，因此用人单位的义务主要来自立法，通过劳资谈判设定用人单位义务的情形极为罕见。关于《劳动法》及《劳动合同法》的解释、实施细则、条例等也是我国用人单位义务的重要来源。一些边缘的法律法规，如《就业促进法》《劳动争议调解仲裁法》① 等也从不同的角度规范了用人单位义务，这是我国用人单位义务不可或缺的组成部分。

### 二、集体合同

如前文所述，在劳资关系中，受信息和能力的限制，劳动者的谈判议价能力普遍较低，因此立法对劳动者进行了一定程度的倾斜保护，这已经成为社会法领域的共识，立法也因此为用人单位设定了相应的义务。但是，劳资关系以劳动合同为基础，合同起源于民法，以尊重意思自治为基础，尽管有一定的倾斜保护，但是仍然必须以尊重当事人合意为前提。而且劳动关系具有一定的人身性，劳动关系的运作需要劳资之间长期配合，良性互动关系的维持必须以尊重合意为基础。所以，尽管立法是用人单位义务的主要来源，但立法并不能包揽所有的用人单位义务，在劳动关系这种人身性极强的法律关系中，必须允许当事人之间有一定的自治空间。至于谈判及自治的难度，则可以通过劳动者结盟组成工会，以集体谈判的方式加以克服。

集体合同是指工会与用人单位或其团体之间通过平等协商，为规范劳动关系而就劳动报酬、工作时间、休息休假、劳动安全卫生、保险福利等事项订立的，以全体劳动者的共同利益为中心内容的书面协议。② 国际劳工组织第九十一号建议书《集体合同建议书》第二条第一款将集体合同定义为"以一个雇主或一群雇主，或者一个或几个雇主组织为一方，一个或几个有代表性的工人组织为另一方，如果没有这样的工人组织，则根据国家法律和法规由工人正式选举并授权的代表为另一方面。上述主体之间缔结的关于劳动条件和就业条件的一切书面协议"。我国《集体合同规定》第六条第一款规定："符合本规定的集体合同或专项集体合同，对用人单位和本单位的全体职工具有法律约束力。"这就明确了集体合同与专项集体合同的准法律效力。第六条第二款规定："用人单位与职工个人签订的劳动合同约定的劳动条件和劳动报酬等标准，不得低于集体合同或专项集体合同的规

---

① 全称《中华人民共和国劳动争议调解仲裁法》，由中华人民共和国第十届全国人民代表大会常务委员会第三十一次会议于 2007 年 12 月 29 日通过，自 2008 年 5 月 1 日起施行。

② 王全兴：《劳动法学（第二版）》，高等教育出版社，2008，第 223 页。

定。"集体合同谈判必须依靠强大的工会力量的支持。工会谈判往往是自发的，其谈判或斗争的目标非常明确，基本以工资待遇为主。例如在 2010 年、2014 年，中华全国总工会联合中国企业联合会、中华全国工商业联合会和中国企业家协会实施的彩虹计划与攻坚计划，均是旨在推动集体合同的建设，并且以行政的方式提出了明确的数据目标，即"确保 2015 年末集体合同签订率达到 80%"。从某种意义上讲，是中华全国总工会在推动集体谈判的进行，可见，它在规范用人单位义务方面也发挥着重要作用。

　　为了保障集体合同签订的规范运行，并有效维护劳资双方的合法权益，根据《劳动法》和《工会法》，我国制定了《集体合同规定》，于 2004 年 5 月 1 日起施行。《集体合同规定》第三条规定："集体合同是指用人单位与本单位职工根据法律、法规、规章的规定，就劳动报酬、工作时间、休息休假、劳动安全卫生、职业培训、保险福利等事项，通过集体协商签订的书面协议；专项集体合同，是指用人单位与本单位职工根据法律、法规、规章的规定，就集体协商的某项内容签订的专项书面协议。"在不少国家集体合同都是单独立法的，如德国 1918 年《集体合同、劳工及使用人委员会和劳动争议仲裁法》及 1921 年《集体合同法》；芬兰 1924 年《集体合同法》；瑞士 1928 年《集体合同法》等。美国 1935 年《国家劳资关系法》也对集体合同的内容做了专门的规定。考虑到《集体合同规定》是由原劳动部制订的，法律位阶较低，而且，可以预见在《劳动合同法》出台后的短时期内，全国人大或全国人大常委会均不会再制定相应的"集体合同法"，因此，在《劳动合同法》起草的过程中将集体合同的内容一并列入，这实际上是借订立《劳动合同法》之机，提升了集体合同规范的法律层级，也表明我国学界和立法界有意提升集体合同的地位。《劳动合同法》在第五十一条到第五十六条对集体合同订立的框架、主体、内容进行了详细的规定，涉及专项集体合同、行业性、区域性集体合同及劳动标准和救济手段等。常凯认为，《劳动合同法》的颁布实施，不仅标志着中国劳动关系的个别调整在法律建构上已经初步完成，同时也开启了劳动关系集体调整的新起点。[①]

　　2008 年《劳动合同法》生效后，劳动争议案件数量激增，其中，集体合同争议数量也明显增加。这表明，有了《劳动合同法》的支撑，集体合同的作用正在逐渐显现出来。

　　① 常凯：《劳动关系的集体化转型与政府劳工政策的完善》，《中国社会科学》2013 年第 6 期，第 91-108 页。

### 三、劳动合同

合同起源于民法，是当事人之间设立、变更、终止民事权利义务关系的协议。合同双方通过契约的方式为彼此设定权利义务，本身具有一定的当事人之间立法的性质，只要是合法的合同双方都应受到约束。劳动合同是合同的特殊形式之一，一定程度上保持民事合同的特性。比如在德国，很长时期内劳动合同由民法调整，合同自由一直是雇佣关系的基础，尽管绝对的合同自由原则可能迫使雇员之间为竞争受雇机会而导致待遇的下降乃至恶化，但契约自由原则在德国劳动合同中一直予以保留。后来为克服合同自由的缺陷发展出了德国劳动法，合同自由原则受到了一定程度的限制。尽管如此，新发展起来的劳动法仍将契约自由设定为劳动法的基本原则之一。社会法领域的倾斜保护原则在德国劳动法中体现得并不明显，即使对于是否应该给予残疾人、妇女等特殊群体以照顾，也是坚持根据合同自由原则将这一照顾限制在最小的范围内。长期以来，美国也保留了充分尊重劳动合同自由的传统，政府只在最小的范围内对劳动合同进行干涉。

劳资之间由于双方掌握的信息、资本等资源的不对称，无疑有部分劳资双方实力悬殊。在劳资关系中劳动者处于相对的"弱势地位"，但这种弱势是就群体而言的，即劳动者处于"社会性"的弱势地位，而不是指在任何一桩个别劳动关系中，用人单位均处于强于劳动者的地位。在当下的各色劳动关系中，不乏不依靠工资收入维持生活的员工和将自己的劳动付诸具体工作的雇主。对实践中各色形态的劳动关系而言，劳资双方所实际具备的谈判空间也是不同的。因此，劳动立法在对劳动者群体加以倾斜保护的同时仍应当坚持尊重契约自由的原则，允许劳资之间有合理的谈判空间，在此前提下适当对劳动者加以倾斜保护，并且这种保护仅止于社会性的基础保障方面的倾斜保护，而非针对个别劳动关系的特殊保护。

任何法律关系都包含一定的矛盾，而双方当事人之所以建立这种关系，乃是因为从根本上讲，双方有合作的基础。用人单位与劳动者之间也存在一定的矛盾，但也同样有共同合作的利益基础。丹尼尔·奎因·米尔斯认为劳资双方都是经济社会的投入方，一方投入劳动力，另一方投入资本。经济社会按照不同的方式，以不同的比例组合这些投入，生产出产品和服务供人们消费。① 与其他合同关系相比，劳动关系有着更强的黏附性。劳动者选择某一职位往往是基于自身状况的综合考量，包括企业文化、职业前

---

① [美] 丹尼尔·奎因·米尔斯：《劳工关系（第5版）》，李丽林、李俊霞等译，机械工业出版社，2000，第9页。

景，不仅限于"单向度"的经济因素。这些综合因素在个别劳动合同中各具特色，不是国家通过立法管制可以规划的，集体合同对这些具体的权利义务设置也常常望尘莫及。同时，由于劳动关系的长期性、身份性，只有允许劳资之间进行充分的谈判，才能保证二者深入了解彼此的特质，以建立稳固的合作基础。

新中国成立以后，实行的是计划经济，劳动者成为国家的主人。这奠定了我国对劳动者进行充分保护的传统。改革开放以后的劳动立法也一直保持着这一传统，《劳动法》和《劳动合同法》均体现出对劳动者的保护。如前文所述，我国立法对劳资关系建立的基本内容规定得较为充分，进行了较多的管制，留给劳资双方进行自治的谈判空间不大。与此同时，有学者一直在强调劳动关系的契约性。契约即是在双方当事人之间进行立法，在不违反法律、法规和集体合同的前提下，劳资双方约定的契约无疑在双方当事人之间具有准立法性，合同所约定的内容是用人单位义务的重要渊源。尽管立法已经对劳动关系进行了相应的管制，但是劳资双方依然有一定的自治空间，而且劳动合同的执行是一个长期的过程，随时需要根据生产经营状况和当事人的意志加以调整，如劳动者提高工资收入、调整工作岗位、户口问题、病假与事假的认定等都依赖于劳资之间的协商。劳动合同与集体合同本质上是并行的，都是为了劳资之间的利益平衡而进行的谈判，都是隶属于劳动法律体系的子集。区别在于，劳动合同重在个别劳动关系权利的约定，而集体合同重点聚焦于群体性利益。劳资双方根据诚实信用原则，就具体劳动关系的事项达成协议后对彼此产生应有的约束力。因此，劳动合同是当事人之间重要的准立法，是用人单位义务的主要渊源之一。

# 第四章　用人单位义务类型化分析

## 第一节　法定义务与约定义务

### 一、法定义务与约定义务界定标准

用人单位义务依据其来源不同可以分为法定义务与约定义务。凡是由法律规定的义务即为法定义务，基于劳动合同约定而产生的义务即为约定义务。新中国成立以来，我国有对劳动者进行倾斜保护的传统。为防止劳动者由于议价能力不足而陷于被动，立法对劳资关系进行了较多的管制。《劳动合同法》多处明确规定了用人单位的义务，法定义务成了我国用人单位最主要的义务来源，如《劳动合同法》第四条"建立规章制度"的义务、第七条"建立职工名册"的义务、第八条"告知义务"、第十条"签订书面合同"的义务等。以笔者统计而得的数据来看，《劳动合同法》98 条条文中，直接规定用人单位义务的有 31 条，另有 11 条乃是规定用人单位违反义务的责任和惩罚。《劳动合同法》第七章之法律责任，除第九十条规定劳动者"违法解除劳动合同，或者违反劳动合同中约定的保密义务或者竞业限制应当承担赔偿责任"，第九十五条规定"劳动行政部门和其他有关主管部门及其工作人员玩忽职守、不履行法定职责，或者违法行使职权"的法律责任，以及第八十六条规定了双方的共同义务外，其余 13 条内容，均直接以用人单位为义务载体。产生于《宪法》《劳动法》《劳动合同法》及相关的法规、实施细则、司法解释的义务，均属于用人单位的法定义务。

合同是当事人之间的准立法行为，劳动合同也不例外。如果用人单位义务来源于双方当事人的约定而不是法律的直接规定，即为约定义务。我国《劳动合同法》明确规定了允许劳资双方通过约定加以规范的义务。《劳动合同法》第十七条第二款授予了劳资双方通过谈判的方式自行约定试用期、培训、保密义务、补充保险和福利待遇的权利。该条款以"等"字结尾，表明这是一个并不周延的列举，预设了劳资之间可约定事项的开放性。

事实上，由于劳动合同的人身性及继续性，双方当事人可以通过约定的方式设定的义务范畴非常广泛，如住房、户口、子女入学、家属就业等。这些五花八门的约定，只要不违反法律的强制性规定，都没有必要否定其法律效力。即便是对于法定义务，劳资约定仍有很大的作用空间。因为立法通常只能对法定义务进行笼统的规定，而具体合同是千差万别的，法定义务依赖于约定的方式加以落实。如《劳动合同法》第十七条规定了用人单位的支付报酬、提供劳动保护和劳动条件等义务，但这只是类型上的规定，具体的报酬是多少，提供什么标准的劳动保护和劳动条件，在法定的基础标准之上仍有巨大的谈判空间。

## 二、法定义务
### （一）支付报酬义务

自民国史尚宽先生开始，许多法学专家认为支付劳动报酬是用人单位的主要义务，然而关于什么是劳动报酬却一直没有定论。有学者认为工资与劳动报酬内涵相同。"工资，又称薪金、薪水，是指基于劳动关系，用人单位根据劳动者提供的劳动数量和质量，按照法律规定或劳动合同约定，以货币形式直接支付给劳动者的劳动报酬。"[1] 也有学者认为二者之间是包含关系。如王全兴教授认为："工资，又称薪金。其广义，即职工劳动报酬，是指劳动关系中，职工因履行劳动义务而获得的，由用人单位以法定形式支付的各种形式的物质补偿。其狭义，仅指职工劳动报酬中的基本工资（或称标准工资）。"[2] 而关怀、林嘉持相反的观点，认为工资是劳动报酬的组成部分，即"工资是指用人单位依据国家有关规定和劳动合同的约定，以货币形式直接支付给本单位劳动者的劳动报酬……工资是劳动者报酬的重要组成部分，是工薪劳动者的基本生活来源。劳动报酬是劳动者通过劳动而获得的报酬，由劳动法调整，实行按劳分配、同工同酬的原则；后者属于民法的范畴，由民法调整，实行自愿、公平、等价有偿的原则"[3]。郑尚元教授认为，劳动报酬与工资之间没有必然的联系。只是存在于不同的法律关系之中。劳动报酬通常在雇佣契约中使用，而在劳动合同中一般称为工资，"劳动报酬和工资的界别也体现了雇佣契约和劳动合同的差异"[4]。

---

① 贾俊玲：《劳动法学》，中央广播电视大学出版社，2003，第124页。
② 王全兴：《劳动法学（第二版）》，高等教育出版社，2008，第78页。
③ 关怀、林嘉：《劳动法》，中国人民大学出版社，2006，第212页。
④ 郑尚元：《雇佣关系调整的法律分界：民法与劳动法调整雇佣类合同关系的制度与理念》，《中国法学》2005年第3期，第80—89页。

劳动关系是在工业革命以后集中发展起来的，其产生的前提是传统的农业工人被迫从土地上剥离，失去了依靠土地生活的能力，不得不接受雇佣以维持生存。因此，劳动者群体大多以工资报酬为其主要的生活来源。劳动报酬是劳动者的安身立命之本，用人单位最主要的义务是向劳动者支付报酬。鉴于劳动报酬在劳资关系中的重要地位，各国劳动立法均对劳动报酬的支付方式和支付时间有明确的规范，不履行支付报酬义务可能构成犯罪。以我国为例，2011 年《刑法修正案（八）》增设了"拒不支付劳动报酬罪"，指"以转移财产、逃匿等方法逃避支付劳动者的劳动报酬或者有能力支付而不支付劳动者的劳动报酬，数额较大，经政府有关部门责令支付仍不支付的"行为。该罪量刑为"三年以下有期徒刑或者拘役，并处或者单处罚金；造成严重后果的，处三年以上七年以下有期徒刑，并处罚金"。刑罚是所有惩罚手段中最为严厉的一种，对用人单位不履行支付报酬义务直接入刑，可见该义务在用人单位义务体系中处于核心地位。

**（二）缴纳社会保险义务**

社会保险（Social Insurance）是指国家为了预防和分担年老、失业、疾病及死亡等社会风险，实现社会安全，而强制社会多数成员参加的，具有所得重分配功能的非营利性的社会安全制度。[①] 社会保险主要是为了应对工业社会的风险。工业革命带来的人口向城市的迁徙导致传统农耕社会的家庭保障解体，面临生老病死等特定或不特定的风险，人们需要一种外部化的保障来化解心中的恐慌。这一时期，但凡能够给个体提供"安全的未来"的学说或政权都占据过理论或权力的巅峰，然而从宗教信仰到纳粹统治都失败了，不但未能向社会公众提供承诺中"安全的未来"，甚至让当下也变得难以忍受。经历了一番番世界范围的群体折磨和"舆论互殴"之后，互助式的社会保险活动在全球范围内发展起来。社会保险发源于工业革命的发源地英国，后发展至全球。从某种意义上来说，21 世纪的人最关心的问题就是"我是不是安全"，甚至可以说，未来政府存在的必要性、合法性必须通过完善的社会保险来加以证明。

顾名思义，社会保险首先应具有社会性，即以社会中的大多数人为责任和受益主体，承担责任的主体应为社会或代表一定社会利益的国家或政府，受益的主体则是不特定的社会成员。社会保险理应以"社会"为保障范围，应该包括全体社会成员，然而事实已经证明这种全民保险的工程之浩大、目标达成之难超出了各国政府的预期。在少数以全体社会成员为保

---

① 林嘉：《劳动法和社会保障法（第四版）》，中国人民大学出版社，2016，第 293 页。

障对象的欧洲国家，其弊端也已经逐步显现。诚然，社会保险本质上是以"社会"的名义实现的人和人之间的互助，然而，"社会"的范围太大很容易落入平均主义的陷阱。于是，一个巨大的难题摆在了各国政府的面前。一方面，如果不对工业社会中的成员提供一种保障，那么群众心中的恐慌很容易被宗教和各种擅长妄自承诺的异端邪说利用；另一方面，保障全体社会成员的安全甚至只是为全体社会成员提供最基础的安全保障在人类历史上至今都没有成功的先例，任务之艰巨，可以想象。于是，在不断摸索中，多数国家做出了一个现实而又折中的选择，即缩小"社会保险"的保障成员的范围，只在部分成员之间实现互助。这种"部分成员"的选择首先落实到了勤劳、进取、主动寻找就业机会并愿意接受雇佣的劳动者群体身上，附属于劳动关系的社会保险于是应运而生并为大部分国家所采纳。能够建立劳动关系的社会成员均有固定的收入，或者从内在道德、能力及品性上讲，能建立一桩劳动关系，至少代表这一群体的积极进取和随时实现自立的可能。从某种意义上可以说，将社会保险附属于劳动合同是在绝对的平均主义和绝对的自由竞争之间的一种折中选择。所谓"天助自助者"，群体之间的互济首先在这一类群体中建立起来。将社会保险的保障对象由全体社会成员缩减至劳动者群体显然不是一个完美方案，而是解决工业社会中人类安全感困境的最现实的选择。

　　《劳动合同法》较之《劳动法》，则更进一步将社会保险纳入劳动合同必要条款。[①] 尽管有学者对此提出异议，认为社会保险是劳动基准的内容，不必再在合同中单独约定，但《劳动合同法》的这种重申无疑证明了立法界对劳动关系中用人单位承担社会保险责任的鲜明态度。社会保险一般由政府负责承办，通过向丧失劳动能力或暂时失去工作岗位的人提供一定的物质补偿，以给劳动者提供一种基础的安全需求，建立一道社会安全网。社会保险是一种强制再分配的制度，在职劳动者的一部分收入被强制纳入社会保险基金，在特定条件下，允许被保险人从基金中领取一定的收入或对其遭受的损失进行补偿。由于社会保险险种的差异，各国允许申请社会保险金的具体情形有所不同，比如德国设有护理险，美国设有鳏寡保险。总体而言，社会保险的险种以"生老病死"为中心展开。我国的基本社会保险种类包括养老、医疗、失业、工伤和生育。在五项基本险种中，养老保险是最为重要的一种，因为养老保险是一种常规保障，其他四项保险则具有一定的偶然性。养老保险的征缴比例也远远高于其他四项保险。从世

---

① 参见《劳动合同法》第十七条。

界范围看，养老保险的开支平均占到了社会保险总开支的三分之二，个别国家甚至达到 90%。这些社会保险责任的主要承担主体是用人单位，用人单位缴费占缴费总额的 75%，是用工成本中一项极为重要的支出，以至于对于中小企业来说，社会保险缴纳责任甚至超出了其承受能力。有学者指出我国《劳动合同法》通过社会保险责任的分配给用人单位捆绑了太多道德责任。① 社会保险是一项社会责任，而根据《劳动合同法》，社会保险的主要缴费主体是用人单位。出于种种原因，世界各国几乎都有将社会保险责任不同程度地转嫁给用人单位的做法。以荷兰为例，80% 以上的雇员享受到了由雇主或者其相应的行业部门提供的养老保险待遇，但雇主与雇员之间的保险缴纳责任是通过合同约定的，提供养老保险通常是雇主招徕雇员的重要方式之一，而非法定义务。荷兰的养老保险待遇事项通常是通过雇主与工会组织签订集体合同而加以约定的。即使在要求用人单位承担社会保险责任的国家，常常也会对中小企业实行豁免，或由国家承担重要的补充缴费责任。

我国的社会保险总计缴费约为个人工资的 41.3%（各地略有差异），责任却几乎完全由用人单位和劳动者承担。其中用人单位承担的部分约为 31.1%，劳动者承担的部分约为 10.2%，且实践中并无对中小企业的优惠或豁免。现实中，我国《劳动合同法》所涉及的用人单位性质各异。具备一定公共性质的用人单位，如雇佣了非事业编制人员的国家机关和事业单位，承担一定的社会保障责任有一定的法理基础。规模庞大、管理规范的大型国有企业或跨国企业、上市公司，抗风险能力较强，如遇市场变化，有充分的维权渠道和方法甚至可以采用撤资转向海外市场等方式规避风险。要求这类企业承担社会保障责任是有一定的道理的。中小企业一般不具有公益性，其存在完全以追求利润为目标，且受到规模的限制，抗风险能力较弱，不宜过度要求这类企业承担社会保障责任。《劳动合同法》要求中小企业承担与规模企业同样的雇主责任的做法与中小企业的现实能力不符。然而，大企业均由中小企业孕育而成，为数众多的中小企业是产生大企业的基础。中小企业如果没有良好的经营环境，无异于剥夺了产生规模企业的土壤。因此，有必要为中小企业提供良好的用工环境。

2018 年 4 月，人力资源社会保障部、财政部公布了《关于继续阶段性降低社会保险费率的通知》，规定自 2018 年 5 月 1 日起，企业职工基本养老

---

① 秦国荣：《劳资伦理：劳动法治运行的价值判断与秩序维护》，《社会科学战线》2015 年第 7 期，第 222-230 页。

保险单位缴费比例超过 19% 的省、自治区、直辖市，可以将用人单位缴费比例降至 19%。这一允许企业下调社会保险缴费比率的政策显然是回应了社会各界的呼吁，旨在降低企业负担。2019 年 3 月 5 日，国务院政府预算报告指出，可进一步下调用人单位养老保险缴费比例至 16%。河南、山西、湖南、吉林、重庆等地随后出台了相应的实施细则落实两会精神。这一降费政策旨在减轻中小企业特别是小微企业的缴费负担，但是对大型的、具有成本转嫁能力的企业同时降费则并不可取。这是因为，尽管我国中小企业的社保缴费负担较重，但目前企业退休人员的养老金替代率并不高。据统计，我国企业退休人员的养老金替代率目前大约为 40%，低于国际劳工组织《社会保障最低标准公约》规定的 55% 的标准，也低于我国机关退休人员 80% 的替代率标准。在这种情况下，一味走降费路线很有可能会拉大退休人员的收入差距，引发新的社会问题。如前文所述，以雇佣关系作为社会保险的载体是当下的现实选择，因此在未来相当长的时间内，缴纳社会保险仍然必须是用人单位的法定义务之一。降费是一条很容易看到尽头的路，并不是长久之计。未来我国劳动立法有必要对用人单位进行分层，将中小企业与国有企业、大企业区别开来，实行有针对性的降费政策以保护中小企业。

**（三）提供劳动条件和劳动保护义务**

劳动条件是指劳动者从事生产活动时必须具备的生产条件，主要指劳动者维持生产的物质条件，通常包括为维护劳动者的安全、卫生等必须的物质设备条件，如安全的厂房和机器设备，温度适宜、空气清新的车间条件等。劳动条件大部分是客观的，有时也以主观的形态呈现。客观的劳动条件包括现实可见的与生产直接相关的硬件设备，如厂房、机器设备、防毒面罩等。主观的劳动条件主要指相应的软环境设施，如工人工作环境的墙壁色彩、背景音乐等。硬件设施直接决定着生产环节的运行。劳动生产硬件条件的不具备或不充分，将直接导致生产受阻，物质生产无法产生、影响劳动者的身体健康乃至造成人员伤亡。例如，2018 年 5 月 30 日，湖北荆门市两名环卫工人在位于东宝区某一管道内现场作业时，由于管道内沼气浓度过高，一名工人受伤，另一名工人中毒身亡。假如能为进入危险作业区的劳动者提供防毒面具，这样的恶性事件显然是可以避免的。工人长期在这样恶劣的环境下作业，即使没有丧失生命，也存在着潜在的健康威胁。软环境则影响着劳动者在生产过程中的情绪体验。随着现代劳动条件的改善，劳动者对生产过程中的情绪体验越来越敏感。工作环境中劳动者能否得到应有的尊重，监管人员的工作技巧、劳动者在接受监管时是否受到压抑等，直接影响劳动者的情绪和生产效率，并且会影响劳动者的生命健康。以富士康为例，2010 年，10 名员工连续坠楼的恶性事件将富士康推上了舆论的风口浪尖，而就劳动部门的调查来看，富士康的硬件设备均符合劳动法的相关规定，问题出在了因管理而恶化的软环境上。对劳动者的管理不够科学，缺乏弹性和人性化，劳动者的情绪长期压抑得不到释放，是造成这一系列恶性事件的根本原因。

劳动条件和劳动保护被提上日程是工业革命以后的事。工业革命以前的劳动属于简单劳动，以家庭作坊为主，不存在规模化的劳动力聚集的可能，所需要的生产条件比较容易满足，也没有太高的管理要求。工业革命以后的机器大生产则不然，规模化的生产对机器、厂房等生产设备提出了更高的要求，劳动保护也不再是传统社会中的个别劳动者及其家庭可以预见和保障的。工业生产以先进的技术和大规模的机器为必备的生产条件，这些都超出了个别劳动者的驾驭能力。从某种意义上说，工业化大生产提高了劳动的危险程度，工业风险超出了劳动者的承受能力，规范的生产需要配备相应的技术和安保人员。劳动合同的顺利履行，离不开适当的物质条件。在雇佣生产关系中，劳动者不具备提供生产条件的能力。对于很多潜在的工业风险，劳动者由于缺乏足够的技术条件根本无法预估。如前文所述沼气中毒案中，劳动者对于现场作业的风险预估能力远远低于用人单位。由用人单位来保障劳动环境的安全更符合效率和安全的原则。

立法将提供劳动条件和劳动保护的义务分配给用人单位也可谓一种经济的选择。首先，工业生产是规模化的生产，规模化生产的劳动条件和安全保护设备的单位批量配置显然要比劳动者单独配置更具有优势，更加经济高效。其次，用人单位具备更高的技术水平，有检测及预估工业风险的能力。而劳动者作为个体，常常出于被迫从农耕社会的生产资料上被剥离出来接受雇佣，对于工业化的进程是抗拒乃至抵触的，并不具备提供劳动条件和劳动保护的能力。再其次，从成本分担的角度来看，劳动者不具备转嫁成本的能力。劳动条件和劳动保护所需的设备无疑需要耗费大量的成本，在科斯看来，不管责任如何分担，只要交易成本为零，风险或责任最终都将以成本的方式转嫁出去。[1] 在劳资关系中，用人单位承担的风险将会以劳动者隐性福利的缩减或产品价格上涨的方式传递给市场，而劳动者承担的风险最终也会促成劳动者对更高工资的期待。从终极意义上说，如果

---

① R.H.Coase. The Problem of Social Cost. *The Journal of Law and Economics*, October 1960, 10(3): 1-44.

劳资市场交易实现充分的零成本交换，那么不论义务如何分配都不会影响结果的公正，因为所有的义务主体都会通过市场将自己承担的责任以成本的方式传递出去。但实际情况是，完全无成本的交易市场是不存在的，交易总是涉及信息不对称、博弈、讨价还价等时间和机会成本的丧失等问题，因此，责任如何分配成了一个社会成本安排问题。由最能够控制和转嫁风险的一方承担责任更加有利于社会总成本的降低。在劳资关系中，用人单位具备一定的管理职责，在信息、技术方面也具有绝对的优势，更加具备风险控制的能力，将风险交由用人单位控制，更加符合成本收益的理论。由用人单位来承担提供劳动条件和劳动保护的责任，符合经济学的成本选择规律。

我国有对劳动者进行倾斜保护的传统，《宪法》即确立了用人单位提供劳动条件和劳动保护的义务。《宪法》第四十二条规定："国家通过各种途径，创造劳动就业条件，加强劳动保护，改善劳动条件。"《宪法》的规定是原则性的，"国家"作为一个抽象的主体事实上不可能参与具体生产条件和劳动保护的提供，因此需要部门法对其进一步加以落实。《宪法》的这一规定在劳动法律法规中得到了体现。《劳动法》第十九条规定劳动合同必须具备"劳动保护和劳动条件"的条款，无疑是将"劳动保护和劳动条件"的完善植入了劳资关系之中。在第六章"劳动安全卫生"中，《劳动法》第五十二条到第五十七条对这一义务进行了具体的分配。首先，用人单位必须按国家标准建立劳动安全卫生制度，尽量减少职业风险。[1] 其次，用人单位必须为劳动者提供符合国家安全标准的防护用品并对劳动者进行健康检查。[2] 除特种作业劳动者需要取得特种作业资格外[3]，普通劳动者只要遵守安全操作规程，履行相应的配合义务就应当能够保障自身的安全。对于用人单位管理人员的违章指挥、强令冒险作业，劳动者有权拒绝执行，并可以提出批评、检举和控告。[4] 此外，《劳动法》第七章专门规定了对女职工和未成年工的特殊保护制度。《劳动合同法》第十七条重申了"劳动保护、劳动条件和职业危害防护"是劳动合同的必要条款。可见，《宪法》中的劳动条件和劳动保护在部门法中得到了细致的落实。同时，由于个别劳动者就劳动保护问题洽谈的难度较高，《劳动合同法》第五十一条赋予了集体合

---

[1] 参见《劳动法》第五十二条。
[2] 参见《劳动法》第五十四条。
[3] 参见《劳动法》第五十五条。
[4] 参见《劳动法》第五十六条。

同就劳动保护问题进行谈判的权力。这无疑为劳动条件和劳动保护的实现提供了更进一步的法律和制度保障。

**（四）强制缔约义务**

合同起源于民法，是当事人意思自治的体现。由于民事主体双方当事人地位平等，因此民事领域的合同形式非常自由。《合同法》允许合同以书面、口头和其他形式存在。法律、行政法规规定采用书面形式的，应当采用书面形式。当事人约定采用书面形式的，应当采用书面形式。可见，在我国民事合同的形式包括口头、书面或其他形式，除非法律有明确的规定——如不动产交易、婚姻、仲裁等——当事人可以自由决定合同所采取的形式。然而，这一灵活的合同形式是以民事主体间的地位平等为前提的。在劳动合同中，民事主体双方当事人的平等地位被打破。资方有一定的管理和信息优势，大部分劳动者的谈判议价能力相对较弱。在这种情况下，书面内容完整的劳动合同形式无疑成了劳动者权利保障的重要凭证。在劳动关系中，对书面劳动合同的签订起决定作用的一方事实上是用人单位。一方面，由于劳动者立约能力普遍较弱，现实中，劳动合同大多是用人单位提供的格式合同；另一方面，劳资双方对待书面劳动合同的态度有所不同。由于劳动合同附加了相对较多的用人单位义务，用人单位常常设法规避劳动合同，而劳动者为获得劳动法的倾斜保护，对劳动关系的确认普遍持亲和态度。在这种情况下，要求用人单位承担强制缔约义务能有效规制用人单位的法律规避行为。

强制缔约，是指依据法律制度规范及其解释，为一个受益人的合法权益，在无权利主体意思拘束的情况下，使一个权利主体负担与该受益人签订具有特定内容或者应由中立方指定内容的合同的义务。[①] 以强制缔约原则为指导，《劳动法》以立法的形式明确了用人单位订立书面劳动合同的义务，并在第十八条中列举了劳动合同必须具备的条款，开启了我国劳动合同关系的立法管制模式。但是《劳动法》没有给书面劳动合同形式配置相应的责任，因此，实践中违法的情形比较普遍，导致现实中出现了大量的事实劳动关系。为了使这一局面得以改观，《劳动合同法》进一步明确了对缺乏形式要件的劳动关系的惩罚机制。《劳动合同法》要求自用工之日起一个月内劳资之间必须签订书面劳动合同，其责任主要是指向用人单位，同时规定了不订立书面劳动合同的惩罚机制，即"用人单位自用工之日起超过一个月不满一年未与劳动者订立书面劳动合同的，应当向劳动者每月支

---

① ［德］迪特尔·梅迪库斯：《德国债法总论》，杜景林、卢谌译，法律出版社，2004，第70页。

付二倍的工资"①。与以往劳动法领域的惩罚机制不同，此次双倍工资的支付对象是劳动者，而非以往的劳动监察等行政部门。这从根本上调动了劳动者在签订书面劳动合同方面维权的积极性，但同时也在一定程度上为劳资纠纷的滥诉埋下了隐患。

用人单位强制缔约义务在《劳动合同法》第十四条中体现得更为突出。该条规定了三种用人单位必须签订无固定期限劳动合同的情形。一是劳动者在同一单位连续工作满十年的；二是国企实行劳动合同制改革，劳动者在该单位工龄超过十年，且不足十年即将退休的；三是劳动者已经与同一用人单位连续订立了两次固定期限劳动合同，并且劳动者没有欺诈或故意违法、违规情形的。②《劳动合同法》兼有公法和私法的特性，其在中西方的发展路径有所不同。对劳资关系的理解和定位也不能固着于西方的劳动法范式。在计划经济体制下，全体适格劳动者全员就业，不存在失业的概念，即使暂时退出劳动力市场，也是以待业者的身份等待政府安排新的工作岗位。实行市场经济体制改革后，我国逐步放开劳动力市场，允许部分劳动者以"下岗""内退"等方式退出工作岗位，到劳动力市场上自谋职业。因此，我国劳动关系的运行是一个公法私法化的过程。在西方，劳动法起源于民法，至今很多西方国家适用劳动法时依然保持援引民法典的传统，其发展是一个私法公法化的过程。中西方当事人在劳动合同签订上的意思自治程度有所不同。以私法为基础的西方国家在劳动关系中体现了更多的意思自治，我国劳动关系则体现了更多的政府管制。这一差异在劳动合同形式方面的体现即是对书面形式要件是否有强制性要求。我国立法对劳动合同采取了比一般民事合同更为严格的形式要求，而西方国家对劳动合同的形式要求相对灵活、宽松，一般与民事合同一致，不要求具备书面形式要件。如德国劳动法强调"劳动关系应建立在私法性合同之上"③。德国没有专门的劳动合同法，劳动合同和其他私法合同一样遵守一般的合同无效的规定，《民法典》中的传统民事合同的相关规定同时适用于劳动合同。因此，德国的劳动合同与其他民事合同的认定标准一致，没有书面形式的要求。④ 法国《劳动法典》也承认民事合同规定对劳动合同的约束

---

① 参见《劳动合同法》第八十二条。
② 参见《劳动合同法》第十四条。
③ ［德］雷蒙德·瓦尔特曼：《德国劳动法》，沈建峰译，法律出版社，2014，第44页。
④ Harald Schliemann：《中德劳动合同法——劳资协定法之比较》，载中华人民共和国国劳动和社会保障部法制司《中德劳动与社会保障法：比较法文集》，中信出版社，2003，第82页。

力。① 新加坡的劳动合同形式规定亦同。② 根据英国普通法的规定，劳动合同可以是书面的，也可以是口头的。③ 荷兰《民法典》第 655 条规定："雇主仅就工作地点、职位、雇用合同生效日期、报酬、工作时间、休息休假制度及集体合同是否适用的相关内容提供书面信息，具体劳动合同可以是口头的，也可以是书面的。"④ 国际劳工组织在劳动关系的确认方面也遵循着"事实第一"的原则，允许用书面劳动合同以外的证据佐证劳动关系的存在。

书面劳动合同无疑是劳动关系存在的重要证据，但也不应过于夸大其作用，或用双倍工资的惩罚方式强制签订书面合同。我国立法中的强制性书面要件，约束了中小企业的用工灵活性，在一定程度上造成了合约不自由。劳动合同首先是合同，应具备合同的一些基本特征，允许劳动合同体现双方的意思自治。劳动合同的签订和变更全面书面化，加之严格的解雇保护制度，使用人单位无法面对变幻莫测的市场经济，其结果是劳动合同的契约性降低。我国正在进行供给侧结构性改革，改革的重点是降低企业成本。2016 年 7 月 26 日，中共中央政治局会议指出"降成本的重点是增加劳动力市场的灵活性"，这表明着《劳动合同法》的修正应重视劳动力市场的灵活性，放松对合同形式的管制。

稳定劳动关系，促进劳动关系长期化，这是我国推行书面劳动合形式的重要目的之一。前文三种特定情形下的无固定期限合同规定实际上将劳动合同捆绑式长期化，这不符合中小企业用工实际，使用工企业在静态的劳动关系和瞬息万变的市场风险面前丧失了平衡能力。考虑到劳资双方的地位、在劳动力市场上的承受力及劳资双方对信息的掌控能力不同，通过不定期合同适当增加资方的义务曾是欧洲部分国家的传统，但是，大部分欧洲国家的就业环境和理念与我国大为不同。比如德国很长一段时间内鼓励适用不定期劳动合同，与之相应的是具备稳定的"雇员终身服务"观念，员工的忠诚度相对较高。德国劳动立法明确规定了雇员的忠诚义务，包括服从、守密、勤勉和竞业禁止的义务。⑤ 无独有偶，英国普通法也规定了雇员需要承担的一系列的默示责任，包括：（1）自愿和乐意地工作；（2）合理的谨慎；（3）服从合法的命令；（4）小心照顾雇主的生产；（5）忠诚地

① 《法国劳动法典》，罗结珍译，国际文化出版公司，1996，第 19 页。
② 王益英：《外国劳动法和社会保障法》，中国人民大学出版社，2001，第 585 页。
③ 王益英：《外国劳动法和社会保障法》，中国人民大学出版社，2001，第 33~34 页。
④ ［荷］费迪南德·B. J. 格拉佩豪斯、莱昂哈德·G. 费尔堡：《荷兰雇佣法与企业委员会制度》，蔡人俊译，商务印书馆，2011，第 16 页。
⑤ 王益英：《外国劳动法和社会保障法》，中国人民大学出版社，2001，第 87 页。

为雇主服务。① 我国《劳动法》与《劳动合同法》缺少对劳动者忠诚义务的要求，现实中劳动者随意辞职的现象较为普遍。近年来，为保证企业适应灵活多变的市场要求，欧洲以不定期合同为主导的模式开始出现改变。如德国将定期劳动合同期限的上限由 18 个月放宽到 4 年，定期劳动合同数量逐渐增加，占比上升，而不定期劳动合同的适用比率有所下降。②

### （五）告知义务

告知义务与知情权相对应，体现了当事人之间的诚信关系。告知义务是指拥有知情权的主体有权要求对方当事人告知与具体法律关系相关信息的义务。劳资双方在劳动关系中承担着不同的告知义务。用人单位的告知义务，是指为保障劳动合同的建立、顺利履行及结束后对劳动者实现一定的利益保障，用人单位根据法律或约定将相关的事项告知劳动者，以保障劳动合同目的顺利实现的义务。该义务贯穿于劳动合同始终，乃至于在劳动合同签订前用人单位已经需要承担一定的先合同告知义务。事实上，由于劳动合同的人身黏附性极强，在劳动合同履行结束后，也存在一定的附随告知的后合同义务。违反告知义务的方式通常包括应当告知不予告知或虽然告知但有隐瞒和遗漏及虚假告知两种情况。与用人单位告知义务相对应的权利是劳动者的知情权。知情权是劳动者做出判断的出发点。在劳资关系中，由于劳动者不具备充分的与单位相抗衡的能力，因此通过立法以强制的方式规范单位的告知义务就显得尤为重要。用人单位告知义务贯穿于具体劳动关系的始终。劳动合同是一个不间断的需要长期合作履行的继续性合同，劳动者从签约到履行乃至合同结束后都需要掌握一定的信息及时做出判断，这就需要用人单位随时告知相关信息以配合劳动者权利的保障和劳动合同的顺利履行。

在劳动关系中，劳动者的信息获取能力相对较弱，如通常无权获取用人单位的商业秘密，因此有必要从立法的角度强化用人单位的告知义务，以实现劳资双方的利益平衡。《劳动合同法》第八条以"以及劳动者要求了解的其他情况"申明了用人单位告知义务可以是法定的，也可以是约定的。构建合理而完善的用人单位告知义务体系在某种意义上是建立劳资之间信赖关系的必要条件，对于保障劳动关系的顺利履行有重要的作用。劳动者的主张也不是无边界的，要遵守"与劳动合同相关"的底线原则。实践中，在劳动合同发展的不同阶段，用人单位告知义务的内容有本质的不同，对

---

① 王益英：《外国劳动法和社会保障法》，中国人民大学出版社，2001，第33-34页。
② 董保华：《论劳动合同法的立法宗旨》，《现代法学》2007年第6期，第69-75页。

于不同的行业告知义务也有所差别，而《劳动合同法》第八条的规定过于笼统，没有确定清晰的告知形式，对如果未履行告知义务用人单位应承担何种法律责任亦无明确规定。这表明我国关于用人单位告知义务的规定目前还停留在原则性的"软法"层面，缺乏相应的配套制度保障。

从条文内容来看，《劳动合同法》第八条规定的用人单位告知义务均限定在"招用劳动者时"，也就是在缔约阶段。可以说，第八条主要是为了保障劳动合同的签订而制定的规范。该条规定了"工作内容、工作条件、工作地点、职业危害、安全生产状况、劳动报酬"六大类告知义务，同时以"以及劳动者要求了解的其他情况"做了兜底保障，规定的告知内容涉及面极其广泛。但由于是以"招用劳动者时"为前提，这一规定只为劳动者建立劳动合同阶段的知情权实现提供了保障。这"六大类"告知内容在劳动合同履行过程中随时有变化的可能，有些甚至是必须要变化的，如果不随时间而变化反而相对不公，如"劳动报酬"。《劳动合同法》第八条以"法律"而非"道德"的方式规定了用人单位的告知义务无疑是一种进步，但第八条的用人单位告知义务实际上是以静态的方式规定了一系列动态的内容，不符合劳动合同运作的实际。用人单位告知义务存在的价值不局限于劳动合同签订阶段，它是保障劳动合同从签订到履行的整个过程中劳动者知情权的实现，乃至于合同结束后用人单位仍负有一定的附随告知义务。另有一些用人单位告知义务，散见于其他法律条文中。例如，《劳动合同法》第四条提及关于规章制度的告知义务；第四十一条要求现行法律的规定，为防止用人单位以"经济裁员"为名批量裁减大龄、育龄职工，不仅需要告知裁员的决定，而且要向工会或全体职工告知裁员具体标准和全过程。这一"经济性裁员"的"说明情况"实际上也内含了"告知"的义务。

用人单位告知义务的内容之丰富及多变与《劳动合同法》的立法方式难免存在一定的冲突。为了细化用人单位告知义务在劳动合同不同阶段的内涵及告知方式，有学者根据用人单位告知义务存在的不同时间段，将其分为缔约过程中的告知义务、劳动合同履行中的告知义务及劳动合同终止后的告知义务。[①] 也有学者以告知义务存在的必要性为依据，将用人单位告知义务分为绝对必要告知义务、相对必要告知义务和任意告知义务。绝对必要告知义务是法律规定用人单位应当承担的告知义务，其对应的通常是劳动者的基本宪法权利，用人单位如果不履行或不规范履行，就需要对劳

① 丁芳：《用人单位知情权及其边界》，《金陵科技学院学报（社会科学版）》2017年第2期，第71-75页。

动者因此遭受的损害承担相应的法律责任。只要是劳动者基于宪法规范而享有的权利，不管是法律的直接规定，还是隐含的用人单位告知义务，用人单位都应当承担损害赔偿的义务。例如，关于"职业危害"的告知义务包含对健康乃至生命权的保护，是劳动者做出判断的基本信息。用人单位违反这一责任，必须对造成的损害承担责任。相对必要告知义务则是指虽然没有明确的立法规定，但依劳资之间的约定或应劳动者的合法要求而承担的告知义务。任意告知义务是指那些既无法律规定也无合同约定，劳动者也未提出相应的请求，但用人单位依然履行了的告知义务。通常而言，若既无法律规定亦无合同约定，甚至劳动者也没有提出相关请求，则对用人单位而言实际上即使不履行也可以不承担任何责任，如此则不能称之为"义务"。现实中，这类告知多数是用人单位用以彰显本单位的优势吸引劳动者的方式，如工作地点交通便利、周围生活设施齐全等，多为提升用人单位在劳动力市场上竞争力的信息，用人单位乐于积极主动地告知。此类内容告知与否虽由用人单位单方决定，但一旦告知常常是影响劳动者决策的重要信息，因此用人单位必须对信息的真实性负责，由此形成了"任意告知"的"义务性"。

用人单位履行告知义务的相对边界是劳动者的知情权，劳动者知情权的内涵依具体劳动合同而定，因此，同一用人单位的劳动者所享有的知情权边界并不完全等同。例如，应聘技术岗位的劳动者对于单位行政人员的工资报酬显然不享有知情权，对此用人单位不承担告知义务。在具体告知义务的履行过程中，用人单位规章是告知义务的重要内容之一。单位规章在督促劳动者履行义务和规范单位管理方面有重要的作用，也是对劳动者进行奖惩的重要标准。单位规章发挥作用的前提是公开，规章公开是平衡劳资权益的关键步骤，因此单位规章要在用人单位依法履行了告知义务后方能发挥法律效力。规章告知义务包括岗前告知义务和劳动合同履行过程中规章变动的告知义务。在劳动者上岗之前，用人单位可以通过考试的形式要求劳动者认真学习单位规章；在劳动者上岗后，用人单位可以通过对规章的重要内容上墙或者挂牌的方式进一步提醒劳动者，遇到规章变化的情形则应以书面或会议的形式通知到具体劳动者。

根据《劳动合同法》第四条的规定，对于与劳动者自身利益密切相关的规章，劳动者有一定的规章制定参与权。根据此条文，单位履行规章告知义务的方式主要有两种，即公示和告知。公示是一种一对多的告知方式，用人单位只要履行了在特定场合的发布义务，不需要考虑相关劳动者是否已经获悉。告知则是针对具体劳动者而言的，用人单位不但需要发布信息，同时要保证作为接收方的劳动者真实收到了信息，或者该告知的内容至少进入了个别劳动者合法可控的范围内。可见，两种告知义务的履行方式对用人单位的实际要求是不一样的。多数用人单位会选择更为方便的公示，但仅仅是公示过的信息并不能充分保障劳动者的知情权，因此立法中关于"公示或者告知"的规定还需要进一步细化，如区分不同的事项、明确告知义务的具体履行方式。由于在单位规章的制定过程中劳方代表有一定的参与权，从公示的角度理解，理论上可以说，只要劳方代表充分履行了自己的代表义务，用人单位即可以认为单位规章一经制定出来就已经对劳动者履行了告知义务。实践中，很多在劳动者毫不知情的情况下进行的单位规章制定或修改，对于劳动者利益的维护乃至劳动关系的和谐运行而言都是极为不利的，故而应强化专门事项的个别告知义务。

根据《劳动合同法》第四条的规定，单位规章制度的讨论对象是全体职工或职工代表大会。从操作的难易程度上来讲，单位自然会选择与职工代表大会进行讨论。但是职工代表大会讨论以后是否意味着全体劳动者均已知情呢？这有赖于职工代表履行职责的尽责程度。单位协商的对象可以是工会或职工代表，即在法律上推断与职工代表或工会协商实际上等同于"与全体劳动者进行了协商"。但是，到目前为止，基于现实情况考量，工会是否可以取代劳动者成为告知义务的履约对象在学理上一直是有争议的。

从《劳动合同法》第四十一条来看，立法有引导工会乃至全体职工参与到经济性裁员决策过程中的意向，所以规定了用人单位在经济性裁员时的相关告知义务，但没有明确告知的具体内容，也没有明确工会如何履行告知义务。如此一来，用人单位出于操作方便很可能会将对工会的告知视为对劳动者的告知，并以此主张免责，而工会获得的信息并不一定会被传达给劳动者。为保证工会成员的代表性，日本《工会法》在雇员身份、职位等方面规定了工会成员消极任职资格，笔者以为可资我国《劳动合同法》关于此条修订时借鉴。

由此可见，笼统的告知义务不利于保障劳动者知情权的实现，而要求所有事项均一一通知到具体的劳动者，在操作上既有难度有时也并无必要，所以对于应公示的事项和应具体告知的事项可区别对待。首先对于不同的事项明确告知的方式，对于与劳动者的报酬、奖惩、解聘等重要事项及与之相关的具体福利待遇，应要求用人单位履行具体告知义务，即要求用人单位将该事项通知到个别劳动者，相关的纸质文件送达劳动者本人签字，或将告知内容发送至员工的办公电子邮箱并收到相应的回执，如此，方可推定劳动者已经知情，雇主履行了告知义务。否则，一旦发生争议，用人单位不能仅仅因为履行了公示义务而就可以被免责。对于那些并不是与劳动者利益直接相关的事项，如单位规章的变更中仅涉及公司的运作管理内容，从公司管理的效率上来讲，可以通过公示的方式告知。目前立法的欠缺是未将具体事项区分开来，而是笼统地规定了公示或告知。这就不免出现法律上的漏洞，也造成了执行中的不便。

**（六）建立劳动规章义务**

用人单位规章制度是指由用人单位制定的旨在保证劳动者享有劳动权利和履行劳动义务的劳动规则和制度。[①] 可以说，劳动规章是用人单位在劳资关系中进行的内部立法。《劳动合同法》第三十九条赋予了用人单位对"严重违反用人单位规章制度"的劳动者相应的合同解除权。可见规章制度在劳动关系的运行过程中发挥着举足轻重的作用。从某种意义上讲，用人单位规章制度的建立是一种准立法行为，法律允许用人单位以合法的规章制度约束劳动者。同时，也由于规章制度的建立在劳动关系运行中的重要作用，《劳动合同法》第四条规定了用人单位制定规章制度的义务。根据这一规定，用人单位规章制度的制定主体是用人单位，尽管根据该条第二款，涉及与劳动者利益直接相关的"劳动报酬、工作时间、休息休假、劳动安全卫生、保险福利、职工培训、劳动纪律以及劳动定额管理等"事项时，"应当经职工代表大会或者全体职工讨论，提出方案和意见，与工会或者职工代表平等协商确定"。但是，这并未改变用人单位规章由单位单方制定的法律事实。因为"在规章制度和重大事项决定实施过程中，工会或者职工认为不适当的"，只享有提出建议并进行协商的权利，如果协商不成，工会及职工代表并不具有否决权。因此，如前文所述，用人单位有义务将与劳动者切身利益相关的规章制度进行公示。

劳动规章，也称工作规则，1959 年国际劳工组织（International Labour Organization）在其特别委员会报告书中将其定义为适用于企业全体或者部分员工，与单位员工开展工作或作出决策相关的各种规则。[②] 劳动规章制度在我国劳动法中表现为用人单位规章，是法律、法规在用人单位管理过程中的延伸，用人单位对其制定掌握着绝对的控制权。由于劳动关系运作的技术性及多样化特点，基本立法对劳动关系的约束常常是原则性的，具体劳动合同的规范需要依赖单位规章。劳动规章在劳动关系运作、维持生产经营秩序中至关重要，有效的劳动规章在劳动争议案件处理中发挥着无可替

---

① 沈同仙：《劳动法学》，北京大学出版社，2009，第 113 页。
② 黄越钦：《劳动法新论》，中国政法大学出版社，2003，第 771 页。

代的作用。在我国，劳动规章本质上是企业的内部"法律"。①为保障单位规章的科学性，我国立法对用人单位规章的制定做了一定的程序性要求，如《劳动合同法》规定"用人单位应当将直接涉及劳动者切身利益的规章制度和重大事项决定公示，或者告知劳动者"。同时，为了保障劳动者的知情权，用人单位须将单位规章的全部内容向劳动者公示或进行有针对性的书面告知。

关于单位规章的性质，学界众说纷纭。有学者指出，单位规章本质上是一种契约，体现的是用人单位和劳动者之间的合意，是劳动合同在制度层面的延伸。这种"准契约"的观点认为劳动规章制度与劳动立法、集体协议及个别劳动合同共同构成了规范劳动关系运行的动态约束机制。② 劳动规章对于提高生产效率、维护劳动者的合法权益、维持劳资关系的稳定运行有重要作用，但是目前我国尚且没有专门规范内部劳动规章的基本法律。最早对单位规章有所涉及的是 1954 年政务院发布的《国营企业内部劳动规则纲要》，但此纲要不是基本立法，而是行政规范性文件。后来，1982 年《企业职工奖惩条例》、1986 年《国营企业辞退违纪职工暂行规定》是以行政规范性文件的形式出现的，效力层次较低。此后，1997 年《劳动部关于对新开办用人单位实行劳动规章制度备案制度的通知》规定了对单位规章的形式审查；1994 年通过的《劳动法》规定了规章制定的民主程序。2001年最高人民法院通过的《关于审理劳动争议案件适用法律若干问题的解释》第十九条规定："用人单位根据《劳动法》第四条之规定，通过民主程序制定的规章制度，不违反国家法律、行政法规及政策规定，并已向劳动者公示的，可以作为人民法院审理劳动争议案件的依据。"可见我国已经通过司法解释的方式承认了单位规章的法律效力，认为它可以作为人民法院审理案件的依据，只是必须遵守合法性的前提，即产生于单位内部的劳动规章必须符合或至少不违背国家机关的立法精神。之所以作这样广义的规范，乃是因为单位规章是民间立法，其主要制定主体用人单位本身不具有立法的能力和素质，因此必须对其准立法权的获得加以规范，否则很容易出现用人单位通过规章免除自己的义务或者任意解聘劳动者的情形。

我国劳动者在规章制定过程中往往只享有象征性的表意权，主动参与度较低，因此，单位规章能否作为定案依据常常需要司法机关从合法性与合理性两个方面来加以审查。从合法性角度来讲，包括主体、内容及程序

---

① 信春鹰：《中华人民共和国劳动合同法释义》，法律出版社，2007，第 13-17 页。
② 叶小兰：《关系契约视野下的劳动关系研究》，北京大学出版社，2018，第 89 页。

三个方面的审查。① 单位规章是以企业的内部行政管理来替代外部市场交易的行为，由此，企业运营的好坏相当程度上依赖于决策者的素质及规章的科学性。企业组织制度设计的一个重要功能即是在不同的参与者之间设计一种合约安排，以使每个成员各尽其职，提高生产效率。因此，除了合法以外，单位规章的制定还必须遵循合理性的原则。合理性作为一项对立法或准立法规则的实质判断，对规章的审查提出了更高的要求。我国立法对规章的合理性审查经历了一个缓慢的发展过程。起初，《劳动法》并没有规定规章的程序问题，也没有涉及规章的合理性审查的内容，只要求内容合法。依当时的立法规定，只要单位规章客观存在，并且内容总体合法，就可以作为审判案件的依据。对规章缺乏合理性审查，以致出现了一些不合理的规章，如有些单位规章要求员工几分钟内用完餐或规定了单个工作日内的如厕时间等。这些规定虽然不违法，但是明显缺乏合理性，是用人单位滥用规章制定权限制劳动者权益的表现，不利于和谐劳动关系的建立，应当予以纠正。② 在有些国家和地区，规章的合理性审查主要通过审判阶段来加以落实。我国司法实践也在参考这一模式，允许司法机关在程序审查的基础上对规章的合理性进行审查。但何谓"合理"？这是一个难以量化的标准。对此，沈建峰提出了"合法"和"妥当"两个标准。③ 但是"妥当"作为"合理"的另一种表述，主观性同样较强，用人单位、劳动者对何谓"妥当"的理解常常大相径庭。因此，对"合理"的判定本身就成了一个案前的难题。"合理"与否常常超出普通人的认知，必须依赖于司法机关的中立裁判。以诚信原则在规章中的落实为例。如某企业，管理层十分重视企业诚信文化的建设，实行诚信瑕疵"一票否决"制。在该企业的日常考勤中，旷工不构成重大违纪，但"代为打卡"的行为会被认定为不诚信的严重违纪行为，可以成为解除劳动合同的理由。但是现实生活中，劳动者对来自工友的"代为打卡"的委托常常难以拒绝，或者如果坚持拒绝会给自己带来非常大的人际关系压力。在这种情况下，司法机关作为居中的裁判者所秉持的态度就决定了规章的效力，进而影响到劳动合同存续与否。所以，劳动规章这种民间的准立法行为最终还是要以获得司法部门的认可方可作为定案的根据。

---

① 最高人民法院民事审判第一庭：《最高人民法院劳动争议司法解释的理解与适用》，人民法院出版社，2015，第150-151页。

② 信春鹰：《中华人民共和国劳动合同法释义》，法律出版社，2007，第17页。

③ 沈建峰：《论用人单位劳动规章的制定模式与效力控制：基于对德国、日本和我国台湾地区的比较分析》，《比较法研究》2016年第1期，第15-27页。

### 三、约定义务

#### (一)竞业禁止义务

竞业禁止又称竞业限制,顾名思义指对相互有竞争性的业务加以禁止。竞业禁止这一概念源于公司法。在公司法背景下,竞业禁止是针对公司高管,如董事、经理等设定的。劳动法领域的竞业限制是指用人单位与劳动者订立的,以用人单位支付劳动者竞业补偿金的方式要求劳动者在特定期限内不做与用人单位同业竞争的自营或他营行为。[①] 史尚宽先生认为,劳动关系终了后,雇佣人如欲保全其利益,受雇人不复为营业竞争之义务,此竞业限制条款之所由来也。[②] 冯彦君教授认为,竞业禁止指的是劳动者作为竞业限制义务的履行人不能让自己应履行的义务和自己的利益有所冲突,在一定期限内,不能进行有损于原用人单位利益的竞争行为,不能进行与原用人单位有竞争关系的行为。[③] 尽管竞业禁止存在多种定义方式,但学界在竞业禁止限制了劳动者的择业权这一点上已达成共识。竞业禁止本身并未剥夺劳动者的就业择业权,而是限制其从事与原用人单位相竞争的业务。然而,劳动者具有优势的就业领域常常是特定的,所以竞业禁止通常会给劳动者造成一定的损失。因此,只要存在合法的竞业禁止约定,用人单位就应该依约定支付竞业禁止补偿金。

我国劳动法领域的竞业禁止起始于 2008 年施行的《劳动合同法》,但历史上早有竞业禁止的影子。古时候手工艺师傅限制获得独门技术的徒弟自立门户,本质上与当下的竞业禁止是一致的,这类独门技术后来就演变成了工业社会的商业秘密。由于劳动力流动越发频繁,增加了商业秘密保护的难度,于是专门的竞业禁止制度应运而生。根据《劳动合同法》第二十三条,竞业禁止以约定为前提。尽管竞业禁止没有限制劳动者的全部就业权,只是限制了劳动者在特定行业中的就业择业权,但是由于个别劳动者具有优势的职业种类其实非常有限,因此竞业禁止约定事实上一定会给劳动者带来损失,故立法要求用人单位需要为竞业禁止约定支付一定的补偿金。但是由于补偿金的数额常常与劳动者的收入存在巨大差距,因此,尽管用人单位承担了支付竞业禁止补偿金的责任,但是仍然只能与一定的范围内的劳动者约定竞业禁止条款。这种约定通常限于"高级管理人员、

---

① 秦国荣:《约定竞业限制的性质判定与效力分析》,《法商研究》2015 年第 6 期,第 110-120 页。

② 史尚宽:《劳动法原论》,世界书局,1934,第 53-54 页。

③ 冯彦君、王佳慧:《我国劳动法中应设立竞业禁止条款——兼谈弥补我国〈劳动法〉第 22 条的立法缺失》,《吉林大学学报》2002 年第 6 期,第 105-111 页。

高级技术人员和其他负有保密义务的人员"①，并且竞业禁止的范围、地域、期限不得违反法律、法规的规定。可见，虽然劳资双方可以通过约定的方式限制劳动者在离职以后的就业范围，但是具体的人员、地域范围仍然受到相关法律法规的限制。

竞业禁止制度的目的是保护雇主的商业秘密不受劳动力流动的侵害，单位因此应承担一定的补偿义务，其具体表现形式为竞业补偿金。竞业补偿金旨在弥补劳动者为单位商业秘密的安全而让渡择业权所遭受的损失，是竞业限制协议中用人单位承担的最为核心的义务。2008年《劳动合同法》虽然规定了竞业限制制度，但是并未规定具体的竞业限制补偿金标准。我国劳动立法对竞业限制补偿金加以规定始于2012年通过的《最高人民法院关于审理劳动争议案件适用法律若干问题的解释（四）》（以下简称《解释（四）》）。对于《劳动合同法》中未提及的竞业限制补偿金标准问题，《解释（四）》承认了用人单位和劳动者之间约定补偿金的效力。《解释（四）》第七条规定："当事人在劳动合同或者保密协议中约定了竞业限制和经济补偿，当事人解除劳动合同时，除另有约定外，用人单位要求劳动者履行竞业限制义务，或者劳动者履行了竞业限制义务后要求用人单位支付经济补偿的，人民法院应予支持。"

竞业限制经济补偿金与一般经济补偿金的不同之处在于，其产生依赖于当事人的约定，而其他的经济补偿金通常由法律直接规定。那么对于当事人之间只约定了竞业限制，没有约定具体的经济补偿标准的竞业限制，是否应该承认其效力呢？是直接否定这类瑕疵契约的效力，还是承认其效力，让劳动者在更加被动的情形下与用人单位"协商"具体的补偿数额？对此，《劳动合同法》并没有具体规定。《解释（四）》在一定程度上弥补了《劳动合同法》的不足，允许只约定了竞业限制协议但是没有约定具体补偿标准的合同可以直接适用《解释（四）》的标准加以补偿。同时，由于劳资之间的议价能力悬殊，为防止出现约定补偿金过低的情形，《解释（四）》对补偿金的约定设置了最低标准。《解释（四）》第六条："当事人在劳动合同或者保密协议中约定了竞业限制，但未约定解除或者终止劳动合同后给予劳动者经济补偿，劳动者履行了竞业限制义务，要求用人单位按照劳动者在劳动合同解除或者终止前十二个月平均工资的30%按月支付经济补偿的，人民法院应予支持。"

《解释（四）》确定的平均工资30%的兜底补偿标准一定程度上免除了

---

① 参见《劳动合同法》第二十四条。

劳动合同对补偿金标准约定不足时劳动者可能陷入的不利境地，但仍然有其不足之处。首先，对于虽然签订了竞业限制合同，但合同中并没有规定具体经济补偿标准的协议，《解释（四）》并没有承认其当然效力。适用《解释（四）》的前提是"劳动者履行了竞业限制义务"，这一规定事实上已经提前将劳动者置于不利境地。既然"劳动者履行了竞业限制义务"，事实上可以说在这样的竞业限制协议中，劳动者的义务已经履行完毕，此时才允许劳动者以《解释（四）》的标准进行维权，这对于原本就处于相对弱势地位的劳动者而言维权的难度和成本相对较高。很多情况下，劳动者出于时间和精力等成本的考量可能会放弃主张相应的权利。也就是说，对于没有约定具体补偿金的竞业限制协议，《解释（四）》只是提供了劳动者维权之后的最低补偿标准，其效力问题依然没有得到根本的解决。这一问题在学术和实务界目前依然争论很大，世界各国的立法也有所差异。以英国、日本为代表的部分国家承认不含补偿金条款的竞业限制协议的法律效力，而在法国、德国和奥地利，无补偿金条款的竞业限制协议直接归于无效。比较而言，德国对于这一问题有明确的立法规定。德国《商法典》第七十四条以"补偿金条款应当在竞业限制协议中有明确的记载"的规定直接否定了缺少补偿金条款的协议效力。对于此类合同，笔者也持否定的观点。劳资之间的契约行为及谈判的内容，常常是由用人单位主导的，劳动者只能附和地表示同意与否。补偿金条款的疏漏主要是用人单位失职所致，立法对于这类协议的效力模棱两可实际上增加了劳动者的维权负担。如果劳动者不愿意履行这样一个有明显瑕疵的合同，至少应允许其享有推翻"自己"依据瑕疵合同所作出的承诺的权利，免除瑕疵竞业限制合同给劳动者带来的精力和资源的消耗。

其次，《解释（四）》规定的"月平均工资的30%并且不得低于劳动合同履行地最低工资"的标准显然不高。订立竞业限制协议的劳动者常常是在专业领域具有优势的人员，薪资水平往往明显高于普通劳动者，以"月平均工资的30%"或"最低工资"的标准来补偿劳失公平。德国《商法典》第七十四条规定："竞业限制协议期间用人单位应当向被竞业的劳动者支付补偿金，每年劳动者所能取得的补偿金数额不得低于劳动者离职前所取得的劳动报酬的一半。[①]" 德国关于补偿金的兜底标准是工资的50%，并且是强制性的，也就是说，即便劳资双方"同意"以低于50%的标准来确定经济补偿金标准也是不允许的。

---

① 朱军：《德国的离职竞业禁止制度》，《中国劳动》2011年第2期，第31-33页。

竞业限制使劳动者的就业选择权受到了一定的限制，导致劳动者无法在自己最具有优势的行业正常择业，而大部分劳动者的生活来源是劳动收入，因此，对劳动者择业权的限制是用人单位支付经济补偿金的法理基础。在竞业限制补偿金的限额上，有些国家设定了最低补偿标准，如西班牙、意大利、瑞士等。我国关于经济补偿金的标准除《解释（四）》的一个兜底条款外，没有其他明确的立法规定，导致现实中各地的经济补偿金标准仍处于各自为政阶段。例如，深圳"按月计算不得少于该员工离开企业前最后十二个月的月平均工资的二分之一。约定补偿费少于上述标准或者没有约定补偿费的，补偿费按照该员工离开企业前最后十二个月的月平均工资的二分之一计算"。① 珠海市规定"年补偿费不得低于该员工离职前一年从该企业获得的年报酬的二分之一"。② 广东佛山中院《关于审理劳动争议案件的若干意见》第十五条规定，对于竞业限制的经济补偿标准，如果合同中有约定的，从约定，如果没有约定，补偿标准如何确定属于法官的自由裁量权，但一般按年计算不得少于该劳动者离开企业前最后一个年度从该企业获得的报酬总额的三分之一。其他地方，如北京市劳动局、北京市高级人民法院规定按工资的20%~60%支付补偿费；上海市高级人民法院规定按正常工资的20%~50%支付；《浙江省技术秘密保护办法》规定的标准为"最后一个年度所获得报酬总额的三分之二"；《江苏省劳动合同条例》规定的标准为"不得低于离开用人单位前十二个月从该用人单位获得的报酬总额的三分之一"。综上，除《浙江省技术秘密保护办法》规定了三分之二的标准外，其他各地的基本标准多在30%上下，显然是受了《解释（四）》设定的30%的补偿标准的影响。北京市劳动局及北京市高院虽然规定了60%的标准，但这一标准是上限，实质上限制了劳动者获得更高补偿的可能。

**（二）专项培训义务**

培训通常指工作场所中的教学，旨在教会劳动者工作所必需的岗位技术。《宪法》第四十二条第四款规定："国家对就业前的公民进行必要的劳动就业训练。"实际上这一义务最终通过基本法律落实为用人单位的义务。在劳资关系中，培训通常分为两种。其中针对所有劳动者开展的上岗培训又称岗前培训。岗前培训是所有新员工入职时都必须进行的培训，是劳动者在特定用人单位中开始职业生涯的必备条件。用人单位对劳动者进行岗

---

① 参见《深圳经济特区企业技术秘密保护条例》（2009修正）第二十四条。
② 参见《珠海市企业技术秘密保护条例》第二十二条。

前培训的费用是用人单位应支付的用工成本，不应该从劳动者工资中扣除。《劳动合同法》第九条限制了用人单位以招工为名，向劳动者索取财物或要求劳动者提供担保的行为。工资是劳动者付出劳动后应当获得的物质报酬，以任何理由拒发或少发工资的情形都必须有法律的明确规定。通过岗前培训用人单位可以要求劳动者掌握特定用人单位的规章、纪律，适应特定用人单位的理念、价值观和行为方式。

岗前培训针对的是相应工作岗位的必备技能，而专项培训是针对个别劳动者的专业能力而进行的培训，这一能力的提高不仅有益于用人单位的具体工作岗位，同时对于劳动者在整个行业内的就业能力有巨大的促进作用。经过专项培训，劳动者的再就业能力将会显著提高。专项培训通常会提高个别劳动者在未来劳动力市场上的竞争能力，而对于经历过专项培训的劳动者，用人单位通常支付了常规成本以外的费用，因此往往会在专项培训合同中约定相应的服务期。如果劳动者在服务期内离开工作岗位，应该向用人单位支付一定的经济补偿金以弥补用人单位因对劳动者进行专项培训而遭受的损失。

我国《劳动法》没有关于专项培训服务期的规定。最早对服务期加以规定的是2001年通过的《上海市劳动合同条例》，该条例第十四条以"特殊待遇"的方式将专项培训与传统的岗前培训区别开来。之后，2002年通过的《浙江省劳动合同办法》第十六条赋予用人单位针对"劳动者违反服务期约定的行为"可以设定相应违约金的权利。对于享受过专项培训这一福利的劳动者而言，雇主实质上向劳动者付出了基本报酬以外的额外费用。为了保证用人单位对劳动者的这一部分投资能够顺利收回，《劳动合同法》允许用人单位通过约定服务期的方式将劳动者留在本单位工作。因此，服务期是用人单位专项培训费用回收的保障，没有对劳动者进行专项培训的，不得约定服务期。

服务期约定与专项培训的约定几乎是同时在立法体系中出现的。用人单位如果与签订专项培训协议的劳动者约定劳动者在一定期限内必须为用人单位服务，排除《劳动法》及《劳动合同法》等相关立法赋予劳动者的任意解除权的协议，这一排除劳动者任意解除权的期限就被称作服务期。对劳动者进行专项培训的用人单位通常都会选择约定相应的服务期，这主要是由于我国的劳动合同期限存在缺陷。《劳动法》对劳动者提前解除劳动合同，几乎没有预设的违约成本，或者说，劳动者只要"提前三十日以书面形式通知用人单位"，就可以解除合同。这一立法理念在《劳动合同法》中得到进一步的彰显。在劳动关系中，劳动者方几乎享有无条件的辞职权，所谓"劳动合同期限"实际上只对用人单位有单方约束力。在劳资关系中，仅根据劳动合同，用人单位无法预判出合同的稳定性，当然就不会对相应的技术人员进行长远的投资，而专业技术人员是企业发展的必要条件，为了企业发展和用人单位利益的现实平衡，服务期条款应运而生。与劳动合同相比，服务期约定对劳动者构成了实质上的约束，为用人单位对高端劳动者的长期投资提供了预期收益保障。因此，服务期实际上是以劳动者放弃劳动法上的任意辞职权为前提的，而这种"弃权"行为以获得普通劳动者所无法获得的"专项培训"为条件。由于劳资之间的议价能力差异较大，为防止用人单位通过契约的形式过度限制劳动者的权利，我国劳动立法对劳资之间的约定违约金进行了限制。除《劳动合同法》第二十二条和第二十三条规定的情形外，劳资之间不得约定由劳动者承担的违约金。但是，可以享受到专项培训服务的劳动者大多属于中高层的管理人员或者是具有一定专业水平的技术人员，可替代性较弱，并且常常掌握着单位的重要信息和资源，一旦违约，通常会给单位带来难以挽回的损失。针对这种特殊情况，立法有限度地允许劳资之间通过约定违约金的方式对用人单位的权益加以平衡。

在专项培训服务协议的适用过程中，要注意把工资、津贴、加班费等正常的劳动报酬与专项培训费区别开来。虽然《劳动合同法》允许劳资之间可以就专项培训事宜约定一定的违约金，但限制了违约金的上限，即"违约金的数额不得超过用人单位提供的培训费用。用人单位要求劳动者支付的违约金不得超过服务期尚未履行部分所应分摊的培训费用"，同时对专项培训费用的范围并无明确规定，这给司法实践带来了一定的困惑。例如，2012年7月，经申请，某服装公司同意将某技术人员派往国外进行培训，培训时间为3个月。双方达成协议，学习期间，该技术人员的工资、津贴照发，服务期为3年。2014年，劳动者提出辞职，用人单位要求其退还培训期间的工资和津贴。对此，劳动者不服。哪些费用属于专项培训费用是该案的争议焦点，但是《劳动合同法》对这一问题并未明确规定。《劳动合同法实施条例》（以下简称《条例》）在一定程度上对此进行了弥补。《条例》第十六条规定："劳动合同法第二十二条第二款规定的培训费用，包括用人单位为了对劳动者进行专业技术培训而支付的有凭证的培训费用、培训期间的差旅费用以及因培训产生的用于该劳动者的其他直接费用。"据此，工资、津贴属于一般的正常待遇，不属于用人单位为劳动者支付的专项培训费用，不能等同于培训费，不得作为单位向劳动者主张违约金的计算依据。因此本案中，用人单位的主张得不到法院的支持。

## 第二节　主义务与附随义务

### 一、主义务与附随义务界定标准

主义务一般是指契约关系中原本固有的、必须具备的、自合同建立时起就可以确定，并且能够决定合同基本类型的义务，如买卖合同中卖方的交货义务和买方付款的义务。主义务的判断标准是合同的具体类型和劳资双方的约定，而附随义务通常以诚信原则或相关法律的直接规定为依据。各国风俗各异，因此附随义务至今也未能确立一个统一的标准。一般认为，附随义务有广义和狭义之分。狭义的附随义务是指为确保合同的顺利履行，协助实现当事人之间的主义务，依据诚实信用原则，而需要当事人配合履行的通知、协助、保密等义务。广义的附随义务则包括合同履行前的先合同义务、合同履行结束之后的后合同义务。德国劳动法对用人单位义务类型研究得较为系统。根据德国劳动法的规定，附随义务既包括对劳动者个人数据的保护义务，也涵盖将劳动者投入使用的义务及对雇佣人的损害赔偿责任。① 德国《民法典》第 831 条规定："雇佣他人执行事务者，就该他人于执行事务时不法致第三人之损害，负赔偿责任。雇主于选任雇员时，以及在提供设备器具或指挥事务执行时，应尽交易上必要之注意。"

主义务对合同有决定作用，因此不履行主义务常常直接导致合同无效。而不履行附随义务，债权人可以通过违约或侵权损害赔偿获得相应救济，不必然导致合同无效。一方不履行主义务可以导致守约方享有抗辩权。如《劳动合同法》第三十八条规定，用人单位"未及时足额支付劳动报酬的"，"劳动者可以解除劳动合同"。由此可知，付酬义务是劳动合同的主义务，用人单位不按时足额支付劳动报酬，劳动者可以据此进行抗辩。附随义务不是合同的对价给付义务，其存在是为了促进或保障合同主义务的顺利完成。因此，不履行附随义务并不必然导致合同的无效，一般会产生损害赔偿请求权。

### 二、主义务
#### （一）给付义务

给付义务是用人单位所承担的最重要的主义务。劳动者付出劳动的直接目的是获得劳动报酬，并且绝大部分劳动者以劳动报酬作为生活的主要

---

① ［德］雷蒙德·瓦尔特曼：《德国劳动法》，沈建峰译，法律出版社，2014，第 199~206 页。

来源，因此，给付义务是劳动合同中最重要的主义务之一。史尚宽认为："给与义务谓雇用[1]劳动契约上给与报酬之义务，此义务与受雇人之劳动义务相对立为雇用人之主要义务。"[2]《劳动合同法》也肯定了给付义务的主义务地位。用人单位违反此义务，劳动者可以直接解除劳动合同。[3] 可见《劳动合同法》将用人单位违反给付义务的行为视为根本违约，赋予了劳动者直接抗辩权。这是因为支付义务的标的是维持劳动力再生产的必要条件，用人单位履行支付义务是劳动合同顺利运行的重要保障。

一般意义上讲，用人单位的给付义务主要是工资发放义务，但事实上用人单位给付义务的内容是广泛的、系统的，不但包括工资支付义务，也包括经济补偿金、赔偿金及各种福利待遇的支付义务。从给付义务产生的依据来看，可以将给付义务分为依劳动合同产生的给付义务和依法律规定产生的给付义务。前者可称之为约定给付义务，如工资、奖金、津贴、竞业补偿金及约定的安家费、住房、用车等；后者可称之为法定给付义务，如社会保险金缴纳、工伤待遇支付及在劳动合同解除或终止时应支付的各种经济补偿金等。约定给付义务与法定给付义务的边界并不是对立的，约定给付义务必须在法律允许的范畴之内，如劳资之间约定的工资不得低于最低工资标准。法定给付义务常常只是规定一个底线作为最低标准，在底线之上仍然允许劳资之间进行协商，如劳资之间可以通过协定约定标准较高的各种补充保险。

用人单位所承担的不同的支付义务在劳资之间的地位是不一样的，违反义务的相应惩罚机制也有所差异。对于大部分支付义务而言，其被违反仅带来民事上的相应惩罚，如惩罚金、赔偿金等；对于工资支付义务而言，法律规定了更加严厉的刑事责任。在上述所有类型的支付义务之中，工资义务的支付无疑是重中之重，违反工资支付义务所酿成的恶性事件屡见不鲜，如王斌余案、刘汉黄案等。在这种情况下，我国《刑法修正案（八）（草案）》增设了拒不支付劳动报酬罪，对欠薪行为进行严厉制裁。这一惩罚机制无疑超出了传统的经济惩罚手段，突破财产权的界限扩展到了当事人的自由，最高刑为七年有期徒刑，是到目前为止用人单位违反支付义务的最严厉惩罚。之所以欠薪入刑，一方面是因为工资支付义务的确是用人

---

① "雇用"多用作动词，指聘用某人，如"雇用女工"；而"雇佣"多强调一种长期的管理与被管理的劳动关系。本书遵守劳动法律关系中的习惯多采用"雇佣"一词，此处尊重原作者的表述习惯，按原文引用。

② 史尚宽：《劳动法原论》，世界书局，1934，第27页。

③ 参见《劳动合同法》第三十八条。

单位义务的核心，另一方面也因为近年来用人单位不履行或不充分履行工资支付义务导致恶性案件激增。

### （二）照顾义务

雇主对雇员的保护照顾义务是指在雇佣劳动关系中，雇主应当履行的保障雇员人身、财产安全不受伤害或侵害的义务。[1] 照顾义务在大多数劳动关系中均为附随义务，但是由于劳动合同是一种人身依附性极强的继续性合同，并且用人单位通常具有资源和信息的优势，所以，劳动者在劳动环境中的人身和财产安全由用人单位承担一定的保护照顾义务更加合理且必须。将照顾义务列为用人单位的主义务虽然目前在学界有一定的争议，但是在我国劳动学说史和立法上都有一定的渊源。在劳动法传统学说中，史尚宽先生认为："雇用人义务可以分为给与义务、保护义务及附随义务三种。"[2] 在史尚宽先生看来，照顾义务与给付义务和附随义务相并列，是合同的主义务。在劳动立法上，《劳动合同法》对用人单位的照顾义务也给予了充分的肯定。根据《劳动合同法》第三十八条，如果用人单位怠于提供"劳动保护或者劳动条件的"，为保护劳动者的权益，法律赋予劳动者合同解除权，这是以立法的形式承认用人单位照顾义务的主义务地位。用人单位有义务在劳动关系运作过程中履行照顾义务，保障劳动者的人身安全，对于不符合照顾义务的违章指挥、强令冒险作业等行为，劳动者当然有权拒绝履行。"劳动者对危害生命安全和身体健康的劳动条件，有权对用人单位提出批评、检举和控告。"[3] 若"用人单位以暴力、威胁或者非法限制人身自由的手段强迫劳动者劳动的，或者用人单位违章指挥、强令冒险作业危及劳动者人身安全的"，则预示着劳动者人身安全无法得到应有的照顾，甚至处于危险的境地，此时，允许劳动者可不需事先告知用人单位而立即解除合同是劳动者基于用人单位保护义务履行不能或履行不佳而应获得的抗辩权。

劳资关系具有一定的组织从属性，因而在劳动合同履行过程中，劳动者事实上要遵守用人单位的管理制度，因此用人单位需要对劳动者的人身安全、身体健康、财产安全等利益承担一定的保护义务。将保护照顾义务列为主义务实质上体现了劳动关系的身份和组织上的从属性。劳动合同与民事合同的最大区别在于其人身性，即除了民事合同的债权关系外，劳动合同十分注重人格依附关系。因此，雇主除了对劳动者负有支付工资的义

---

[1] 曹艳春：《论雇主的保护照顾义务》，《法学论坛》2006年第3期，第101-106页。

[2] 史尚宽：《劳动法原论》，世界书局，1934，第27页。

[3] 参见《劳动合同法》第三十二条。

务外，仍然基于人身关系对劳动者负有保护和照顾的义务。当然，基于劳动关系的从属性，作为雇员除了依债法的规则提供劳务外，另外对雇主负有忠诚和勤勉的义务。用人单位的保护照顾义务与劳动者的忠诚勤勉义务均是基于劳动合同的从属性而产生的。有学者将用人单位的保护照顾义务和劳动者的忠诚勤勉义务视为附属义务，实质上是忽视了劳动合同的人身从属性，将劳动合同与普通的民事合同混为一谈，停在以财产为中心衡量劳资关系。事实上，如黄越钦先生所言，保护照顾义务与忠诚勤勉义务乃是与工资给付、劳务提供同等重要之主给付义务。[1]

### 三、附随义务

#### （一）附随义务的产生

19世纪及其以前的契约均以自由主义为特色，是在尊重当事人意思自治的基础上建立起来的。在当时，合同是以合意或对价为核心构造的封闭体系。这一时期的义务设置常是从私法出发进行考量的，如德国《民法典》将用人单位的义务规定为支付报酬的义务和"其他合同义务"。在这种立法环境下，除强行法和合意外，当事人的行为不受约束，附随义务当然没有立足之地。20世纪后，人与人之间的交往越发复杂和频繁，种种现实的社会伦理和评价机制逐步挑战了传统契约。法律开始由强调形式上的自由和正义转而去追求实质的公平和正义，因此，诚实信用原则得到了普遍的适用。诚信原则为契约提供了基本的行为模式和标准，合同在当事人意志以外也受到了一定的约束，由此产生了附随义务。附随义务指为保障合同之债顺利实现，或契约双方的利益而在合同关系运行过程中负担的应当向对方履行的义务，如协作义务、通知义务与忠实义务。从某种意义上说，附随义务是合同义务扩大化的结果，是对当事人之间约定义务的拓展。在一定情形下，即使没有当事人的约定，附随义务也可以直接以立法的形式约束合同的谈判、订立和履行。附随义务的出现有效拓展了合同义务，合同义务由此形成了一个完整的义务群，而不再只是拘束于当事人之间的约定。附随义务使合同义务逐步精细化，促进了交易公平。

#### （二）附随义务的内涵界定

附随义务的理论发源于德国，之后为各国判例及学说所接受。[2]德国最早的附随义务规定在其《民法典》之中。德国法关于劳资双方的权利义务

---

[1] 黄越钦：《劳动法新论》，中国政法大学出版社，2003，第37页。
[2] 张广兴：《债法总论》，法律出版社，1997，第165页。

设置常是从私法出发进行考量的。例如，德国《民法典》对于用人单位义务的规定为支付报酬的义务和"其他合同义务"。所谓"其他合同义务"，包括保护义务、数据保护、平等对待义务。① 在我国，到目前为止，附随义务还是一个学理概念。立法尚未给附随义务界定出清楚明确的内涵，学界对附随义务的表述也常有所出入。附随义务通常是指那些虽然没有法律的明文规定和当事人的约定，但是出于交易习惯或诚信原则为了保障合同目的的实现，劳资双方依交易习惯应承担的协助、保密、通知等义务。由于各种合同的性质、目的和交易习惯不同，附随义务范畴也往往有所差异。广义说认为，给付义务以外的基于诚信原则产生的义务，均属于附随义务；狭义说则认为"契约及法律规定内容以外"的基于诚实信用原则产生的义务才属于附随义务的范围。②

需要注意的是，附随义务虽是附随于合同的义务，但假如合同不成立，并不影响相关附随义务的成立，即附随义务具有相对独立性。附随义务在劳动合同签约前、履行中和解除后均有可能存在。

**（三）附随义务的理论基础**

合同附随义务是法律规定和当事人约定之外的合同义务扩张，其形成的理论基础为诚实信用原则。诚实信用原则起源于罗马法，被奉为现代民法中的"帝王条款"，德国《民法典》最早将其确立为债法的基本原则。诚实信用原则通过对合同义务作出相对扩张的解释，以补充合同约定内容之不足，在当代合同法律关系中发挥着重要的作用。诚实信用原则弥补了绝对的契约自由原则引发的个人利益至上的不足，并矫正了不正当竞争行为所导致的双方当事人之间权益分配的不公平。附随义务作为诚信原则在劳动合同领域的应用，以社会利益为本位，对平衡劳资双方的利益和维护社会公正具有重要的价值。

合同原本是"当事人之间的法律"，但现代契约的发展使合同义务出现了一定的扩张。依据诚实信用的原则，缔约当事人不仅要对合同约定的内容负责，同时要对基于合同的订立、履行及履约之后的一定行为负责。契约关系一定程度上突破了传统合同的相对性，作用于合同发展的全过程，合同的履行前及结束后都存有一定的义务。在这样的环境下，附随义务应运而生。《合同法》第六十条第二款规定："当事人应当遵循诚实信用原则，

---

① 道文：《试析合同法上的附随义务》，《法学》1999 年第 10 期，第 23—26 页。
② 杨苏：《浅谈劳动合同附随义务》，董保华编《劳动合同研究》，中国劳动社会保障出版社，2005，第 308—324 页。

根据合同的性质、目的和交易习惯履行通知、协助、保密等义务。"这是附随义务在我国基本立法中的体现，不仅包括合同履行过程中的义务，也包括发生在缔约阶段的先合同义务和合同履行完毕后的后合同义务。

附随义务对规范合约之外的偶然情形有重要的兜底作用。传统合同法中的附随义务源于诚实信用原则，在劳动法领域，附随义务的源头却不局限于此。因为劳资关系具有极强的人身依附性，劳资之间的关系比普通民事合同当事人双方之间的关系更为密切，所以它突破了传统合同狭隘的交换功能，更多地体现出了管理和协作的价值。可以说，劳资之间具有更进一步的伦理约束关系。在市场经济中，由于企业的运作存在诸多不确定的因素，强烈的人身依附性促使劳动者更加关注企业的未来规划。劳动法超出了一般合同法的范畴，具备一定的社会性，劳动合同中的权利义务分配及其发展过程在一定程度上反映了社会物质文化的变迁。

我国的劳动案件在司法实践中常常由民事法庭负责审理。法官在司法裁判中确定劳动合同附随义务时，引用的依然是民法中的诚实信用原则，而民法诚实信用原则是以双方主体地位平等为原则的，忽视了劳资之间事实上的信息不对称的现实现状，常导致对劳动者利益保护的不利。因此，黄越钦先生指出，民法诚实信用原则在劳动法领域应用时"应出于保护劳动者之考量为解释"[①]。

**（四）用人单位附随义务类型化分析**

诚实信用原则既是拓展合同附随义务的理论源头，也是判断附随义务合理与否的重要标准和边界。但诚信本身是极其抽象的道德概念，因此附随义务的外延难免呈现出极大的弹性，特定情形下甚至涉及合同以外的第三人，超出了合同的相对性。从某种意义上可以说，不同种类的合同所涉及的附随义务内涵各不相同。认为劳动合同附随义务仅存于劳动合同履行过程中的观点是片面的，劳动合同附随义务可以存在于劳动合同履行前、履行中和履行后，分别对应劳动合同履行前的先合同义务、合同履行中的附随义务、合同履行结束后的合同义务。

目前，我国劳动合同立法缺乏对于用人单位附随义务的类型化分析，因此也缺少必要的法定化制度设计，相关内容见于零散法条之中。在这种情形下，学理观点就显得尤为重要。劳动法学界对用人单位附随义务概括较为系统的是郑尚元教授，他指出，用人单位附随义务包括：（1）用人单位之保护义务即劳动者生命安全与身体健康与人格权之保护义务、劳动者

---

① 黄越钦：《劳动法新论》，中国政法大学出版社，2003，第125页。

个人资料和档案保管义务、劳动者财产保护之义务；（2）用人单位促进劳动者发展之义务即保障劳动者上岗工作之义务、提高劳动者技能之义务；（3）平等对待之义务；（4）后合同义务。① 这一分类相对比较系统，但将保护义务认定为用人单位的主要附随义务有欠妥当。首先，劳动合同是人身依附性极强的继续性合同，在劳动关系存续期间，劳动者必须接受用人单位的管理，遵守用人的单位的规章制度。在很多情况下，劳动者对于相关的财产乃至人身的保护是无能为力的。因此，对于劳动者的人身和财产安全的保护应是用人单位承担的主义务，而不是附随义务。而在劳动关系履行结束后，用人单位所应承担的相关保护义务可以被视为附随义务。其次，用人单位的附随义务也非仅仅是保护义务所能涵盖的包括合同成立前的告知义务、履行中的协作义务、合同结束后的保密义务等。在劳动合同签订前、履行中及履行完毕的整个过程中，用人单位对其掌握的劳动者个人信息负有保密义务。

现实中用人单位违反诚实信用原则的情形时有发生，如借招聘和管理之名收取劳动者的押金或提供其他财产担保等。雇主在劳动合同订立阶段不能牟取任何不正当的利益，也不得扣押劳动者的身份证件，这是先合同义务的应有之义。② 对于用人单位可否在签约阶段牟利的问题，许明月教授认为劳动力市场管理目前有失规范，存在部分求职者不诚信而对用人单位造成损害的情形，因此提出借鉴国外的"忠诚保证"与履约保证金制度。③而王全兴教授认为，我国一直是劳动力的买方市场，并且集体劳权不发达，劳动者在整个劳动关系运行过程中，尤其是在求职阶段均处于弱势地位，"忠诚保证"及附属的履约保证金制度极容易被用人单位滥用而成为其牟利的手段。④ 笔者较为赞同后者的观点。对于那些相对容易给用人单位造成损失的岗位，如可以预支经费的营销人员等，我国已经设定了经劳动保障部门批准后允许用人单位收取部分担保押金的制度，以维持特定情形下劳资双方的利益平衡。

**（五）与用人单位附随义务相对应的劳动者附随义务**

依据诚实信用原则在劳动法领域的应用，劳动者对用人单位的附随义

① 郑尚元：《劳动合同法的制度与理念》，中国政法大学出版社，2008，第133-150页。
② 王全兴、侯玲玲：《〈劳动合同法〉的地方立法资源述评》，《法学》2005年第2期，第77-86页。
③ 许明月：《劳动法学》，重庆大学出版社，2003，第109页。
④ 王全兴、侯玲玲：《〈劳动合同法〉的地方立法资源述评》，《法学》2005年第2期，第77-86页。

务主要是忠诚义务及由忠诚义务衍生出的相关义务。在劳动关系中，劳动者离职后有权要求雇主出具离职证明书。相应地，劳动者在离职后也需要履行一定的附随义务，如不得随意泄露用人单位的商业秘密等。除此以外，劳动者的合同附随义务还包括告知义务、协作义务、劳动关系结束后的交接义务等。例如，劳动者在劳动关系存续期间的兼职情况应如实告知用人单位。对于在劳动关系运行过程中掌握的商业秘密、生产方式、产品设计方案、结构图表、客户名单等，劳动者在劳动关系结束后仍负有相对的保守秘密的义务。① 根据瑞士法律，劳动者依据劳动关系所获得或掌握的所有材料均应返还雇主，不仅包括生产资料，也包括因工作而获得的小费、票据贴现利息等。除此以外，劳动者应遵守用人单位为了职场安全而制定的规范，如在单位宿舍居住的人应保证其居所之安全与整洁等。

---

① 黄越钦：《劳动法新论》，中国政法大学出版社，2003，第175页。

# 第五章　用人单位给付义务

## 第一节　给付义务的理论基础

### 一、给付义务的发生逻辑

劳动关系产生的社会基础是生产资料和劳动力相分离的工业社会。在工业社会中，劳动者必须以接受雇佣的方式维持生存。劳动者在劳动关系中让渡劳动力的使用权以获得在用人单位的生产资料上进行劳动的权利，有权按照合同获得劳动报酬。工资是劳动者报酬的主要表现，也是劳动者接受雇佣的重要理由。给付义务产生的根源乃是工业革命以后，社会中大量的劳动者丧失了生产资料不得不以接受雇佣的方式维持生存。劳动者以劳动参与生产与资本参与生产的目的有着根本不同。资本参与生产的目的是追求利润。资方有一定的选择权，可以把资本投入生产领域，也可以把资本投入金融领域。劳动者参与生产往往是别无选择的一种被迫。对大多数劳动者而言，接受雇佣，获得报酬，是他们谋生的手段。不能简单地把劳动者报酬的获得定性为利润的分享，它更是对劳动者基本生存权的保障，因此即使在生产遭遇到风险，整个劳动过程没有获得合理利润的情况下，资方依然要向劳动者支付报酬。劳资双方参与生产的动因和目的不同，承担风险的能力不同。可以说，盈利与否不是劳动者能否获得报酬的前提。只要劳动者按照合同约定履行了约定的劳动行为，不管具体的生产环节获利与否，劳动者均有权获取约定的报酬。

劳动者工资是用人单位的经营成本之一。雇员不是出资人，没有承担企业经营风险的责任，因此短期内劳动者报酬的获得不受雇主盈亏的影响。但是，如果雇主长期亏损，无利可图，必然退出用工市场，导致劳动者失去工作岗位，最终一损俱损。因此，劳动者长期利益的维护必须以用人单位盈利为前提。用人单位追求利润的过程，必须适应市场经济的要求，而市场是变幻莫测的，这就要求劳动关系保持一定的弹性，以满足雇主对雇

110

员在数量和专业方面的灵活需求，避免劳动用工成本过高。[①] 我国目前以无固定期限劳动合同为代表的解雇保护制度在保护劳动者的同时也增加了对企业的约束。瞬息万变的市场、与雇员存在以捆绑式的长期劳动合同关系，对于许多中小企业而言是不太能承受的。劳动合同捆绑式长期化造成以中小企业为代表的用人单位权利义务的严重失衡。实践中，用人单位往往很难预测和控制市场经济运行中存在的风险。在市场经济环境下，劳动合同期限的确定理应是劳资双方斟酌市场形势经过博弈之后做出的理性选择。

### 二、给付义务的法源

如前文所述，用人单位给付义务的履行是劳动者赖以生存的基本保障，因此立法对此义务有明确的根本法规定。如《宪法》第四十二条就规定，中华人民共和国公民有劳动的权利和义务。国家通过各种途径，创造劳动就业条件，加强劳动保护，改善劳动条件，并在发展生产的基础上提高劳动报酬和福利待遇。相关的劳动基本法也规定了用人单位的给付义务。如《劳动法》第十九条、《劳动合同法》第十七条均将"劳动报酬"列为劳动合同的必备条款，并对不履行给付义务的用人单位规定了一系列的惩罚措施。再如《劳动合同法》第八十五条规定："用人单位有下列情形之一的，由劳动行政部门责令限期支付劳动报酬、加班费或者经济补偿；劳动报酬低于当地最低工资标准的，应当支付其差额部分；逾期不支付的，责令用人单位按应付金额百分之五十以上百分之一百以下的标准向劳动者加付赔偿金：（一）未按照劳动合同的约定或者国家规定及时足额支付劳动者劳动报酬的；（二）低于当地最低工资标准支付劳动者工资的；（三）安排加班不支付加班费的；（四）解除或者终止劳动合同，未依照本法规定向劳动者支付经济补偿的。"可见，我国劳动立法对用人单位不履行或不完全履行给付义务规定了具体的惩罚措施。除此以外，根据《企业破产法》第一百一十三条的规定，破产财产在清偿破产费用和共益债务后，应当优先支付"破产人所欠职工的工资和医疗、伤残补助、抚恤费用，所欠的应当划入职工个人账户的基本养老保险、基本医疗保险费用，以及法律、行政法规规定应当支付给职工的补偿金"。《企业破产法》将劳动报酬列在一般债权乃至国家税款之前优先偿付，是对劳动者权益的重要保障。根据《企业破产

---

① Harald Schliemann：《中德劳动合同法——劳资协定法之比较》，载中华人民共和国劳动和社会保障部法制司《中德劳动与社会保障法：比较法文集》，中信出版社，2003，第79页。

法》，即使企业进入破产环节，也并不能免除对于工资报酬的支付义务，可见，在立法上，工资报酬和企业利润并不是同一序列的权益。其根本原因就在于，劳资之间参与生产环节的动因不同，给付义务作为用人单位最基本的义务不因为经营风险而免除或减损。

## 第二节 给付义务的实现

### 一、给付义务的实现方式

用人单位的给付义务是用人单位依法律规定或合同约定而应向劳动者履行的支付义务。通常认为用人单位的给付义务就是支付工资的义务，然而实际上，由于劳动关系具有较强的人身依附性，因此用人单位的支付义务内容涉及范围较广，不但包括工资、奖金、经济补偿金，广义上还包括差旅费、社会保险金、丧葬费、医疗费、节假日慰问金等。

用人单位给付义务的实现方式是支付工资。"工资者，劳工给付劳务之对价也。"[1] 这一对价事实上不仅包括劳动者每月领取的狭义的法定货币，其他诸如住房、用车、股权分配等也属于劳动的对价，应属于广义的工资范畴，或称之为报酬。黄越钦先生认为："所谓工资，即劳工因工作而获得之报酬，包括工资、薪金及按时、计日、计月、计件以现金或实物等方式给付之奖金、津贴及其他任何名义经常性给与均属之。"[2] 工资是劳动合同约定的核心内容，但其约定又不是完全自由的。由于劳资双方议价能力不同，为防止工资约定中出现严重的不公，必须遵守劳动基准，使工资的具体数额在最低工资以上。最低工资的设立目的是防止劳动者议价能力不足而导致的不公正，保障劳动者取得合法且相对合理的劳动报酬，维持劳动者及其需要抚养或赡养的家庭成员的基本生活水平。最低工资中不包含夜班、高温、有毒、有害等特殊工作环境下的津贴，也不包含非正常工作时间的加班工资。

最低工资标准是指劳动者在法定工作时间或依法签订的劳动合同约定的工作时间内提供了正常劳动的前提下，用人单位依法应支付的最低劳动报酬。[3] 我国各区域经济发展水平差异较大，难以适用一个全国统一的最低工资标准，因此人力资源和社会保障部发布《最低工资规定》，授权省、自

---

① 黄越钦：《劳动法新论》，中国政法大学出版社，2003，第 209 页。
② 黄越钦：《劳动法新论》，中国政法大学出版社，2003，第 215 页。
③ 参见我国 2004 年《最低工资规定》第三条。

治区、直辖市制定具体的最低工资标准，最终由劳动保障行政部门审核批准，报国务院备案。不仅如此，由于区域发展不均衡，即使是在具体的省、自治区、直辖市范围内，也允许对下设的不同行政区域设定不同的最低工资标准。以江苏省为例，江苏省将最低工资标准分为三个梯度，即一类区、二类区、三类区。各地最低工资标准的确定通常要参考当地的物价、居民消费水平、就业状况等因素。受到经济发展、通货膨胀等因素的影响，劳动者及其家庭的生活必需费用必定也将逐年升高，《最低工资规定》要求各地至少每两年调整一次最低工资。大部分地区其实每年都会进行一次调整。同时，法律对于试用期工资标准做了强制规定，即正常工资的80%，并且不得低于用人单位所在地的最低工资标准。根据《劳动合同法》第五十八条的规定，最低工资同样适用于被派遣的劳动者："被派遣劳动者在无工作期间，劳务派遣单位应当按照所在地人民政府规定的最低工资标准，向其按月支付报酬。"具体而言，工资的支付方式包括货币支付、实物支付及混合支付。

**（一）货币支付**

工资支付是指计量劳动者工资的方式方法，通常以职工实际劳动量作为支付依据，按照职工实际劳动成果进行浮动计量。货币支付方式有易于统计的优势，我国1995年实施的《工资支付暂行规定》第六条第三款规定用人单位必须书面记录支付劳动者工资的数额、时间、领取者的姓名以及签字，并保存两年以上备查。用人单位在支付工资时应向劳动者提供一份其个人工资的清单。货币由于流通方便、携带方便等优势在世界范围内被广泛地承认为合法支付方式。《工资支付暂行规定》将工资支付方式确定为货币支付方式，随后各省（区、市）纷纷制定相应的支付条例进一步贯彻了绝对的法定货币支付方式。如2010年《江苏省工资支付条例》第四条规定，工资支付应当遵循诚实信用的原则，按时以货币形式足额支付。第十五条强调："用人单位应当以货币形式支付劳动者工资，不得以实物、有价证券等形式替代。"我国立法关于工资支付的形式走上了以约束性为主的道路，将用人单位的工资支付形式严格限定为法定货币，排除了实物、票据及其他货币形式的支付方式。

人力资源和社会保障部的《工资支付暂行规定》得到了各地方一致立法执行，各省、自治区、直辖市纷纷出台规定强调货币工资是合法且唯一的支付形式。如2003年《北京市工资支付规定》第八条规定，用人单位应当以货币形式支付工资，不得以实物、有价证券等代替货币支付；2004年《湖南省企业工资支付条例》第九条规定，工资应当以法定货币形式支付，不得以实物、有价证券或者其他非法定货币形式支付；2005 年《广东省工资支付条例》也专门强调了工资的货币支付形式；2005 年《福建省工资支付暂行规定》第十三条规定，工资应当以货币形式直接支付给劳动者本人，用人单位不得以实物或者有价证券等替代货币支付工资；2006 年《山东省工资支付条例》规定，企业应当以货币形式支付劳动者工资，不得以实物或者有价证券等代替货币支付；2006 年《陕西省企业工资支付条例》第十条规定，用人单位应当以货币支付工资，不得以实物、有价证券等替代币支付；2007 年《安徽省企业工资支付条例》第九条规定，工资应当以法定货币形式支付，不得以实物、有价证券或者其他非法定货币形式支付；2015 年重庆市《工资支付条例》第五条规定，工资应当以法定货币支付。不得以实物及有价证券替代货币支付；2016 年《四川省工资支付条例》第五条规定，企业应当以货币形式支付劳动者工资，不得以实物或者有价证券等代替货币支付；2016 年《山东省工资支付条例》第二条规定，该条例所称工资是指企业按照国家规定和劳动合同的约定，以货币形式支付给劳动者的劳动报酬；2016 年《上海市企业工资支付办法》第三条规定，工资应当以法定货币形式支付。

工资的货币支付方式在我国获得了绝对且排他的地位。不过，现实中，我国劳动者所获得的工资报酬具有一定的多样性，除工资外往往还有一定的津贴、补贴，提供住房也是很多单位吸引劳动者的重要手段。面对众多的福利，劳动者会主动衡量其利弊。对于可以提供长期住房的单位，尽管账面工资相对较低，劳动者可能也愿意接受，而这无疑是超越法定货币之外的报酬分配。对于这类货币支付以外的报酬形式，劳动监察并未将其列为违法行为加以规范或排除。这表明，我国学界和实务界均默认了货币以外的工资报酬支付方式。单一法定货币的工资支付方式固然稳妥，但同时也欠缺一定的灵活性，而且与我国工资支付的现状不符。现实的劳动关系中，用人单位以提供住房、用车及分配一定的股票或债券作为工资支付方式的并不少见。

**（二）实物支付**

实物工资又称实物报酬，即以发放实际货物作为报酬的工资支付形式。实物工资形式在我国由来已久。例如，秦汉时期的公职人员不发放货币工资，而是发放粟谷作为酬劳，民间俗称"吃皇粮"。新中国成立初期，我国采用了很长一段时间的供给制，供给制本质上就是一种实物付酬的工资支付方式。当时的供给制以粮食（主要是小米）计酬，以市斤为单位。在物资相对匮乏的年代，实物付酬方式对解决劳动者的基本生活有着重要的价值，特别是在粮食限额供应的年代，实物付酬方式保障了劳动者能够及时获得相应的生活必需品。家庭联产承包责任制的实施使生活必需品匮乏的局面及时得到了缓解，实物付酬的优势逐渐丧失。

随着市场经济建设的深入，很多企业无法适应灵活多变的市场需求，一度出现了效益下滑、产品滞销等现象。库存积压严重的企业迫于流动资金的压力将脱离职工需求的大量滞销产品作为工资发放给劳动者，造成了实物工资支付方式的严重扭曲。之后实物报酬逐渐异化，发不出工资的单位以自己的产品（如饮料、布匹）等抵作工资。对于这些产品，劳动者既不能自用也无法将其销售出去，其"实物收入"无法满足自身的基本生活需求。实物工资成为缺乏市场竞争的企业处理滞销产品的渠道，一度损害了劳动者的权益，也阻碍了经济的发展。实物报酬的弊端在这一时期凸显出来，以至于1994年通过的《劳动法》彻底否定了实物工资存在的价值，规定对实物工资加以全面禁止，实物报酬制度被全面取消。不可否认，货币工资地位的确立在一定程度上避免了用人单位通过工资发放的形式处理滞销产品。工资以货币形式支付是一种常态，对于劳动者权益保护有一定的积极意义。尤其是在市场经济条件下，确认货币支付的主导地位，对于保障劳动者生活消费品的多样化及简化企业成本核算有着不可忽视的积极意义。然而，《劳动法》虽然对工资形式有明确的货币化要求，但是对于工资以外的福利形式没有明确要求，所以，工资以外的实物支付事实上仍然以各种形式存在着。禁止以实物形式发放工资并不意味着绝对禁止实物的发放，事实上，实物发放在我国仍是非常普遍的现象，只是不以工资的名义而是以各种职工福利的名义发放。"工资"和"福利"对于劳动者而言只是称呼不同而已，本质上都是劳动者所付出劳动的对价。事实表明，那些福利较好而工资水平略低的用人单位仍然是受劳动者欢迎的，这也证明实物工资依然有其存在的价值。

以实物作为报酬向劳动者支付工资，在履行了付酬义务的同时也销售了用人单位生产的滞销产品，可谓一举两得。各国用人单位对此方式均有所尝试。如英国19世纪初出现过以实物代替货币现金支付工人工资的情形。鉴于此法会导致工人的生活更加困难，英国国会对其加以限制，并于1831年制定了《工资现金支付法》（1877年、1896年有修订），1833年制定了《公共场所支付工资法》。其中有关工资支付的规定主要有：（1）雇主不得以实物替代现金支付工资；（2）雇主不得在特定的公共场所如舞厅、酒吧等支付工资；（3）除法定事由外，严禁雇主克扣工人的工资。[①]

**（三）混合支付**

混合工资，也叫混合报酬，是指确定劳动者的工资形式时，坚持多样化的原则，可以包括货币工资、实物工资、股权激励等多种形式的工资支付方式。混合支付形式在我国古已有之。例如唐代的工资形式有职田、禄米、钱货三类，即唐代官员除了粟谷以外，还可以领取货币工资及一定数量的田地。货币作为一般等价物有着天然的交换优势，以货币发放工资有利于劳动者及时将报酬兑换成自身需要的生活必需品。在货币确立了一般等价物的流通地位后，单独以实物作为工资支付方式的付酬机制几乎不再存在，但是混合的工资报酬支付形式却一直保留了下来。实物工资对于稳定劳动关系、实现企业的人性化管理有着不可替代的作用，是货币支付形式的有益补充。1955年《关于工资总额组成的暂行规定》即采用了混合付酬机制，肯定了货币和实物报酬的合法地位。根据上述规定，企业、事业单位、机关、团体以货币或实物形式支付的报酬，以及工资性质的津贴，均列入工资总额内。1990年《国家统计局〈关于工资总额组成的规定〉若干具体范围的解释》同样延续了这一工资支付理念，指出工资总额的计算以货币工资报酬为直接根据，其他不论是货币形式还是实物形式支付的工资均列入工资总额。由此可见，在1995年《劳动法》生效之前，虽然没有对实物工资适用的具体实施细则，但是实物工资支付在现实中是允许的，因此实际上采用的是混合付酬机制。

混合报酬支付方式在保证劳动者获得一定的可自由流通的货币的基础上，发放一定的实物薪酬，是工资报酬灵活运用的体现。尽管我国出现过因实物报酬发放造成市场经济紊乱的现象，但是，如果工厂所生产的产品与劳动者的需求吻合，则可以免除用人单位的销售成本；如果用人单位将减少的销售成本作为报酬支付给劳动者，对于劳资双方而言都是有利的。对某些实物或准实物报酬而言，如果由用人单位安排则会更为经济便利，如提供员工宿舍等，不宜一概排除货币外的工资支付方式。也正是因为如此，尽管我国立法已经规定了单一的货币工资支付形式，但是各种变相的实物或准实物报酬支付方式依然广泛存在，如年终福利、出国旅游、住房分配、股权激励、配偶就业、子女入托等。这也在一定程度上证明，单一的货币工资支付形式不能充分满足劳动力市场的运作需求。某种程度上讲，实物工资有货币工资不可替代的价值。

---

① 王益英：《外国劳动法和社会保障法》，中国人民大学出版社，2001，第49页。

## 二、给付义务的实现困境

尽管工资货币化顺应了我国市场经济建设的趋势，推动了劳动力的流动，但绝对的货币工资制也引发了实践操作中的新问题。在我国城市化的发展过程中，大量劳动力从农村迁徙进入城市。他们在城市中并无稳定的居所，面临住宿问题。一些偏远的建筑工地或生产厂家在一日三餐上常常也会遇到各种麻烦。在这种情况下，包吃包住的雇佣方式对于劳动者而言更能够提供有针对性的保障，相比劳动者单独逐一地解决类似问题要经济得多。如果不允许单位统一提供这种由于进城接受雇佣而必须付出的生活成本，那么劳动者显然会将这一部分生活成本作为其接受雇佣的必要支出从收入中扣除，这样他们就会对自己付出的劳动有更高的工资期待。造成"民工荒"的部分原因就是劳动者在城市中生活成本太高，而食宿问题如果由用人单位加以解决则要简单经济得多。并且用人单位解决食宿问题的成本可以从雇佣成本中加以扣除，只要这一扣除是合理的。事实上，单位统一解决食宿的成本一定远远低于劳动者自己单独解决此类问题所支付的成本，因此即使在货币工资上略有降低，劳动者通过精确计算后依然是乐于接受的。在现实中，包食宿的用人单位常常能够以相对较低的工资招募到合适的劳动力，尤其是对于进城务工人员而言。

由于一定范围的实物工资符合劳资双方的利益诉求，在劳动者群体中颇受欢迎，因此未见因工资以实物方式支付而引起的诉讼。这就造成了我国工资支付形式立法和实践操作的"两张皮"，某种程度上也损害了《劳动法》的权威。强行判定以实物形式支付工资的用人单位违法，改由货币形式发放，迫使劳动者放弃免费食宿的付酬方式，会伤害劳资双方的共同利益。即使将用人单位降低的雇佣成本以货币工资形式发放给劳动者，这一部分增加的工资也不足以保障单个劳动者自行解决食宿，用人单位也将丧失雇佣优势，最终造成劳资双输的局面。尤其在当下，我国农民工群体人数庞大。2022 年全国农民工总量为 29562 万人。[①] 这一庞大的进城务工群体往往集中在建筑和餐饮行业。他们要么不具备单独解决食宿的能力，要么面临难以承受的食宿成本，这种情况下，除了货币工资以外，应允许用人单位支付一定的实物工资。

国际上对于混合付酬机制也采取认可的态度。国际劳工组织 1949 年第 95 号公约《保护工资公约》肯定了实物工资存在的价值。美国 1936 年《公

---

① 参见国家统计局：《2022 年农民工监测调查报告》。

平劳动标准法案》也允许将雇主提供给工人的食宿或其他实体费用计入工资。韩国、日本虽然规定了工资的货币支付形式，但是允许通过集体谈判的方式确立非货币形式的工资支付。德国《劳动法》对于劳动者工资支付形式的规定相对灵活，其第六百一十一条第一款规定："劳动工资可以金钱形式或实物形式进行支付。企业工资形式要按照企业共同决定进行。"① 可见，国际上对于符合劳动者利益的实物工资通常是允许的，只在某些方面做了一定的程序限制，如合意或集体谈判。

之所以允许实物工资存在，乃是因为一定范围内的实物工资对劳动力的健康发展有直接的促进作用，尤其是在低工资、劳动密集型的企业中，实物工资可以降低交易成本，符合劳资双方的共同利益。《劳动法》以成文立法的形式排除了实物工资的适用对我国劳动关系的运行造成了一定的阻碍，现实中实物工资依然以各种形式存在着，只是可能不被直接称呼为工资而冠名以形形色色的福利。通过以上分析可以看出，我国有待加强对实物工资的规范和引导，如实物的价格如何折算、怎样赋予工人对实物工资的选择权等。

实物报酬来源多样，有的是工厂直接生产的实物，有的是用人单位发放的实物券。传统实物工资很难确定其相应的货币价值，但是随着市场经济的深入发展，实物的种类逐渐增多，代表实物的有价证券层出不穷，并且其流通相对容易，变现能力增强，这给货币以外的实物工资支付提供了更为便利的条件。近几年出现的股权激励机制也很容易激发劳动者的积极性，有着货币工资所不能取代的价值。当下的劳动立法对于实物工资的绝对禁止，在一定程度上阻碍了劳资关系的良性运行。我国的工资支付形式在立法和现实层面存在着实际冲突，立法规定工资只能以货币形式支付，不得采用实物形式，而实际上实物或准实物工资在我国一直是存在的，主要表现在住房安排、配偶就业、子女入学、出国旅游等方面。可见，现行劳动法律法规与工资支付现状存在着冲突。实物报酬在增强劳动关系的稳定性、提高企业管理的韧性、体现企业的人文关怀等方面有着货币工资所不具备的优势。因此，我国劳动立法有必要重新审视实物报酬的存在价值，有限度地允许实物报酬的存在，并对其加以规范，以促进劳资关系的和谐发展。

---

① ［德］W. 杜茨:《劳动法》，张国文译，法律出版社，2005，第65页。

### 三、给付义务的实现时间

#### (一) 按周期支付

在劳动法领域，给付义务是指雇主依法或根据合同应向劳动者履行的付酬义务。除工资以外还包括奖金、经济补偿金、差旅费、社会保险金、丧葬费、医疗费、节假日慰问金、因工支出等。不同的支付内容其履行支付义务的时间也有所差异。用人单位给付义务之实现时间分为两种，一种是按周期支付，另一种是一次性支付。工资是劳动者最为主要和常规的收入来源，为保障劳动者的日常生活，工资一般以周期支付为宜。工资支付周期的长短影响着用人单位的成本核算和劳动者的生活及消费习惯。通常，工资支付周期相对较短时更有利于劳动者权利的维护，能更好地避免工资拖欠，对于低收入劳动者的生活质量有着重要的保障作用。但是，过于频繁的工资支付对用人单位的资金运转提出较高的要求，在一定程度上也增加了用人单位的核算成本。因此，合理的工资支付周期是在用人单位和劳动者利益之间寻找到的一个恰当的时间点，而劳动法律法规的制定通常是发现这一"平衡点"的过程。1994 年发布的《工资支付暂行规定》第七条规定："工资至少每月支付一次，实行周、日、小时工资制的可按周、日、小时支付工资。"可见，《工资支付暂行规定》对工资的支付周期仅做了最长时限的限制，即一个月，只要不超过一个月的最长支付周期，用人单位可以自由选择以周、日乃至时作为工资支付的周期。

劳动报酬究竟应该多长时间支付一次？我国劳动者工资支付周期实行的是双轨制。对于普通的劳动者而言，按月领取薪水已经成了惯例；对于工作极不稳定的非全日制劳动者而言，《劳动合同法》第七十二条规定，非全日制用工劳动报酬结算支付周期最长不得超过十五日。《劳动法》第五十条规定，"不得克扣或者无故拖欠劳动者的工资"。这肯定了工资按周期发放的重要性。为了保障劳动者的基本生活，当遇到特殊日期可能造成工资无法按期支付时，应本着保护劳动者利益的原则将工资支付日期提前而不是推后。例如《工资支付暂行规定》第七条规定："工资必须在用人单位和劳动者约定的日期支付。如遇节假日或休息日，则应提前在最近的工作日支付。"《劳动合同法》明确提出："非全日制用工小时计酬标准不得低于用人单位所在地人民政府规定的最低小时工资标准。非全日制用工劳动报酬结算支付周期最长不得超过十五日。"我国标准工资的最长支付周期为一个月，由于采用灵活用工的非全日制劳动者处于相对弱势的地位，故而允许确立较短的工资支付周期，同时允许劳动者和用人单位在这一标准下进行协商。这一规定与国际劳工组织的立法基本吻合。1949 年国际劳工组织第八十五号建议书《保护工资建议书》规定："对于以小时、日或周计算报酬的工人，每月至少发工资两次，间隔期最多为 16 天；对于按月或年计酬的雇佣人员，至少每月发一次工资；而对于按计件劳动或产量来获得报酬的工人，其工资的发放每月至少应两次，间隔期最多为 16 天。"

综上，对于标准工资即通常所说的全日制工作人员，我国立法和国际劳工公约目前均规定为按月支付工资。"月"即为此类工资的最长支付周期，劳资之间可以在这一最长支付周期范围内进行协商。从劳动者保护的角度来看，工资支付周期越短对劳动者越有利，短期的工资支付方式也可以最大限度地避免工资拖欠。英美等发达国家大多采用了较短的工资支付周期，实行周薪制。以比利时为例，比利时劳动法规定的工资支付周期较短，鼓励周薪制，平均间隔不得超过 16 天。工资支付周期直接影响着低收入者的生活水平，缩短工资支付周期可以最大限度地降低雇主"欠薪跑路"对劳动者造成的伤害。据笔者调查，我国在非洲投资的建筑公司大多对非洲工作人员实行周薪制，最长的是半月薪。

除工资以外，伤残津贴也是由用人单位按周期向劳动者进行支付的。伤残津贴一般是劳动者因工致残，用人单位向劳动者支付的补偿性报酬。根据伤残的等级不同，支付报酬的比例也有所差异。劳动者被鉴定为一级至四级伤残的，通常只与用人单位保留名义上的劳动关系。劳动者已经无法再参加工作，用人单位也不会为其保留相应的工作岗位，但需要按月向其发放伤残津贴。劳动者被鉴定为五至六级伤残的，不但与用人单位保留一定的劳动关系，并且因为劳动者尚具备一定的劳动能力，用人单位通常会为其安排适当的工作岗位，同时用人单位或工伤保险基金向劳动者按月发放伤残津贴。伤残津贴究竟是由用人单位发放还是由工伤保险基金支付，具体要看用人单位有没有履行相应的工伤保险缴费义务。工伤保险是社会保险的重要组成部分，它的重要特点是保险费由用人单位承担。因此，不管伤残津贴是由用人单位直接支付还是从工伤保险中支付，本质上都是用人单位承担责任的体现。劳动者因工作原因而丧失或部分丧失劳动能力，无法在劳动力市场上再次获得新的就业机会，用人单位自然应该承担相应的补偿责任。

**（二）一次性支付**

除了工资、伤残津贴按周期支付以外，用人单位的支付义务中尚有一次性支付的经济补偿金、丧葬费、医疗费等。丧葬费、抚恤金和一次性工亡补偿金等由于不具有常规性，通常一次性进行支付。《工伤保险条例》第三十九条规定："职工因工死亡，其近亲属按照下列规定从工伤保险基金领取丧葬补助金、供养亲属抚恤金和一次性工亡补助金。"从这一规定可以看出，丧葬补助金、供养亲属抚恤金和一次性工亡补助金的领取以"职工因工死亡"为前提。"职工因工死亡"属于偶然事件，因此这类支付不属于常规支付，均以一次性支付的方式来实现。以最受社会关注的一次性工亡补偿金为例，一次性工亡补助金根据全国城镇居民可支配收入的 20 倍计算。根据国家统计局的测算，2019 年一次性工亡补助金为 785020 元，全国标准统一。除此以外，需要用人单位一次性履行的支付义务还包括因不签订书面劳动合同应当向劳动者支付的经济赔偿金。《劳动合同法》第八十二条规定："用人单位自用工之日起超过一个月不满一年未与劳动者订立书面劳动合同的，应当向劳动者每月支付二倍的工资。用人单位违反该法规定不与劳动者订立无固定期限劳动合同的，自应当订立无固定期限劳动合同之日起向劳动者每月支付二倍的工资。"另外超期试用、违反保密义务的惩罚责任及伤残补助金等也都适用于一次性支付。

### 四、给付义务的变更及例外
#### （一）第三方支付

工资支付在特定情形下可能发生第三方支付，包括第三方帮助劳动者代领工资及用人单位委托第三方发放工资。工资是劳动者基于自己的劳动付出而根据劳动合同或法律规定应该获得的报酬，原则上应该直接发放给劳动者本人，只有在劳动者领取工资确有困难的时候，才允许他人代领，即向第三方进行支付。根据《工资支付暂行规定》第六条的规定，用人单位应将工资支付给劳动者本人。劳动者本人因故不能领取工资时，可由其亲属或委托人代领。用人单位也可以委托银行代发工资。用人单位必须书面记录支付劳动者工资的数额、时间、领取者的姓名及签字，并保存两年以上备查。用人单位在支付工资时应向劳动者提供一份其个人的工资清单。为规范劳资之间的工资代领，雇主通常会要求代领者出具一份委托书，作为工资已经发放的凭证。现行的《工资支付暂行规定》是于 1994 年制定，1995 年生效的，当时的工资发放以现金为主，领取手续相对比较烦琐。如今，工资支付方式实际上已经实现无纸化，通常用人单位会将工资直接发放到劳动者指定的银行账户，保留工资发放凭证的难度也逐渐减低。在笔者看来，由第三方代领工资的情形将会逐渐减少，乃至消失。

与向第三方发放工资的情形逐渐减少相比，随着劳务派遣及人事代理等特殊劳动关系的增多，由第三方支付工资的情形在逐年增加。工资由第三方支付并不代表实际的用人单位不再承担工资给付义务，而是用人单位将劳动报酬支付给第三方，由第三方机构进行发放。对劳动者而言，不是从用人单位而是从第三方领取工资，但工资的表现形式及具体的数目依然是以劳动者付出的劳动作为计量标准，体现的仍然是劳动付出的直接所得。当下，由第三方进行工资支付最集中的体现是劳务派遣。我国劳动立法将劳务派遣单位视为用人单位，所以应当由其承担支付工资的义务，但是以民间标准观之，用人单位和派遣单位常常难以区分，劳动者通常认为对其进行直接管理的用工单位才是真正意义上的雇主。在现实的诸多劳动关系中，劳动者无法辨明实质用人单位的情形并不鲜见，实践中也常将劳务派遣工资的支付定性为第三方支付。此外，对于通过各种中介机构获得工作机会的劳动者而言，他们在用人单位的试用期工资常常由中介机构代为发放。试用期用人单位保有解除劳动合同的权利，而劳动者也可以在只提前三天通知的情形下解除合同。鉴于这一阶段劳动关系的不稳定性，用人单位常常不愿意办理一系列社会保险缴纳的手续，而是选择等到劳动关系稳定以后再通过补缴的方式履行试用期间应承担的社会保险缴纳义务。从维护社会保险关系的稳定性、连续性及社会成本节约的角度考量，试用期间由职业介绍中介代为发放工资的情形已经广为接受，是我国当下第三方支付工资的重要情形之一。如通过"智联招聘"找到工作的劳动者，其试用期间的工资通常由"智联招聘"代为发放，过了试用期之后，再转由用人单位发放。用人单位通过向智联招聘支付一定的费用而免除劳动关系不稳定造成的各类成本支出。此外，对于现行事业单位改制后的人事代理人员，也是由人才管理公司作为第三方进行工资发放的。人事代理制度是一种新型的人力资源外包形式，即企业为节约管理成本将人力资源的管理工作外包，由第三方（通常是政府主导的人才服务中心）进行代理。人事代理的劳动者工资由人才服务中心作为第三方承担发放的责任。第三方支付一定程度上为实现劳动者使用与管理的分离提供了便利条件，但是第三方与实际用工单位之间对工资的约定往往是常规的，比如具体的工资标准、同工同酬、最低工资等，而实际用工中出现的情形常常灵活多变，比如需要随机考量的加班工资、效益工资、奖金及其他不特定的福利等，这一部分报酬的发放用工单位和第三方无法提前约定，仍需要由用人单位直接支付。

　　除劳务派遣、人事代理情形引发的第三方支付以外，欠薪支付保障制度也可能导致一定情形下的第三方支付。在我国，欠薪支付保障是为遏制用人单位拖欠劳动者工资而确立的工资从欠薪保障基金中优先受偿的法律制度。[①] 我国的欠薪支付保障制度建设是从地方立法开始的，始于 1996 年深圳市发布的《深圳经济特区企业欠薪保障条例》。上海市于 1999 年发布了《上海市小企业欠薪基金试行办法》。随后，我国开始在小企业中推行欠薪基金制度。2004 年，劳动保障部、建设部针对建设领域印发了《建设领域农民工工资支付管理暂行办法》，并规定了相应的欠薪保障金制度。该《办法》第十五条规定："企业应按有关规定缴纳工资保障金，存入当地政府指定的专户，用于垫付拖欠的农民工工资。"欠薪保障基金是指专门机构依法筹集建立的，用于在用人单位无力或故意欠薪时向雇员预先垫付报酬的基金。[②] 在此基础上，国务院于 2006 年发布了《国务院关于解决农民工问题的若干意见》，在第三条中明确了建立农民工工资支付保证制度（工资支付监控制度与工资保证金制度）。在用人单位有拖延劳动者工资的情形下，先由保障基金进行第三方支付，以解决拖欠、克扣劳动者工资的问题，由此形成了我国第三方支付工资的新形式。劳动者从欠薪支付保障基金中获得工资后，由基金的管理人和负责人向具体的用人单位进行追偿，免除了劳动者因讨薪成本过高而陷入工资权益无法得到保障的尴尬境地。

**（二）惩罚性扣款限制**

1. 对于工资扣除的相关限制性规定

劳动者通常以报酬作为主要的生活来源，"工资应当以货币形式按月支付给劳动者本人。不得克扣或者无故拖欠劳动者的工资"[③]。《工资支付暂行规定》第十五条专门规定了用人单位可以扣除劳动者工资的四种情形，即用人单位代扣代缴的"个人所得税、保险费、法院判决的抚养费、赡养费以及法律、法规规定可以从劳动者工资中扣除的其他费用"。可见立法事实上允许用人单位在特定情形下对劳动者工资进行一定的惩罚性扣款。惩罚性扣款是指用人单位通过对劳动者工资加以扣除来对违规违纪劳动者加以管理的惩罚方式。惩罚性扣款是用人单位在行使管理权时经常使用的手段，可以起到警示和告诫的作用，并且用人单位可以通过这种方式部分免除自身的支付义务。但是《工资支付暂行规定》第十五条第四款所规定的"法律、法规规定可以从劳动者工资中扣除的其他费用"范围极其笼统，导致

---

[①] 许建宇：《构建我国欠薪保障制度的法学思考》，《中州学刊》2006 年第 5 期，第 82-86 页。

[②] 王全兴：《劳动法学（第二版）》，高等教育出版社，2008，第 321 页。

[③] 参见《劳动法》第五十条。

劳资之间常就某些具体事项单位究竟是否具有惩罚性扣款权发生争议。例如，修正前的《人口与计划生育法》第四十一条规定："不符合本法第十八条规定生育子女的公民，应当依法缴纳社会抚养费。"根据这一规定，实践中有些用人单位对劳动者进行了征收社会抚养费的惩罚性扣款。劳动者表示不服，理由是社会抚养费的征收主体应该是计划生育主管部门，用人单位不具有行政管理的职能，因此不具有惩罚的权利，而用人单位则主张只要是违反法律法规的情形均可以从劳动者工资中扣除。这一争议的焦点是违法、违规的标准由谁来鉴定。如果允许用人单位直接进行惩罚性扣款，则变相承认了用人单位的裁判权。这一争议究其根本，是劳动法对用人单位惩罚性扣款权的界定不够清晰造成的。

用人单位惩罚性扣款权边界不清，导致现实中出现了形形色色的扣款。最常见的如劳动者上班迟到或早退，再比如用人单位给劳动者调换工作岗位而劳动者不同意等，用人单位都可对劳动者进行扣款。实践中，用人单位掌握着单位规章制定的绝对主动权，因此用人单位通过内部规章以劳动纪律的形式设定各种扣款项目的情形屡见不鲜。有些用人单位甚至通过内部劳动纪律规定了具体的用餐时间、如厕次数等，并对违反劳动纪律的劳动者设定了具体的扣款标准。由于用人单位具有一定的管理优势，且劳动关系具有一定的人身性，对于用人单位规定的扣款事由，劳动者常常只能默默接受。劳动者起诉用人单位往往是以摧毁劳动关系为代价的，因此除非劳动者已经找到了新的工作岗位，否则一般不会选择和用人单位发生直接冲突。用人单位作为市场经济体制中的经营主体，承担着市场经营的风险，通过规章制度进行奖勤罚惰是用人单位履行管理职能的重要手段之一，但是扣款数额不能毫无边界，必须为劳动者保留一定的生活费用。具体可以参考劳动者对用人单位造成的经济损失赔偿标准，即《劳动法》第十六条："经济损失的赔偿，可从劳动者本人的工资中扣除。但每月扣除的部分不得超过劳动者当月工资的20%。若扣除后的剩余工资部分低于当地月最低工资标准，则按最低工资标准支付。"

### 2. 以额定销售指标未完成为由进行的工资扣除

为提高企业的效益，增强单位的市场竞争力，实践中常见用人单位规定特定工作岗位的绩效要求，尤其是销售岗位，因此出现了部分用人单位以未完成单位规章所确定的特定岗位的销售指标为由而实施的惩罚性扣款。以2016年销售员李某诉××健身器材销售公司案为例。李某与××健身器材销售公司签订劳动合同，约定以李某完成公司销售定额为发放工资的条件，后因李某未能按规定完成销售定额，公司对其工资进行了扣除，实际发放工资仅 300 多元，远低于当地的最低工资标准。李某认为自己虽然未能完成公司制定的业绩标准，但是自己奔波一个月只能领取不足最低工资一半的收入是不合理的，遂起诉至法院。法院认为××健身器材销售公司的做法于法无据。依据《关于贯彻执行〈中华人民共和国劳动法〉若干问题的意见》第五十六条的规定："双方当事人约定的劳动者在未完成劳动定额或承包任务的情况下，用人单位可低于最低工资标准支付劳动者工资的条款不具有法律效力。"因为工资是劳动者付出了正常的劳动后应该获得的收入，以业绩定工资本质上在于促进企业的效率提升，但不能变相转嫁市场风险。劳动者是厌风险群体，只要依约定提供了正常劳动，用人单位就应履行付酬义务，即使存在用人单位关于业绩的考核指标，每月发放的工资也不得低于当地的最低工资。工资是用人单位依法律或合同向劳动者支付的报酬，其主要的衡量标准是劳动者付出的劳动，而不是企业的生产效益。劳动付出和生产效益之间可以有一定的互动关系，以此作为考量劳动者的绩效工资，但不能违背法律关于最低工资的规定。因此，本案中公司的做法是错误的。尽管劳动者没有完成额定的销售任务，但是劳动者已经依约定履行了正常的劳动行为。在这种情况下，用人单位应当向劳动者支付合法的报酬，其标准不得低于最低工资。

3. 用人单位越权苛捐的禁止

用人单位以"捐款"的形式加以变相扣款也是法律所不允许的。例如当单位某一劳动者遭受意外时，可能产生大量的医疗费。在这种情况下，用人单位常以"献爱心"为名，"动员"全体劳动者进行捐款。此时的捐款，名为"动员"，但是迫于各种压力劳动者常常并没有自主选择权。对于部分自身生活比较困难的劳动者，用人单位倡导的"献爱心"活动可能将其限于经济和道德的困境之中。有用人单位甚至规定最低的起捐额度，并将"捐款"直接从劳动者工资中加以扣除。此时的捐款显然违背了劳动者的主观意愿，甚至可能造成另一部分劳动者生活困难。根据《公益事业捐赠法》第四条的规定："捐赠应当是自愿和无偿的，禁止强行摊派或者变相摊派。"所以，用人单位可以在劳动者群体中提倡捐赠活动，但捐赠与否及具体的捐赠数额应由劳动者决定，强行扣除劳动者工资作为"捐款"的行为，超出了单位的管理权限，也违反了工资依法足额支付的原则。

4. 日薪制劳动者法定节假日工资扣除的禁止

对于部分以日为单位计付劳动报酬的用人单位，必须为劳动者依法预留相应的法定节假日和带薪休假日。如某作坊式扎染布匹的用人单位对劳动者实行按日计算工资制，田某作为公司员工，约定工资为每日 50 元，按月发放。由于工资按日计算，对于劳动者的节假日、事假、病假及公休假日等未能提供正常劳动的时间，用人单位事实上均进行了工资扣除，对此劳动者表示不服，提出了仲裁。用人单位辩称，该公司与劳动者执行的是日工资制，即以上班的具体天数来计算劳动者的工资，因此劳动者不享受带薪节假日及其他休假的待遇，如果未提供正常的劳动就不应该获得相应的工资。仲裁意见指出，休息休假是劳动者依法应享有的权利，是保障劳动者身体健康和可持续发展的必须。而且，一定的休息时间也是劳动者恢复和提高精力及技术的必须。该用人单位的做法既违反了劳动立法的精神，也不合情理，其工资发放计算办法是违法的。依据《全国年节及纪念日放假办法》的规定，劳动者每年享有 7 个节假日，共 11 天的带薪假期，具体包括元旦 1 天、春节 3 天、清明节 1 天、劳动节 1 天、端午节 1 天、中秋节 1 天、国庆节 3 天，如果不能为劳动者在这类法定节假日提供正常的休息，那么就应依法向劳动者支付 300% 的加班工资。除了法定节假日以外，公休假日也是劳动者应获得的正常休假。此外，劳动者还依法享有年休假及婚丧嫁娶等假期。因此，本案中，该扎染公司逢休息休假进行工资扣除的做法不符合法律法规关于劳动者休息休假及加班工资发放的规定，是违法的。

**（三）工资续付义务**

工资续付义务是指在特定情形下，用人单位向未实际履行劳动义务的劳动者承担的报酬支付的义务。工资续付义务是对合同"同时履行抗辩权"原则的修正，并且得到了国际劳工公约及各国劳动法或民法典的承认。在劳动关系中，劳动者对于用人单位有一定的从属性，这与一般民事合同中平等主体的当事人地位有所差异，因此，民事合同中的对价等值原则在劳动合同中进行了一定的修正。例如，在民事合同中由于不可抗力等双方均不可控制的原因导致的不能给付当事人可以免责，而在劳动合同中，基于双方当事人以外的不可抗力导致的合同无法履行时，并不免除雇主的报酬支付义务。这一规定显然超出了民事合同的等值对价原则，黄越钦先生将其命名为"工资续付义务"。工资续付是用人单位应承担的法定的、独立的义务，用人单位违约时，劳动者有权申请国家强制执行。

用人单位工资续付义务体现了法理上的风险分配原则。劳动合同具有一定的人身依附性，用人单位在工作时间内对劳动者享有指挥命令权，这一定程度上意味着劳动时间内对劳动者人身自由的支配。另一方面，工资续付义务将不特定事项的风险转由用人单位承担，能够有效地维护劳动者的职业稳定，免除劳动者在面临不特定风险时的生活风险。并且如前文所述，对于婚丧嫁娶、停产停业及承担法定的社会义务等不特定的风险所支付的成本，用人单位具备通过市场转嫁风险的能力。比如通过提高所生产的产品或服务的价格将成本转向市场，或者通过缩减劳动者的年终效益工资将这一成本转由全体成员共同分担，而劳动者个体是不具备这样的能力的。

尽管有分担风险、稳定职业的作用，但用人单位工资续付义务设立的主要出发点乃是社会的公共政策。公共政策一般指为了保障某一时期的政治稳定或社会和谐而采取的必要措施，是一个相对开放的概念。为了社会共同利益出庭作证、为了单位全体劳动者利益担任工会主要职责等均属于公共政策，其实施需要全体社会成员的配合。劳动者是社会成员的主要组成部分，大多数社会政策的实施都需要劳动者的配合。而劳动者受职业身份的约束，并不是完全自由的人，如果此时不通过劳动立法要求用人单位给履行公共政策的劳动者提供一定的时间和物质的保障，将会使负有社会公共职责的劳动者陷于两难境地。没有用人单位工资续付义务的保障，以上法院的审理活动将无法进行，工会的活动也将无法顺利开展。再如，婚丧假期间的工资续付义务表面上看属于个人私事，但是在一定的社会环境下婚丧嫁娶代表了特定的公序良俗，虽没有法律的强制性约束，但是劳动者违背这一风俗的社会风险极大，甚至可能导致其在特定的族群中难以立足。而且在遇到这些特殊事件时，劳动者常常生活开销增加，此时用人单位的工资续付义务无疑对于维护社会公共秩序起到了重要的作用。而对于劳动者在病假、工伤等情况下的工资续付，则是用人单位通过转嫁风险而对劳动者提供的一种保障，对保障劳动者的职业稳定发挥了重要作用。

用人单位工资续付义务根据其支付的额度不同，可以分为全额的工资续付义务和限额的工资续付义务。全额的工资续付义务是指在特定情形下即使雇员因特定原因未能依约定履行劳动行为，雇主仍然需要向其支付报酬的义务，如劳动者依法享有的带薪休假、法定的婚丧假、履行相关的公民作证义务、参加选举、服兵役等。国务院 2007 年 12 月 14 日发布，2008 年 1 月 1 日起施行的《职工带薪年休假条例》第二条规定：劳动者"连续工作 1 年以上的，享受带薪年休假。单位应当保证职工享受年休假。职工在年休假期间享受与正常工作期间相同的工资收入"。再如《工资支付暂行规定》第十条规定："劳动者在法定工作时间内依法参加社会活动期间，用人单位应视同其提供了正常劳动而支付工资。"工伤作为与劳动直接相关的工作风险，当然地由用人单位或工伤保险基金承担全部的工资支付义务。国务院 2004 年《工伤保险条例》第三十三条规定："职工因工作遭受事故伤害或者患职业病需要暂停工作接受工伤医疗的，在停工留薪期内，原工资福利待遇不变，由所在单位按月支付。"

要求用人单位按正常的收入履行工资续付义务对于维护社会的稳定、劳动者的职业安全有重要的作用。但是如果这一工资续费义务不受任何限制，超出了用人单位的风险转嫁能力，无疑会造成另一种形式的不公。因此，在特定情形下有必要对用人单位的工资续付义务加以限制。这种限制通常包括支付数量和支付时间两方面的限制。比如对于劳动者生病及非因工负伤等事件，用人单位本身并没有任何责任，与工伤的工资续付义务自然应有所区别。在这种情况下，立法可以免除用人单位一定比例的工资支付义务。《关于贯彻执行（中华人民共和国劳动法）若干问题的意见》第59 条规定："职工患病或非因工负伤治疗期间，在规定的医疗期间内由企业按有关规定支付其病假工资或疾病救济费，病假工资或疾病救济费可以低于当地最低工资标准支付，但不能低于最低工资标准的 80%。"毕竟劳动者患病或非因工负伤，用人单位并不存在过失，所以除了工资数量限额以外，相关立法也对支付期限进行了相应限制，如《企业职工患病或非因工负伤医疗期规定》第三条将企业职工患病或非因工负伤的医疗期限定为三到二十四个月。

除了由于劳动者的休假、工伤及自身状况等客观原因可能引起的用人单位工资续付义务以外，用人单位也可能因自己的原因导致停工停产，此时也会产生的相应的工资续付义务。停工停产是指用人单位由于自身的原因无法按照劳动合同的约定为劳动者提供就业机会导致生产无法进行的状况。由于劳动关系具有身份性和延续性，短时间内更换工作对劳动者而言难以实现，所以此时用人单位需要承担一定的工资续付义务，以维持劳动者的正常生活。这种工资续付义务本质上也是用人单位承受其经营风险的一种表现。我国《工资支付暂行规定》第十二条规定："非因劳动者原因造成单位停工、停产在一个工资支付周期内的，用人单位应按劳动合同规定的标准支付劳动者工资。"超过一个工资支付周期的，若劳动者提供了正常劳动，则支付给劳动者的劳动报酬不得低于当地的最低工资标准；若劳动者没有提供正常劳动，用人单位没有安排劳动者工作的，应当按不低于当地最低工资标准的 70% 支付劳动者生活费。德国劳动法明确规定雇主在停产停业期间即使完全没有过错，只要属于"经营风险"的范围，雇主就要承担工资续付义务。但是，如果停工停产是劳动者的过错造成的，可以一定程度上免除用人单位的工资续付义务。这一规定也得到其他一些国家的认可，如《越南劳动法典》第 62 条第 1 款规定："如果停工是由于工人的过失造成的，工人不能领取工资。"工资续付义务是法律对用人单位和劳动者双方的实力加以权衡之后做出的制度性选择，也包括对于生产环节的掌控程度的综合考量，而工资续付义务的设置同样需要考量劳资之间的利益平衡。

# 第六章 用人单位照顾义务

## 第一节 用人单位照顾义务的内涵

### 一、用人单位照顾义务的理论基础

#### （一）倾斜保护理论

劳动关系是工业革命以后出现的生产资料和劳动者加以结合的契约劳动形式。契约劳动与小农经济劳动的区别之一在于风险的不确定性。在小农经济时代，劳动者在自有的生产资料上从事简单劳动，劳动工具简单，劳动技术含量低，劳动者可以轻易预见劳动过程中的风险。而在工业社会的契约劳动中，社会化生产要求使用更为先进的生产工具，同时也带来了更多隐含的工业风险。这些风险常常是劳动者所无法预知的。大型生产设备的操作风险、各种工业原料对人身可能造成的辐射、劳动场所存在的粉尘等，诸如此类的风险劳动者常常事先难以知情，有些劳动者即使知情也无力采取有效的防护措施，甚至有些劳动关系本身就存在着以长期的劳动者身体受损换取短期劳动报酬的代价。对于工作场所风险的控制能力，用人单位要远远强于劳动者，这就要求用人单位对劳动者承担一定的照顾义务。由用人单位承担照顾义务，符合法经济学中的"财政上最富裕者"承担责任的原理，可以最大限度地节约生产成本，同时也体现了公司的社会责任，有利于对危险的有效控制。正因为如此，现代劳动关系在进行风险分配的时候形成了对劳动者加以倾斜保护的理念。劳动合同与普通民事合同的不同之处在于它本身蕴含着对谈判能力较弱的劳动者的保护机制。为了实现对劳动者的倾斜保护，现代公司管理制度也进行了各种尝试。例如，有公司提出"一起吃住，一起工作"的原则，并且不反对办公场所的拥挤不堪和乱七八糟。这种对"杂乱有章"的办公环境的推崇和实践，实际上营造了一种家庭氛围,有利于激发员工的集体情感和创造力。① 这些理念的背后内含着企业对劳动者从物质到精神多方面的照顾。

用人单位的照顾义务主要指在劳动关系中用人单位所承担的对劳动者的人身、财产安全的保护和照顾义务,以及违反这一保护照顾义务所应承担的法律责任。关于用人单位照顾义务的性质,学界有不同观点。一种观点认为,雇主的照顾义务是劳动合同的附随义务。理由是劳动关系以生产社会产品或服务为根本目的,在劳动关系运行过程中,用人单位提供生产资料,劳动者提供劳动力,二者相互配合促成社会生产关系的良性运转。因此,劳动合同的主义务是劳动者依约定履行相应的劳动行为,而用人单位支付劳动报酬,其他义务均是附属于这一义务而存在的。另一种观点认为,用人单位照顾义务是劳动合同的主义务。与普通民事合同不同,劳动合同具有特定的人身依附性。劳动者参与一桩劳动合同对其自身生活的影响绝非仅仅是获得报酬那样简单。劳动合同的履行实际上伴随着劳动者大部分时间的让渡、职业规划的转变乃至居住地点和生活方式的改变。在资方掌握更多资源和劳动条件的情况下,要求用人单位承担一定的保护和照顾义务更为符合伦理观点。此外,从经济学成本节约的角度考量,用人单位承担对劳动者人身保护义务更能够形成规模效应,节约成本。可见,用人单位对劳动者履行一定的帮扶义务是劳动合同的应有之义,而非附随义务。

将用人单位对劳动者的人身安全照顾义务确立为劳动合同的主义务在很多国家都经历了一个逐步认可的过程,主要体现为对劳动关系人身性的逐步重视。在日本,雇主的保护照顾义务理论是 1975 年日本最高法院以判例的形式确立的。在这一原则通过最高院的判例确立以前,照顾义务的性质被争论了约 30 年。② 最终,日本的劳动法理论将对劳动者人身健康的安全照顾义务视为雇主基于劳动合同而应承担的本质义务,而非附随义务或其他义务。理由是雇员的人身安全和健康的价值高于劳动合同所能创造的任何价值,本质上是对劳动关系所包含的人身性的进一步认可。③ 德国《民法典》第六百一十八条也规定了保护雇员健康和安全的义务。根据德国《职业健康和安全法》第三条的规定,雇主有义务采取必要的措施保护雇员

---

① [美]埃里克·施密特、乔纳森·罗森伯格、艾伦·伊格尔:《重新定义公司》,靳婷婷译,中信出版社,2015,第13-16页。

② [日]宫本健藏:《日本的安全照顾义务论的形成与展开》,金春龙等译,《清华法学》2004年第1期,第254-271页。

③ 刘士国:《安全照顾义务论》,《法学研究》1995年第5期,第55-62页。

在工作过程中的安全与健康。雇主必须检验这些措施的有效性，并在必要的时候将雇员调离至其他环境以加强对雇员健康与安全的保护。① 欧盟第89/391号指令第五条第一款规定，雇主有义务在"与劳动有关的每一个方面保障劳动者的健康与安全"，并且特别强调了"每一个方面"。这一雇主义务的规定可以说是极为苛刻的②，但无疑符合劳动关系的人身依附性，是对工业关系中的劳动者倾斜保护的重要体现。

**（二）劳动关系人身性**

人来到世上是一个个孤零零的个体，归属感是人最根本的需求之一。彼得·德鲁克认为失业和战争成了困扰社会的恶魔，对群体缺乏应有的归属感是造成两次世界大战的根本原因，而工业革命以后的归属感必须从工业组织中获得。③ 工业革命以后，家庭依附的土地经营模式被淘汰，宗教戒律也无法继续其在历史上的约束作用。此时，社会处于集体和价值的真空状态，以至于带来了"群众的绝望"。迪尔凯姆否定了政治、宗教团体甚至家庭在确立现代社会归属感方面的作用。④ 他认为在家庭逐渐分化、解体或事实上已经解体的同时，职业团体的功能加强了，劳动者随着职业生涯而迁徙的情况越来越普遍。⑤ 从某种意义上讲，职业代表着真正的经济现实，能够灵敏地反映现实的一切细微变化。更为重要的是，职业保障着纪律的有效实施，比较而言，家庭显得越来越笨重。因此，在工业社会中，个体通过就业加入某一职业团体，与工业组织建立良性的人身依附关系，是保障其获得归属感的最佳途径。

劳动者"希望通过出卖自己的劳动力而获得固定的收入，就必须把自己的工作时间用来去完成别人为他规定的具体任务"⑥，而工作时间占据了劳动者生活的大部分，劳动关系因此当然地具有一定的人身性。以人身依附性作为认定劳动关系存在与否的基础性事实，已成为世界惯例。在德国学者 Weissz 看来，"人身依附性是劳动合同的核心内容"⑦。在我国，劳动

① ［德］曼弗雷德·魏斯、马琳·施米特：《德国劳动法与劳资关系》，倪斐译，商务印书馆，2012，第98页。
② ［英］凯瑟琳·巴纳德：《欧盟劳动法》，付欣译，中国法制出版社，2005，第413页。
③ ［美］彼得·德鲁克：《工业人的未来》，余向华、张珺译，机械工业出版社，2016，第13-17页。
④ ［法］埃米尔·迪尔凯姆：《社会分工论》，张鹏译，吉林出版集团有限公司，2017，第115-120页。
⑤ ［法］艾米尔·迪尔凯姆：《自杀论》，冯韵文译，商务印书馆，2016，第410-416页。
⑥ ［英］冯·哈耶克：《自由宪章》，杨玉生等译，中国社会科学出版社，2012，第171页。
⑦ 杨燕绥等：《劳动法新论》，中国劳动社会保障出版社，2004，第233页。

关系不但具有民事合同的财产性，同时具有一定的人身性。学界在这点上已经达成共识。张志京认为："劳动合同具有特定的人身性质。"① 正是基于这一人身性特征，加上劳资双方掌握的信息不平衡，因此，民法上的"完全的契约自由原则"在劳动合同领域受到一定的限制。简良机指出："盖劳基法的立法及劳动契约概念的产生，本来就是为了对具有'从属性'劳动提供者予以实质的保护，而对民法的'雇佣契约'加以修正。"② 此处的"从属性"即指劳动合同的人身和财产上的"从属性"。而人的劳动行为与劳动者本身须臾不可分离，且人身权优于财产权，因此人身性是劳动合同与一般民事合同的根本区别。③

**（三）劳动关系黏附性**

1919 年通过的《国际劳动宪章》规定了国际劳工组织制定公约和建议书的九项原则。其第一项明确规定：不论"在法律上和事实上，人的劳动不应视为商品"。对人的劳动赋予了超出经济学范畴的法学内涵认定，是劳动关系区别于民事关系的认知基础，也是对劳动合同领域的"契约自由"加以限制的逻辑起点，这一规定肯定了劳动关系所具有的超出一般民事关系在财产和人身性上的黏附性。所谓"劳动关系的黏附性"，是指劳资双方基于劳动合同产生的彼此依存、相互依赖、相辅相成并且违约成本高的特性。劳动合同以劳动者的具体劳动行为作为客体，而劳动合同的履行是一个持续的过程，具体劳动行为与劳动者人身须臾不可分离，因此，与普通民事合同相比，劳动合同具有极强的黏附性。劳动者与用人单位建立劳动关系实际上是将一己之身心加入了用人单位的生产系统之中。在这一生产系统中，通常情况下用人单位掌握更多的资源和信息，劳动者只有根据法规或约定服从用人单位管理的义务。

劳资之间的黏附性首先体现在劳动者对于劳动关系的依附上。一般来说，正常的契约劳动会占据劳动者生活的大部分时间，因此工作得是否愉快往往决定了劳动者的生活质量。为了通勤的方便，很多劳动者甚至会改变居住地点。如今，因为职业而带来的迁徙越来越普遍。生活中，我们经常能通过一个人的言谈举止辨别出他的职业身份。可见，工作对劳动者具有极强的塑造性。与民事合同相比，劳动关系一旦确立，劳资双方的违约

---

① 张志京：《劳动法学》，复旦大学出版社，2008，第59页。
② 简良机：《劳基法实务争议问题之研究》，台湾蔚理出版社有限公司，1993，第30页。
③ 冯祥武：《论凸显劳动合同人身性特征的法律实益——兼论对劳动者人身权的保护》，《甘肃政法学院学报》2012年第2期，第54~61页。

成本都非常高。在买卖、租赁等合同关系中，另寻合作方的成本相对较小，而在劳动关系中，因为牵涉到一定的身份性，对劳动者而言，其社会保险的缴纳、劳动技术资本的积累在同一个用人单位效用最大，改变劳动关系往往需要支付巨额的成本。更换一份工作，劳动者需要适应新的工作环境，改变原有的生活方式，甚至迁居，对之前基于劳动关系而缴纳的社会保险及其他各项福利也需要办理烦琐的变更手续。用人单位解除劳动关系同样需要付出巨额成本。新员工常常需要一定的时间方能适应单位的工作，有些岗位事先还需要进行培训。一旦辞退劳动者，很多时候用人单位不仅需要支付经济补偿金，还要考虑商业秘密的安全性。因此，劳动关系的稳定程度常常是衡量一国经济发达与和谐与否的重要指标。

劳动关系的黏附性也促使立法为用人单位设定了相应的培养劳动者的义务。《劳动法》第三条规定劳动者享有"接受职业技能培训的权利"。工业社会中，不同岗位的劳动者上岗前往往需要培训。新员工需要通过岗前培训适应用人单位的价值观、组织理念，明确用人单位的工作目标和具体要求，学习用人单位的规章制度和工作纪律，并以此建立对企业的归属感。《劳动法》第六十六条规定，国家通过各种途径采取各种措施发展职业培训事业，开发劳动者的职业技能，提高劳动者素质，增强劳动者的就业能力和工作能力。第六十七条也强调了"各级人民政府"对职业培训的责任。但《劳动法》对于各级政府究竟应该如何规划、鼓励和支持劳动者培训并无明确的规定，更没有明确的经费或拨款的规定，因此国家或政府对劳动者岗前培训的责任均属于抽象的、理论上的责任，这一责任最终落实到了用人单位这一主体上。《劳动法》第六十八条规定，用人单位应当建立职业培训制度，按照国家规定提取和使用职业培训经费，根据本单位实际，有计划地对劳动者进行职业培训。从事技术工种的劳动者，上岗前必须经过培训。可见《劳动法》第六十八条从法律上明确了用人单位的培训义务。这一培训不仅包括上岗前，也指依法解除劳动合同的情形中的培训。据《劳动合同法》第四十条，因"劳动者不能胜任工作"这一原因解除合同的，用人单位需要对劳动者进行"培训或者调整工作岗位"，在培训之后仍然不能胜任工作的，用人单位方可行使相应的解除权。至于派遣劳动者，《劳动合同法》第六十二条重申了"对被派遣劳动者进行工作岗位所必需的培训"。可见，用人单位雇佣一名劳动者，在劳动者创造财富之前已经支付了相应的成本。这些成本都是以劳动关系的长期稳定运行为基础进行核算的，而一旦劳动关系不稳定，将会使得这些成本在个别劳动关系中无法收回，因此可以说用人单位对劳动关系同样具备一定的黏附性。劳动关系长期稳定的运行符合劳资双方的共同期待。

## 二、用人单位照顾义务的法律依据

### (一) 根本法依据

劳动关系是具有人身性的债权关系，除了财产交换外，还体现了一定的人格关系。用人单位负有对劳动者进行保护照顾的义务，相应地劳动者对用人单位也负有忠诚和勤勉的义务。雇主对雇员的保护照顾义务是指在雇佣劳动关系中，雇主具有保障雇员的人身、财产安全不受伤害或侵害的保护义务。[①] 用人单位如果违反了照顾义务，就要承担相应的赔偿或补偿责任。之所以要求雇主承担这一责任，是因为劳动合同虽然起源于民事合同，但又与民事合同有一定的区别。民事合同旨在创造平等的民事权利，而劳动合同保障了社会权利，旨在维护劳动者的就业安全权并分享一定的社会福利。民事合同以平等主体的当事人为订约基础，而在劳动关系中，由于资方享有一定的管理和信息优势，为了达到实质的平等，立法对于劳资双方的权利和义务进行了一定修正。具体而言，就是确立了对劳动者利益进行倾斜保护的原则，其体现即用人单位对劳动者所承担的保护照顾义务。尽管有学者认为保护照顾义务应为雇主的附属义务，但笔者并不赞同。强调用人单位照顾义务的附属性是以财产为重心来诠释劳动关系，忽视了劳动关系的人身性和黏附性。而且将用人单位的保护义务认定为附属义务，会使用人单位在违反附属义务时容易逃脱义务不履行的惩罚，劳动者所遭受的工资报酬损失以外的权利难以维护。为了避免这种劳动者可能遭遇的现实困境，我国立法从根本法的层面上规定了用人单位的照顾义务。我国《宪法》第四十二条第二款规定，国家通过各种途径创造劳动就业条件，加强劳动保护，改善劳动条件。《宪法》将这一义务主体规定为"国家"，而"国家"是一个极为抽象的概念，所以最终这一义务通过基本法落实给了用人单位。《宪法》第四十三条所规定的"休息、休假的权利"及"劳动者休息和休养的设施"的建设和维护，最终的义务主体也是具体的用人单位。休息休假是劳动者保持身心健康发展的基本条件，也是劳资关系长期稳定运行的根本保证，以根本法的高度确立用人单位对劳动者的照顾义务彰显了立法对劳资关系人身性和黏附性的理性定位。

### (二) 基本法依据

各国在确立用人单位照顾义务时方式有所不同。1975 年，日本最高法

---

① 曹艳春：《论雇主的保护照顾义务》，《法学论坛》2006 年第 3 期，第 101-106 页。

院以判决的形式确立了雇主的安全照顾义务，将雇主的照顾义务界定为："使用人对为实施劳务设置的场所、设施或器具等进行管理，或者对劳动者按使用人或上司的指示执行的劳动进行管理时，为保护劳动者的生命及健康免受危险，而应当进行照顾的义务。"① 我国则是通过基本立法对《宪法》中的保护照顾义务加以诠释。《劳动法》第一条即申明了立法宗旨是"保护劳动者的合法权益"，《劳动合同法》第一条也规定"保护劳动者的合法权益"。可见，我国劳动基本立法对用人单位的保护照顾义务作出了根本的肯定。《劳动法》第三条进一步规定了劳动者享有"休息休假""获得劳动安全卫生保护以及享受社会保险和福利的权利"。在关于劳动合同必要条款的立法规定中，《劳动合同法》《劳动法》均明确规定了"劳动保护和劳动条件"，可见我国劳动基本立法充分肯定了用人单位的保护照顾义务。

除此以外，我国劳动基本立法专章规定了对于特殊群体，即"女职工和未成年工"的相关特殊保护制度。对于夜班、井下、矿山、高温、低温、冷水及高强度的体力劳动，也都设定了一系列的限制。如《劳动法》第六十一条规定："不得安排女职工在怀孕期间从事国家规定的第三级体力劳动强度的劳动和孕期禁忌从事的劳动。对怀孕七个月以上的女职工，不得安排其延长工作时间和夜班劳动。"对于哺乳期的女职工，《劳动法》第六十三条规定："不得安排女职工在哺乳未满一周岁的婴儿期间从事国家规定的第三级体力劳动强度的劳动和哺乳期禁忌从事的其他劳动，不得安排其延长工作时间和夜班劳动。"从保护未成年人身体发育的角度考虑，《劳动法》第六十五条要求"用人单位应当对未成年工定期进行健康检查"，并"不得安排未成年工从事矿山井下、有毒有害、国家规定的第四级体力劳动强度的劳动和其他禁忌从事的劳动"②。这些都是对于特殊群体保护照顾义务的体现。③ 宫本健藏认为，用人单位的保护照顾义务应采用无过错责任的归责原则。④《劳动合同法》对此原则有所借鉴，对于"用人单位的劳动安全设施和劳动卫生条件不符合国家规定或者未向劳动者提供必要的劳动防护用品和劳动保护设施的"，劳动行政部门有权对其处以罚款并责令改正，情节严重的，用人单位甚至可能需要承担刑事责任。这一责任的追究只是从客

---

① ［日］宫本健藏：《日本的安全照顾义务论的形成与展开》，金春龙等译，《清华法学》2004年第1期，第254-271页。

② 参见《中华人民共和国劳动法》第六十四条。

③ 参见《中华人民共和国劳动法》第九十二条。

④ ［日］宫本健藏：《日本的安全照顾义务论的形成与展开》，金春龙等译，《清华法学》2004年第1期，第254-271页。

观状态或实际损害的角度来进行考量，并不需要证明用人单位的主观过错。

《劳动合同法》在第十七条劳动合同必要条款中还保留了"劳动保护、劳动条件和职业危害防护"的内容。可见，根据现行基本立法，雇主对雇员的保护和照顾义务也是劳动合同的必备条款。在劳动关系建立之初，劳资之间应通过合同明确具体的义务内容。如果雇主未"按照劳动合同约定提供劳动保护或者劳动条件"，劳动者享有劳动合同解除权。至于"用人单位以暴力、威胁或者非法限制人身自由的手段强迫劳动者劳动的，或者用人单位违章指挥、强令冒险作业危及劳动者人身安全的"，劳动者享有立即解除劳动合同的权利，不需征得用人单位的同意或事先告知用人单位。[①] 在《劳动合同法》第六十二条所规定的我国用人单位应当履行的义务中，第一项即列举了"执行国家劳动标准，提供相应的劳动条件和劳动保护"，可见我国基本立法对劳动者保护的重视，以及对于用人单位保护照顾义务的主义务地位的认可。此外，《劳动合同法》也允许劳动者通过集体谈判的方式与用人单位建立专项集体合同，以提高劳动保护的标准或扩大具体的保护范围。

## 第二节　用人单位照顾义务的内容

### 一、人身安全照顾义务

对劳动者人身安全的照顾义务是劳动合同履行过程中的重要义务，其中既包括对劳动者生命健康的保护和照顾义务，也包括对劳动者人格权、财产权的保护义务。通过明确最低工资、最高工时及各种劳动条件，《劳动法》对用人单位的保护照顾义务进行了全面规定，将用人单位的保护照顾义务事实上转化为公法义务。除此以外，用人单位还负有保护劳动者的人格权的义务。具体而言，包括保护劳动者的人格尊严和隐私权等。对于劳动者的人格权保护的义务尽管尚未法定化，但是随着全社会对隐私权保护的重视程度的加强及工作场所的人格侵权乃至性骚扰案件数量的增加，这一义务将会逐步受到重视。除此以外，由于劳动者是在用人单位提供的工作场所及生产资料上进行劳动的，因此，对于劳动者进入工作场所必须携带的个人物品，用人单位负有安全保障义务，以此形成了用人单位对劳动者相关财产权的保护义务。当然，用人单位对劳动者财产权的保护义务不是漫无边界的，所受保护的财物必须与劳动合同的履行有一定的关系，是

---

① 参见《劳动合同法》第三十八条。

基于劳动关系的履行所必须带入工作场所的财产，如劳动者正常需要穿着的衣服，或因更换工作服装而必须暂时储存的衣物，上下班必备的常规交通工具等。用人单位对这类财物负有保护的义务，但对超出此范围之外的财物则不存在保护义务。①

当下依据契约关系而展开的劳动关系相比较传统农业劳动关系而言，更加剧场化并且内含更多的技术性。工业革命后的劳动关系中，劳动者集中到一个固定的生产场所，在这一固定的生产场所内服从用人单位的管理。此时的劳动内容常常超出了传统社会的农业劳动的限制，对劳动者提出了更高的技术要求，同时也带来了更多的工业风险。现代劳动关系使得劳动过程中的风险从洪涝灾害等自然风险转化为工业技术带来的工业风险。工业风险是指工业劳动过程中人的因素（如管理、操作瑕疵等）或者物的因素（如生产工具、场所等固有的物理或化学属性等）所包含的危险性和危害性。② 与传统农业社会的风险相比，工业风险的预测和管控难度大大增加，常常超出了个别劳动者的能力范畴，因此对潜在的工业风险以法律规制的方式要求用人单位进行预测与规制，就成了现代劳动者保护的重要内容之一。

现代用人单位劳动保护责任产生的前提是工业风险的存在及其预测的可能性。工业风险的发生，既有人的因素也有物的因素。从人的因素来看，劳动者的违章操作无疑是造成现代工业风险的重要原因；物的因素则包括劳动环境的安全性，工作场所的粉尘、放射、辐射危害等。劳动场所是一个以用人单位为主导，劳动者接受管理的场所。在这一环境中，用人单位的管理完善对工作场所的安全无疑起到决定性作用。因此，劳动保护立法将劳动保护、为劳动者构建安全卫生的工作环境设定为用人单位的主要责任。对于劳资双方而言，完善工作场所劳动保护的根本目的是营造一个良好的工作环境，降低乃至消除潜在的工业风险，提高劳动生产率，以实现劳资共赢，促进社会和谐。尽管劳动保护法主要是为了保障劳动者的人身和财产安全，但劳资双方在劳动保护方面都承担一定的责任，用人单位要保证劳动环境的安全，而劳动者应当遵守工作场所的运行规则。现代工业化劳动保护含有相当的技术性，劳动者的违规操作常常是导致工业风险的发生的重要原因。因此，在劳动保护领域，劳资双方均有一定的协调与配合的义务。合法的物质环境加上劳动者的配合，才能创造出良性的生产环境。

① ［德］W. 杜茨：《劳动法》，张国文译，法律出版社，2005，第72-73页。
② 林嘉：《劳动法和社会保障法（第四版）》，中国人民大学出版社，2016，第227页。

劳动保护法是指国家为了保护劳动者在劳动过程中的安全和健康而制定的法律规范的总和。[①] 它的保护对象是非常明确的,即保护工作场所中劳动者的人身和财产安全。由于劳动者的人身和财产安全及健康是一种基本的人身安全需要,因此,劳动保护法的适用具有强制性和普遍性。一方面,劳动保护法条文多以强制性和禁止性规范存在;另一方面,劳动保护法的保护范围超出了劳动法意义上的劳动者,包括公务员等形态的社会劳动参与者。台湾地区所谓"劳工安全卫生法"20世纪70年代仅适用于危险性较高的矿业、制造业及交通运输业,到90年代扩展至农、林、牧、副、渔及传播和医疗保健等十五个领域。可见,随着现代工业的发展,劳动环境中的危险逐步增加,因为在劳资之间雇主更容易控制风险,也掌握更多的知情权,所以,用人单位必须承担向劳动者提供安全卫生设施的义务。

我国一直非常重视劳动保护方面的法律法规建设,相继制定了保护劳动者人身安全和规范用工场所管理的相关法律、法规。如1951年《工厂安全卫生暂行条例草案》、1952年《关于防止沥青中毒的办法》、1956年《工厂安全卫生规程》(1982年修订)、1987年《尘肺病防治条例》、1991年《企业职工伤亡事故报告和处理规定》、1992年《矿山安全法》、1995年《重大事故隐患管理规定》、2001年《职业病防治法》等,并于2014年对《中华人民共和国安全生产法》(以下简称《安全生产法》)进行了修订。《劳动法》第五十二条规定:"用人单位必须建立、健全劳动安全卫生制度,严格执行国家劳动安全卫生规程和标准,对劳动者进行劳动安全卫生教育,防止劳动过程中的事故,减少职业危害。"《安全生产法》第四条将这一责任进一步细化,规定:"生产经营单位必须遵守本法和其他有关安全生产的法律、法规,加强安全生产管理,建立、健全安全生产责任制和安全生产规章制度,改善安全生产条件,推进安全生产标准化建设,提高安全生产水平,确保安全生产。"这一系列完善的立法保障了用人单位履行对劳动者的保护照顾义务有章可循。

对于存在特定职业风险的行业,用人单位应建立健全职业病防治制度,并建立健全安全生产检查与生产安全事故应急救援制度。劳动关系运作过程中用人单位降低工作场所风险的途径主要有两种:一是提供相应的物质保障;二是规范劳动者的操作行为。但是,用人单位在提供了相应的物质保障条件后并不当然地免责,还应当继续履行告知义务,对劳动者加以教育,并在必要的场所设置警示标志,进一步履行对劳动者进行安全生产教

---

① 林嘉:《劳动法和社会保障法(第四版)》,中国人民大学出版社,2016,第227页。

育的义务。《安全生产法》第二十五条规定，生产经营单位应当对从业人员进行安全生产教育和培训，保证从业人员具备必要的安全生产知识，熟悉有关的安全生产规章制度和安全操作规程，掌握本岗位的安全操作技能，了解事故应急处理措施，知悉自身在安全生产方面的权利和义务。未经安全生产教育和培训合格的从业人员，不得上岗作业。从劳动者方面而言，劳动关系具有协作性，劳动者应遵守安全生产规章制度，服从管理和生产操作流程。

工作环境是以用人单位为主导的环境，工作环境的质量主要由用人单位掌控。劳动合同运行过程中，用人单位有对劳动者人身安全进行保护和照顾的义务。很多工作环境中存在的危害是隐性的，乃至需要一定的技术手段才能发现，劳动者并不具备这样的条件，但是长期在这些具有隐蔽危险的环境中工作会导致健康受损。以联建（苏州）科技有限公司（以下简称"苏州联建"）"正乙烷中毒"事件为例，受产业链控制形成的成本压力所致，苏州联建于2008年8月起用"正乙烷"代替"酒精"处理显示屏擦拭作业。正己烷是一种低毒液体，易挥发，长期吸入会导致肢体麻木、乏力、头痛，严重时会出现晕倒、癌症等状况，对身体有严重的损害。但是由于正乙烷是一种无色气体、气味极轻，劳动者对这种原材料的危害通常难以察觉。而苏州联建在使用正乙烷之前，并未对该原材料的使用风险进行科学的评估，也没有优化生产车间的通风系统，更没有为员工提供基本的防护口罩和面具。在使用正乙烷大约三个月后，在苏州联建模组五车间密闭的环境中，800余名劳动者中137名出现了头晕、手脚麻木等中毒状况，后经医院诊断，137名有症状劳动者中有101人正乙烷中毒，其中91人已经达到了工伤认定等级，更有一名神经严重受损的劳动者几乎丧失行走能力，治疗一年后方才好转。面对变幻莫测的制造业市场，用人单位随时有可能更换原材料，劳动者无法也无从了解每种原材料的来源及其安全系数。而劳动合同具有从属性，劳动者在整个的劳动过程中，要遵守用人单位的管理和规章制度，在对原材料不知情的情况下往往成为直接受害者。

为了保障雇员在工作过程中的安全，对于存在操作风险的工种，雇主对上岗前的劳动者应当进行培训。在某刺杀案中①，刘某某系贵州农民，在东莞市大朗镇某五金制品公司打工从事冲床操作。由于上岗前未经过任何职业培训，不懂操作规程，一周后刘某某遭遇工伤事故，失去右手，经劳动能力鉴定为五级伤残。东莞市大朗镇某五金制品公司没有为其投保，刘

---

① 参见广东省清远市中级人民法院（2019）粤18刑更1475号刑事裁定书。

某某不能申请工伤保险，只能要求雇主承担类似于工伤保险的赔偿责任。然而劳资之间未能就这一事故的赔偿数额达成一致，于是刘某某提起了劳动仲裁申请。仲裁申请要求该五金制品公司赔偿伤残补助金、伤残就业补助金及工伤医疗补助金等，共计 78280 元，以及后续医疗费 21.6 万元，然而仲裁庭仅支持了共计约 5 万元人民币的赔偿，刘某某于是提起诉讼。一审支持了刘某某 177293.37 元的赔偿请求，但是厂方不服，提出上诉。2009年 8 月15 日，刘某某在厂房大门内与生产经理赖某某发生争执，随后单位经理林某某、副经理邵某某赶来支援。争吵期间，刘某某持刀刺死邵某某，林某某经抢救无效死亡，赖某某负重伤。东莞市中级人民法院以故意杀人罪判处刘某某死刑，缓期二年执行，剥夺政治权利终身，附带民事赔偿 120余万元。此次案件应属于工伤之后，厂方处理不当导致的义愤杀人，用人单位未对刘某某进行岗前培训是导致工伤事故的直接原因。

### 二、财产安全照顾义务

根据卡拉布雷西的危险控制理论，由用人单位承担对劳动者的保护照顾义务，更有利于对风险的控制，同时降低事故的发生率。[①] 用人单位需给劳动者提供一定的防护措施、劳动保护工具等，如为接触石棉的劳动者提供防护衣，为商店仓库内受背部损伤威胁的搬运工提供必要的搬运机器等。[②] 这些义务由用人单位履行更能够发挥规模效应，符合社会效率的原则。以通勤工具的安全保护为例，如果由劳动者自行保护，那么每一个劳动者所能采取的安保措施都是非常有限的，无外乎是多增加一道防盗锁，或者将通勤工具放置于相对安全的视线之内。劳动者会由于惦记私人交通工具的安全，在工作的时候难以保持专心，造成生产效率的下降。而这一责任如果由用人单位承担，则可以产生一定的规模效应。用人单位可以在工作场所内开辟一个专门的区域存放通勤工具，委托一名专人看管即可，而事实上由于用人单位的厂房、机器设备等财产安全的需要，各用人单位通常就已经雇佣了相应的安保人员。也就是说，把劳动者相应财产的安全进一步列入用人单位安保人员的工作职责范围内即可。这样一来，既可以降低财产保护的成本，又可以将劳动者从财产安全的担忧中解放出来，促使劳动者全身心投入工作，提高生产效率。可见，由用人单位承担对劳动

---

① ［美］盖多·卡拉布雷西：《事故的成本：法律与经济的分析》，毕竟悦等译，北京大学出版社，2008，第 18-19 页。

② 曹艳春：《论雇主的保护照顾义务》，《法学论坛》2006 年第 3 期，第 101-106 页。

者相关财产的安全保护责任不仅符合劳动法的精神，也反映了经济学的成本控制原理。

### 三、职业安全照顾义务

狭义来讲，职业安全即通常所说的工业安全。工业生产环境创造了某些疾病产生的条件，因此带来了传统农业生产中所不存在的诸多风险，对职业安全的关注被提上日程。职业安全照顾义务起因于工作环境中隐藏的职业灾害。职业灾害，指就业场所之建筑物、设备、原材料、化学物品、气体、粉尘等或其他职业上原因引起的劳工疾病、伤害、残废或死亡，包括上下班途中的意外事故。[①] 职业安全的核心是职业病，职业病是指企业、事业单位和个体经济组织等用人单位的劳动者在职业活动中，因接触粉尘、放射性物质和其他有毒、有害因素而引起的疾病。[②] 对于存在职业风险的特定工作，劳动者依法享有职业卫生保护的权利。职业病的分类和目录由国务院卫生行政部门会同国务院安全生产监督管理部门、劳动保障行政部门制定、调整并公布。根据《中华人民共和国职业病防治法》（以下简称《职业病防治法》），我国建立了职业病危害项目申报制度。对于有特殊风险的行业，用人单位要进行申报，相关部门要对存在职业病危害因素的工作场所进行监控和评价并出具相应的评价报告。对存在特殊风险的劳动者要履行告知义务并建立职业健康监护档案，定期进行职业病的诊断和鉴定。《职业病防治法》第六条规定，用人单位的主要负责人对该单位的职业病防治工作全面负责。可见，法律将对于职业风险的防范责任分配给了用人单位，同时要求用人单位建立健全职业病防治责任制，提高职业病防治水平。由于职业病防治工作往往以预防为主，而用人单位对于职业病的预防更加有能力、有条件，同时也更加经济，因此各国法律通常都要求用人单位为劳动者提供符合标准的卫生和工作环境以保障劳动者免受职业病的侵害。

工业生产过程及新加入的生产材料并不是产生职业危害的唯一原因，职业危害的产生常常与雇主和雇员的规范和操作直接相关。[③] 为保障工作场所安全，我国陆续制定了《职业病防治法》《工作场所职业卫生监督管理规定》《工作场所职业病危害警示标识》《高毒物品作业岗位职业病危害告知

---

① 黄越钦：《劳动法新论》，中国政法大学出版社，2003，第439页。
② 参见《中华人民共和国职业病防治法》第二条。
③ ［美］C. A. 摩尔根：《劳动经济学》，杨炳章、陈锡龄、曹贞敏等译，工人出版社，1984，第322页。

规范》等法律、规章和标准。之所以将职业安全保护的责任分配给用人单位，是因为在对职业病的证明和鉴定上劳动者是技术和资金的弱势方。例如，河南新密市人张某某，2004 年 8 月与郑州某耐磨材料有限公司建立劳动关系，2007 年 8 月开始因胸闷、咳嗽等症状，先后在郑州市第六人民医院、河南省人民医院、郑州大学第一附属医院、河南省胸科医院就诊，2009 年又在北京协和医院、中国煤炭总医院、北京朝阳医院、北京大学第三附属医院就诊。诊断结论为双肺有阴影，"疑似尘肺"和"不排除尘肺"，而指定职业病鉴定机构郑州市职业病防治所出具的鉴定结论为"肺结核"。按照法律规定，只有法定的职业鉴定机构出具的鉴定结论才可以作为认定职业病的证明。确诊张某某为"尘肺病"的多家医疗机构由于不具备法定职业病诊断资质，所作诊断"无用"。无奈之下，张某某不得不要求"开胸验肺"来证明自己。

职业安全在劳动者保护和照顾中占据重要地位，不仅仅是因为特定行业存在的职业风险，更是因为劳动过程本身潜藏着一定的隐性伤害，过劳死就是这一伤害的极端表现。通常认为，过劳死是指在劳动过程中，由于劳动强度的提高或压力的增大，破坏了劳动者的生活规律，进而造成血压升高、动脉硬化，长期积劳成疾以致劳动者丧失生命的一种恶性伤害。与职业病相比，造成过劳死的原因常常是隐性的，即使用人单位按法律法规及行业要求提供了符合职业安全的物质保障，也不能排除过劳死的可能。过劳死常由劳动者长期受困于职业压力，甚至"自愿"选择加班所致。以胡某某过劳死一案为例。胡某某系某互联网企业员工，2006 年 4 月 28 日感到身体不适，被医生诊断为感冒，最终确诊为脑膜炎，昏迷十多天后去世。据报道，胡某某在病发前连续两周加班。2006 年 3 月下旬，胡某某为某重点项目进行封闭研发并开始加班。封闭研发期间，胡某某每日工作到凌晨，然后在实验室的简易床垫上休息，很少回家。近年来，过劳死的案件屡见不鲜。据 2012 年的一份统计，每年"过劳死"的人数达到 60 万，"过劳死"已经发展成为超过"工伤"死亡的头等威胁，并且这一趋势还在进一步蔓延。

职业安全具有极强的隐蔽性特点，劳动者对工作场所的安全隐患常常不易察觉，因此雇主负有保持工作环境安全并向劳动者告知相关安全隐患的义务。根据《用人单位职业病危害告知与警示标识管理规范》第二条规定："职业病危害告知是指用人单位通过与劳动者签订劳动合同、公告、培训等方式，使劳动者知晓工作场所产生或存在的职业病危害因素、防护措施、对健康的影响以及健康检查结果等的行为。"过劳死的根本原因常是工业劳动带来的危害，因此内含着工伤的某种特性，只是因具有一定的时间跨度而往往难以识别。因此，有学者指出应该将过劳死列为工伤的特殊形式，过劳死的赔偿金也建议比照工伤来确定。1996 年劳动部发布的《企业职工工伤保险试行办法》规定，"由于工作紧张突发疾病造成死亡，或经第一次抢救治疗后全部丧失劳动能力的"，属于非典型工伤，而这里的非典型工伤与"过劳死"之间已经具有了更多的相似性。2004 年施行并于 2010 年修订的《工伤保险条例》第十五条第一款规定："在工作时间和工作岗位，突发疾病死亡或者在 48 小时之内经抢救无效死亡的，视同工伤。"从某种意义上可以说，工伤与过劳死的界限已经越来越模糊，

职业危害常常需要依赖一定的技术和医疗手段才能检测出来，因此劳动者对于职业危害通常是不知情或者不够知情的。以"江苏昆山 8·2 特别重大铝粉爆炸事故"为例。事故的直接原因是操作车间的除尘系统长时间未按规定加以清理，导致铝粉尘聚集而引发爆炸。对此，劳动者受限于信息和技能往往是不知情的。面对各种严重的职业场所安全事故，为提高用人单位对职业病危害告知与警示标识管理工作的认识，并对其加以指导和规范，2014 年 11 月 13 日国家安全监管总局办公厅发布了《用人单位职业病危害告知与警示标识管理规范》（以下简称《规范》），要求雇主"在醒目位置设置职业病防治公告栏，并在可能产生严重职业病危害的作业岗位以及产生职业病危害的设备、材料、贮存场所等设置警示标识"等。职业病危害警示标识是指在工作场所中设置的可以提醒劳动者对职业病危害产生警觉并采取相应防护措施的图形标识、警示线、警示语句和文字说明及组合使用的标识等。这一规定明确了单位的告知与标识义务。可见，关于具体是否存在职业危害的检测工作由立法分配给了用人单位。《规范》明确规定"用人单位通过与劳动者签订劳动合同、公告、培训等方式，使劳动者知晓工作场所产生或存在的职业病危害因素、防护措施、对健康的影响以及健康检查结果等的行为"。其第十二条规定："用人单位应在产生或存在职业病危害因素的工作场所、作业岗位、设备、材料（产品）包装、贮存场所设置相应的警示标识。"对存在严重职业病危害隐患的工作场所，如存在"矽尘或石棉粉尘、'致癌'、'致畸'等放射性危险的工作岗位"应发放告知卡。

用人单位承担的职业危害告知义务及具体的告知要求和方法在《规范》中均有明确的规定。如《规范》第十三条规定，对于可能存在职业风险的工作场所，用人单位应当在场所入口处及产生职业病危害的作业岗位或者设备附近的醒目位置设置相应的警示标识。对于相关的职业危害，用人单

位不但对劳动者负有告知的义务，必要时必须进行技术培训，培养劳动者的安全意识，并有针对性地采取防护措施。对存在职业风险的行业或工种，雇主有义务将潜在的风险和职业病种类提前告知雇员，并采取必要的防护措施。具体而言，首先，雇主应对风险进行公告，发布相关的规章制度，并在相应的危险场所设置警示标识。公告栏和警示标志均应以劳动者可见、易见为原则，公告栏可以设置在公共办公场所及其出入口等位置，警示标识以设置在产生职业病危害的作业岗位附近为宜。用人单位承担公告栏和警示标识的维护责任，根据《规范》规定，用人单位至少每半年对相应的公告栏和警示标识检查一次，如有毁损应及时修整或更换。其次，用人单位应将工作中可能产生的职业病危害及其后果在书面劳动合同中告知劳动者。为避免合同过于冗长，职业病告知内容可以列在合同附件之中。在劳动合同的履行过程中，若因调岗等原因导致劳动者工作内容有变，可能产生新的潜在职业危害时，用人单位应当履行再次告知的义务。再其次，在正式上岗工作前，对确有职业危险的工种，用人单位应对其进行岗前培训，以确保劳动者知悉工作环境中潜在的危险，并掌握相关的应急措施。对劳动者必须遵守的职业病防治措施和相关设备的操作流程必须进行考核。在工作进行过程中，发现安全生产隐患时，应立即停止作业，安排劳动者有序撤离工作场所。

从世界范围来看，劳动安全卫生已经逐渐演变为工作环境安全权，产生了新的"工作环境权"。国际劳工组织指出，工作环境权的内涵更加广泛，不仅包括机器设备、原材料及企业内部操作空间的安全，也包括家庭内部的劳动、教师工作的教室、矿工工作的矿坑及运动员的运动场所等。1981年，国际劳工组织第164号建议书指出，健康不仅限于没有病痛，还包括在工作时劳工在身心上的舒适程度，为此国际劳工组织宣示各国应有一致性的劳工安全卫生及工作环境政策。[1] 为了工作环境安全得到保障，以法国、德国、比利时、瑞典等国为代表的发达国家都设置了劳工代表参与企业相关决策与雇主进行共同管理的安全卫生委员会制度。为了保证劳方代表获得充分的信息以利于其做出判断和决策，绝大多数欧洲国家均立法要求雇主向劳方代表公开相关的资讯。同时，为了避免相关信息公开可能给雇主造成的损失，平衡劳资之间的利益，国际劳工组织第155号公约规定，劳工代表不得随意泄露其基于代表身份获得的相关信息。在德国，劳工参与发挥的实质影响力很强。雇主所需要采取的任何劳工安全措施均应

---

① International Labour Conference, 66<sup>th</sup> Session 1980, Report Ⅶ(a)(1), op.Cit., p.43.

与员工代表协商后决定，劳工代表有对相关措施提出议案的权利，如果劳资之间未能达成协议，则双方需要将相关议案提交仲裁委员会进行仲裁。在特定的危险环境下，劳工代表有一定的处置权限。如果发生了危及劳工安全与健康的情形，劳工代表有权要求停工。在没有劳工代表参与的个别劳动场所，如果确实存在可能对健康和安全造成危害的情况，劳动者有权选择停工，当然同时要向相应的上级主管部门汇报，除非主管部门采取了相应的防护措施，否则个别劳动者也可以拒绝复工。

### 四、生老病死照顾义务

劳动创造了人类生产和生活需要的大部分物质和精神财富，占据社会主要劳动力的大部分日常生活时间，因此劳动从来不仅仅是谋生之道，更内含着人们对一种令人满意的生活方式的期待。从某种意义上讲，如果不能从劳动本身获得满足和幸福感，那也是一种悲剧。在农耕社会，人们依附于土地，迁徙是偶然的，因此血缘关系极其牢靠和稳定，基于血缘和地缘关系而建立起来的家庭承载了重要的社会功能。"家是包括父母及未成年子女的生育单位，它给丧失劳动能力的老年人以生活的保障，也有利于保证社会的延续和家庭成员之间的合作。"[1] 不夸张地说，工业革命之前，生老病死的社会功能主要是由家庭来承担的。婴儿出生、新人成家都有相应的喜宴以保证新出生的婴儿或新成家的新人从亲朋好友处获得相应的财富，以维持新生儿的生活或保障新家庭的组建。比如，新郎的父母会为亲友准备盛宴，"这是亲属集会的一个场合，他们之间的联系因而也得到了加强。每门亲朋都要以现钱作贺礼，至于送多少钱，由他们之间的亲疏关系而定"[2]。在费孝通先生看来，婚宴是农耕社会中群众创造出来的庆典之一，有很强的娱乐功能，其他如新生儿喜宴、老人的丧葬礼仪等也具备同样的作用，而亲友以现金为礼则明确彰显了这一仪式的金融功能。[3] 在按揭贷款及各种银行消费借贷不发达的农耕社会，通过类似的仪式礼尚往来地筹钱无疑反映了民间的互助智慧，并且很好地发挥了以血缘和家庭为基础的保障作用。

工业社会中的契约劳动摧毁了传统的农耕文明，以家庭为基础的养老及具有扶持性质的邻里关系逐渐瓦解。在费孝通先生笔下，当乡村经济受

---

① 费孝通：《江村经济》，北京大学出版社，2012，第29页。
② 费孝通：《江村经济》，北京大学出版社，2012，第43页。
③ 费孝通：《江村经济》，北京大学出版社，2012，第41-42页。

到工业文明的冲击后，原本在家庭作坊中纺纱的"妇女在社会中的地位逐渐起了变化"，因为进入工厂工作的妇女可以获得不直接依赖于土地的收入，而"现在挣工资被看作是一种特殊的优惠，因为它对家庭预算有直接的贡献"①。这也对传统的亲属关系产生了影响。因为纺纱厂的妇女要服从工厂工作的节奏，因此生育后不得不尽快跟孩子分离，由婆婆代为抚养孩子。挣钱的人从传统家庭成员中分离出来，亲属关系开始随着工业社会的变迁而逐步调整，自古以来促成社会稳定的因素土地和血缘关系逐渐变得松弛。待到规模化的工业雇佣形成之后，社会中的主要劳动力与传统的土地和家庭之间关系更加松散。与此同时，人们失去了传统的社群支持，成为工业社会中的一个个孤立无援的社会分子，对安全感的关注与日俱增。"正如人类的生物性存在决定了人类片刻也离不开空气呼吸一样，人类的社会性和政治性存在要求有一个功能性社会辅助其间"，传统的以土地、家庭和血缘为基础的社会安全保障系统被摧毁了，而取代这一保障功能的"业已成型运转的功能性工业社会尚不存在"②。"只有当社会能够给予其个体成员以社会身份和社会功能，并且社会的决定性权力具有合法性时社会才能够成为社会。"③ 在原子化的社会中，并不存在真正的社会，而这直接造成了人们内心的恐慌。在彼得·德鲁克看来，这是两次世界大战爆发的根本原因。彼得·德鲁克进一步指出，传统社会保障功能的丧失是导致人们恐慌的根本原因，正是这种无法掩盖的恐慌促使人们轻易相信了集权主义提供的荒谬承诺。④ 由丹尼斯·甘塞尔导演的《浪潮》演绎了一场当下关于集权主义重生的试验。一群自由散漫的学生在短时间内顺从于"浪潮"组织，并一发不可收拾，酿成灾难。其中，对这一集权实验最为热衷的蒂姆是一个极度缺乏归属感的人。事后在反省自己对这一事件的态度时，卡罗问马科："当初，你为什么就同意参加了浪潮呢?"马科的回答则几乎诠释了集权主义的根源，他说："你有一个完整的家庭，而我却没有。"可见，人们对于归属感的需求超出了自身的想象。从某种意义上说，正是对于归属感的渴望促成了集权主义的诞生。在传统的农业社会，为社会成员提供归属

---

① 费孝通：《江村经济》，北京大学出版社，2012，第 203 页。

② ［美］彼得·德鲁克：《工业人的未来》，余向华、张珺译，机械工业出版社，2016，第 12-13 页。

③ ［美］彼得·德鲁克：《工业人的未来》，余向华、张珺译，机械工业出版社，2016，第 15 页。

④ ［美］彼得·德鲁克：《工业人的未来》，余向华、张珺译，机械工业出版社，2016，第 17 页。

感的责任是由家庭承担的，而如今，因为工作而分居的家庭比比皆是，家庭已经不再是人们归属感的摇篮。在工业社会中，克服这种惊慌和崩溃并恢复归属感社会功能的一个出路是把企业当作社区，并赋予其社会地位、社会权利，由企业来承担传统农耕社会中由血缘和家庭承担的社会功能。

劳动法是社会法，属于第三法域，用人单位除"经济人"的身份之外，还具有"社会人"的身份。1924 年，英国学者欧利文·谢尔顿在关于"企业社会责任"的理论中提出了企业"社会人"的概念，突破并矫正了亚当·斯密的经济人理论。社会人理论认为企业扮演着双重角色，其"社会人"角色要求企业在追求经济效益的同时，不可避免地会与社会中的其他利益群体发生社会关系，从而形成企业公民，因此要承担一定的社会责任。企业的"社会人"身份并未否认其"经济人"的身份，而是对"经济人"身份的补充和完善。董保华教授认为如果一种制度安排逼迫企业必须在"经济人"和"社会人"之间做出非此即彼的选择，那就说明制度安排出了问题，因为"经济人"和"社会人"属性都是企业的本源属性。[①] 近代国家存在的合理性基础之一便是提供公共安全和社会保障的功能，2018 年，我国《宪法》第四十二条规定："国家通过各种途径，创造劳动就业条件，加强劳动保护。"第四十五条进一步重申："中华人民共和国公民在年老、疾病或者丧失劳动能力的情况下，有从国家和社会获得物质帮助的权利。国家发展为公民享受这些权利所需要的社会保险、社会救济和医疗卫生事业。"

在公民生老病死的保障方面，我国主要有两套保障系统。一套是以居民为主体的保障系统，以新型农村养老保险和城镇居民养老保险为主，其特点是覆盖面广、保障水平低。另一套是以劳动关系为依托建立起来的社会保险系统，其保障水平相对较高但是覆盖面较狭窄。就目前来看，生老病死的社会保障功能主要由社会保险来承担，而社会保险的主要责任主体是用人单位。可见，劳动关系的良性运转对社会的稳定、劳动者基本权利的保障起到了保驾护航的作用。

我国《宪法》中的社会保障责任主要是通过劳动基本法来加以落实的。《劳动合同法》第十七条第一款第七项将"社会保险"列为劳动合同的必要条款，可见我国劳动基本法对社会保障责任的承担和诠释。社会保险的基本险种在各国有所差异。比如，除基本的养老保障以外，德国还设有长期护理险、子女教育险、职业康复险；法国的社会保险种类和我国基本一致，

---

① 董保华：《名案背后的劳动法思考》，法律出版社，2012，第 170 页。

只是将工伤分为工伤保险和伤残保险两种；俄罗斯设有专门的育儿保险。另有很多国家设有扶养未成年儿童的社会抚养费。尽管名称有所不同，但社会保险所保障的基本内容是一致的，如育儿保险和社会抚养费及我国生育保险中的幼儿医疗和护理费用有一定的相似性，总的来讲都是以涵盖生老病死为基本范畴而加以设定的。我国的社会保险目前包括养老、医疗、生育、工伤、失业这五种，基本涵盖了生老病死的保障。其中养老保险由于具有必然性和长期性，是这五项险种中开支最大的一项，占社会保险经费支出的三分之二左右，有些年份甚至达到90%。医疗保险次之。失业保险具有偶然性，而且我国失业保险的缴费群体通常失业率较低，因此，尽管失业保险缴费率很低但是依然出现了结余，各地区正在纷纷下调失业保险的缴费比例。生育和工伤保险是由用人单位负担的保险，劳动者无需缴费。如果用人单位没有履行这两项保险的缴费责任，则原本应该由社会保险基金承担的责任转由用人单位来承担，相关生育和工伤的医疗及护理费用由用人单位支付。可见，我国的社会保险实际上是一种单位责任，宪法的原则性规定通过劳动基本法被分配给了用人单位，用人单位实质上承担了对劳动者的生老病死的主要保障责任。

# 第七章　用人单位的附随义务

## 第一节　保障劳动关系顺利运行

附随义务一般指合同主义务之外的所有义务。附随义务是对于相对之债的内容拓展，提升了合同之债的保障功能。[①] 一般的附随义务产生于合同法，为达到契约目的，普通合同附随义务对双方当事人平等适用。劳动合同与普通民事合同不同，其更加强调对劳动者的倾斜保护，因此，劳动合同的附随义务也相应地在合同自由的基础上受到一定限制。附随义务存在的一个重要作用是平衡社会利益，追求实质正义，因此劳动合同附随义务具有当事人之间权利义务不对等的特点。为实现实质正义，劳动合同附随义务将主要的负担和风险分配给了用人单位。如签约阶段产生的立约费用由用人单位承担，劳动关系结束后，用人单位依然负有转移档案关系、出具证明、保密等义务。目前，劳动合同签订后，劳动者对劳动合同有极强的人身依附性，而附随义务在劳动合同文本中常难以显现。劳动者的维权能力较弱，这导致劳资双方特别是用人单位一方对附随义务不够重视。因此，有学者提出一些现有的附随义务有上升为法定义务的趋势和必要。某些彰显劳动关系本质的附随义务，更有上升为主义务的趋势。如对劳动者的保护照顾义务，传统劳动法学者普遍认为，保护照顾义务应为附随义务。但是近年来，支持将劳动者保护照顾义务定性为主义务的学者逐渐增多，因为用人单位对劳动者的保护照顾义务充分彰显了劳动合同的人身性，是对劳动合同黏附性和稳定性的认可。笔者也赞同这一观点。

由于劳资力量的悬殊和集体维权的不发达，我国劳动合同附随义务的实现一直是一个难题，从立法层面将学界公认的类型化附随义务法定化尤

---

[①] 梁三利、陆军：《合同附随义务理论发展演变及其思考》，《学海》2005 年第 1 期，第 142–146 页。

为重要。劳动合同附随义务的法定化能够更加充分地保障劳动者的利益，也符合劳动合同的自身特点。《劳动合同法》将诚实信用原则纳入立法的基本原则，同时规定劳动者的保密义务，实际上已经体现了附随义务法定化的趋势。如《劳动合同法》第三条规定："订立劳动合同，应当遵循合法、公平、平等自愿、协商一致、诚实信用的原则。"为附随义务的实现设定立法原则，无疑是一个进步，在发生因附随义务而产生的劳动纠纷时，法官可以根据这些弹性的原则来加以判定。此外，《劳动合同法》第八条关于劳资双方告知权的规定，实际上也彰显了附随义务法定化的过程。《劳动合同法》第八条规定："用人单位招用劳动者时，应当如实告知劳动者工作内容、工作条件、工作地点、职业危害、安全生产状况、劳动报酬，以及劳动者要求了解的其他情况；用人单位有权了解劳动者与劳动合同直接相关的基本情况，劳动者应当如实说明。"针对现实中存在的用人单位借招聘之机非法牟利的情形，《劳动合同法》第九条规定："用人单位招用劳动者，不得扣押劳动者的居民身份证和其他证件，不得要求劳动者提供担保或者以其他名义向劳动者收取财物。"这也是一个将用人单位承担招聘成本的附随义务法定化的证明。

《劳动合同法》较《劳动法》更多地体现了传统劳动合同附随义务法定化的趋势。《劳动法》没有规定劳动合同的后合同义务，《劳动合同法》则将后合同义务法定化了。《劳动合同法》明确规定了用人单位相关附随义务，不足之处是未明确用人单位违反附随义务应承担的法律责任。此外，有些义务被法定化了，而有些则付之阙如。涉及违反附随义务责任问题的规定目前只有《劳动合同法》第八十四条，并且该规定只涉及用人单位扣押证件、向劳动者收受财物及档案应承担的法律责任，对于保密及告知等其他附随义务的法律责任均未涉及。在已经规定的附随义务法律责任中，也出现了"并依照有关法律规定给予处罚"的模糊规定，而这里的"有关法律"也是指向不明，可见我国用人单位附随义务法定化还有待完善。

从世界范围看，劳动法一直未与民法完全决裂，德、法、日、英、美等国的劳动契约一直以来均遵守着债法的一般原则。对于目前语焉不详的用人单位附随义务，可以依赖合同的一般原则或《劳动合同法》第三条规定的"合法、公平、平等自愿、协商一致、诚实信用的原则"来加以判定。如果用人单位违反先合同义务，造成合同未能成立，导致劳动者丧失了其他订约机会，这种机会成本的丧失也应是司法裁判所需要考量的。我国劳动立法自诞生以来有其独特的发展路径，但是在司法领域劳动法一直适用民事案件的审判模式。二元立法使得劳动法的立法较容易呈现出社会法的立法特性，但是由于立法脱离了传统民事基本精神的约束，常导致立法理论过于简单和仓促，乃至过于理想化。有观点认为，《劳动合同法》中关于劳动者保护的推崇，实际上脱离了民事契约原则的基本约束，因此而演化出来的劳动合同长期化、书面化、僵化等已经被证明阻碍了劳动关系的顺利运行，也将司法审判带入困境。很多法官表示，根据《劳动合同法》加以判决，可能会直接导致用人单位破产。因此，在重视劳动法社会法特性的同时，只有承认劳动合同的契约性，才能更好地对劳动合同附随义务加以规范。而前述德、法、日、英、美等国，其劳动法在立法领域一直沿袭民法的传统，劳动合同也基本上坚持民事合同的要求，但是在司法领域则构建了独立的劳动法院或劳动法庭，借助司法实践对劳动法不同于民法之处加以修正，以实现劳动权的救济。

### 一、依法制定单位规章

用人单位的规章制度是用人单位依法制定的关于组织生产及对劳动者进行管理的内部规则，在企业范围内具有一定的规范效力。劳动合同具有持续性，可能长达数年乃至数十年，劳资双方在签约之初不可能预见到合同运行过程中可能出现的所有问题，加上市场环境多变，劳资双方在签订合同时不可能对劳动全过程进行全面而周密的安排。因此，从某种意义上讲，劳动合同天然具有"不完全合约的性质"①。由于劳动关系的继续性特点，劳资之间的权利和义务并非在合同实施之前凭一纸合同可以完全确定，随着时间的推移会逐渐变化。产品销售和劳动力市场的风云变幻，也会导致劳动合同变成不完全合同。在劳动关系的运行过程中，单位规章对劳动关系有着个别劳动合同所不具备的调整作用。单个劳动合同由于数量甚众，不可能随时逐一签订，对于劳动关系运行过程中出现的必要的变化，如工资上涨、劳动纪律调整等，只能依赖用人单位规章加以修正。因此，用人单位在劳动关系运行过程中当然地会获得一定的指示权。这种指示权是劳资关系顺利运行的必须，通常通过单位规章来获得。因此，单位规章在某种意义上是一种定型化的劳动合同条款，应作为劳动合同的附件，在签订劳动合同时即对劳动者履行告知义务。

对劳动关系起调整作用的规则主要有法律法规、规章、集体合同、劳

---

① ［美］O. 哈特：《企业、合同与财务结构》，费方域译，上海三联书店、上海人民出版社，1998，第 2 页。

动合同及单位规章。其中，法律法规和规章的制定属于立法或准立法行为，均有严格的制定程序。集体合同和劳动合同主要呈现契约性的特点，在制定过程中保障了双方的意志，体现了劳资之间的共治。单位规章则是上述规则的一个例外，单位规章的制定不是立法行为，但是可以约束劳动者，甚至能在劳动关系运行过程中为劳动者增设义务。我们也要看到，尽管《劳动合同法》第四条规定"用人单位在制定、修改或者决定有关劳动报酬、工作时间、休息休假、劳动安全卫生、保险福利、职工培训、劳动纪律以及劳动定额管理等直接涉及劳动者切身利益的规章制度或者重大事项时，应当经职工代表大会或者全体职工讨论，提出方案和意见，与工会或者职工代表平等协商确定。在规章制度和重大事项决定实施过程中，工会或者职工认为不适当的，有权向用人单位提出，通过协商予以修改完善"，但是，这并不代表规章制度是劳资双方共同作用的结果，因为劳方的意见并不具有否决权，在资方坚持不修改相应的规章制度时，劳方并不具有相应的抗衡措施。在我国，劳动者通过集体协商进行表意的能力较弱，在单位规章制定过程中鲜有决策参与权。《劳动合同法》第四条规定："用人单位应当将直接涉及劳动者切身利益的规章制度和重大事项决定公示，或者告知劳动者。"劳动者对用人单位的规章通常无法改变。

在世界范围内，单位规章的地位"是非常独特而且常常引起争议的"①。单位规章主要包括单纯反映公司经营理念和人事管理的内容，以及涉及通常意义上的劳动契约的合意内容。② 因此，单位规章在制定程序上仅由单位单方决定是存在法理缺陷的。由于劳动者在规章制定过程中参与程度有限，因此规章的涵盖内容应有一定的限制。黄越钦指出，用人单位规章的制定界限，"应以劳务给付依契约本旨实现必要之具体化为限"③。黄程贯认为，单位规章的涵盖内容不应涉及劳动合同的主要给付义务，如报酬支付、劳务提供等。④ 事实上，单位规章不可避免地会涉足劳动权利的核心内容，因此，单位规章的制定至少要遵守劳动合同的基本内容，或称之为"劳动合同保留原则"⑤。在单位规章和劳动合同发生冲突时，有必要明确相应的冲

① 颜雅伦、蔡淑娟：《知识经济下之劳雇关系与企业竞争力》，台湾思益科技法律事务所，2002，第148页。
② 林更盛：《对工作规则法律性质的几点初步想法——评"最高法院"八十年第二二四三号判决》，《月旦法学杂志》2002年第91期，第327-328页。
③ 黄越钦：《劳动法新论》，中国政法大学出版社，2003，第146页。
④ 黄程贯：《劳动法》，台湾空中大学，2002，第454-456页。
⑤ 沈同仙：《劳动法学》，北京大学出版社，2009，第118页。

突选择机制。用人单位规章制度是劳动关系有序运行的必要保障，但是由于规章制定的主动权主要在用人单位一方，因此存在着用人单位借助规章制度侵犯劳动者权益的可能性。为了在保障生产秩序和劳动者权益之间寻找到一个合理的平衡点，不同国家和地区在用人单位规章制度的制定上确立了不同的原则。如日本《劳动基准法》第九十二条规定："雇佣规则不得违反法令或适用于该工场的劳动协约。"韩国《劳动基准法》第九十九条规定："雇佣规则不得违反法令或作业场所的团体协约。"我国立法界也已经开启了类似的立法理念，如《最高人民法院关于审理劳动争议案件适用法律若干问题的解释（二）》第十六条指出："用人单位制定的内部规章制度与集体合同或者劳动合同约定的内容不一致，劳动者请求优先适用合同约定的，人民法院应予支持。"

在我国，用人单位规章往往成了由单位单方制定但可以直接约束劳动者权利的管理制度。从理论上讲，单位规章由单位单方制定，内容应限定为劳动关系运行过程中的职业行为规则，不宜涵盖劳动者实质利益的内容，但是，现代化大生产的客观要求使然，单位规章作为"最直接的劳务管理手段"被广泛应用。① 以违反规章制度作为解除劳动合同的条件，实际上赋予了用人单位单方解除劳动合同的权利。用人单位规章制度在司法实践中成了裁判适用的依据，由于单位规章的适用而侵犯劳动者权利的案件屡见不鲜。2016年，北京市第三中级人民法院第5485号民事判决再一次将规章制度的效力问题推向公众的视野。被告苏某系北京某汽车公司雇员，由于在2015年8月24日值夜班期间观看淫秽录像，被单位起诉。汽车公司诉称单位《安全奖惩制度》第七十六条明确规定："工作期间，以各种形式进行赌博的；或观看、传播淫秽视频的，单位有权解雇劳动者。"该用人单位规章的制定经过了内部的民主表决程序，并且履行了对劳动者的告知义务。苏某的签收回执显示"收到《安全奖惩制度（试行）》宣传手册一本，并同意按手册执行"，证明苏某已于2014年7月8日收到单位的《安全奖惩制度》。汽车公司依据《安全奖惩制度》向苏某送达了解除合同通知书，并获得了仲裁机构和法院的支持。尽管此案中用人单位的《安全奖惩制度》在程序上并无瑕疵，但是将"观看淫秽视频"列为合同解除事由却引起了广泛的争议。关于在办公场所是否可以观看淫秽视频，法律没有明确的禁止性规定，通常将其列为职业道德问题。办公环境有一定的公开性，用人单位有义务保证全体员工的安全和舒适。由于办公场所通常是男性和女性共

---

① 赵瑞红：《劳动关系》，科学出版社，2007，第151页。

同的活动空间，因此，对于在办公场所观看淫秽视频的行为理应有所限制。国外已经有很多判例支持对有此类行为的劳动者解除合同。但是，本案有一定的特殊性。苏某观看淫秽视频是在其值夜班的休息室，而夜班休息室与普通的办公场所不同，具有一定的私密性，通常不会给其他员工造成不适。单位以此解除劳动合同，存在规章制定权扩大适用的嫌疑。

为了适应市场经济的发展，单位规章在劳动关系运行过程中难免需要修改。由于劳方在修改规章过程中发挥的作用极其有限，雇主常通过规章的修改剥夺或限制劳动者的合法权益，甚至改变劳动合同的内容。在用人单位规章事实上由资方单独制定的背景下，无疑要对规章变更的事项、范围和条件加以限制。在现实生活中，劳动者常常在签订劳动合同之后才被告知单位规章。员工在入职前常有一个类似"员工守则"的考试，通过考试了解单位内部的劳动纪律，而这种劳动纪律常内含着重要的契约信息。例如，很多销售岗位的劳动合同规定了劳动者的基本工资，但以附件的形式限制了领取工资的条件，常见的是必须达到一定的销售额，而且由于销售额出现在规章当中，因此用人单位可以随时调整。用人单位可以通过规章的调整将劳动合同的稳定性完全掌控在了手中。可见，单位规章与劳动合同事实上有一定的联动性，二者发生冲突时如何适用取决于两者的优先级别。2006年《最高人民法院关于审理劳动争议案件适用法律若干问题的解释（二）》第十六条已明确规定："用人单位制定的内部规章制度与集体合同或者劳动合同约定的内容不一致，劳动者请求优先适用合同约定的，人民法院应予支持。"这一内容被学界称为"劳动合同保留原则"。"劳动合同保留原则"为劳动合同与规章不一致情形的适用提供了蓝本，但对于劳动合同未明确规定的内容，以及合同中明确表示"参照单位规章"或者参照"劳动纪律"的内容则无从约束。并且，由于单位规章适用的普遍性，单位出于适应市场或经营需要变更单位规章的，为避免"一个用人单位执行不同的管理制度，使用人单位的管理秩序陷入混乱"的局面，有学者提出应承认修订后的单位规章对原劳动者的法律约束力。[1] 这事实上也扩大了单位规章的效力，甚至在一定程度上承认了单位规章对劳动合同的修改权。

用人单位规章制度的制定主要有三种模式，即工厂协议模式、劳动者有限参与模式、用人单位单独制定模式。[2] 就我国的情况而言，绝大多数属

---

① 廖正江：《用人单位适用劳动合同制度疑难问题解读》，中国法制出版社，2007，第67页。
② 沈建峰：《论用人单位劳动规章的制定模式与效力控制》，《比较法研究》2016年第1期，第15-27页。

于劳动者有限参与模式。日本《劳动基准法》赋予了劳动者在规章制定时享有一定的参与权,与我国的劳动合同立法极为相似。允许劳动者参与,但是参与本身仅具有程序价值,劳方并不具有否决权。单位只要遵循了听取意见的程序,单位规章的制定就是合法的。我国在用人单位规章制度约束方面既要顾及工会、集体合同制度的效力,也要注重对劳动者权益的平衡。在制度设计时,必须考虑劳动者参与程度较低的客观现实,可以参考工厂协议模式对规章的制定加以约束。根据德国法律,工厂协议是雇主和工厂委员会之间"具有规范特征和债权效力的私法上的合同"①。德国《工厂组织法》规定,单位内部工厂委员会和雇主共同签订工厂协议组成单位规章。德国肯定了工厂协议对即将入职的劳动者的规范效力,要求工厂协议必须以书面形式存在,并且对外公开。

我国《劳动合同法》第四条赋予了用人单位制定规章制度的权利和义务。该条第一款规定:"用人单位应当依法建立和完善劳动规章制度,保障劳动者享有劳动权利、履行劳动义务。"在赋予用人单位制定规章制度权利的同时,该条第二款对用人单位规章制度制定的程序环节进行了具体规定:"用人单位在制定、修改或者决定有关劳动报酬、工作时间、休息休假、劳动安全卫生、保险福利、职工培训、劳动纪律以及劳动定额管理等直接涉及劳动者切身利益的规章制度或者重大事项时,应当经职工代表大会或者全体职工讨论,提出方案和意见,与工会或者职工代表平等协商确定。"所以,规章制度的制定并不是漫无边际和无章法的,在一定程度上受到劳方的约束。对用人单位规章制度的限定方式主要有两种,即列举式和概括式。如日本采用列举方式规定了十个方面的规章可以规范的内容,具体包括:(1)工作时间、休息休假;(2)工资核定、支付办法与发放日期及其增减事项;(3)退职事宜;(4)退职津贴及其他津贴、分红与最低工资等事项;(5)膳食费、工作用品及其他开支负担;(6)安全卫生;(7)职业培训;(8)事故补偿、非因工负伤、疾病救济等;(9)奖惩办法;(10)可以适用于全体工人的其他事项。

国内外虽然尚未就规章制度的法律效力达成统一的观点,但是承认其法律效力逐渐成为趋势。由于我国立法实际上并未将规章制度列为劳动合同的附件,所以规章制度在我国不属于契约的内容。但由于其当然地对劳动者有一定的约束力,因此毋庸置疑具有一定的准立法性。目前我国主要从内容和程序两方面来规范单位规章制度。从内容上讲,用人单位制定的

---

① [德]雷蒙德·瓦尔特曼:《德国劳动法》,沈建峰译,法律出版社,2014,第596页。

规章制度必须合法，不得违反法律和行政法规。如果单位规章不合法，该怎样救济呢？劳动者可以以用人单位规章不合法为由提起诉讼吗？就程序而言，劳方代表不同意规章制度可以协商，但是协商无果后并无相应的救济机制。至于规章制定后的公示和公告制度，充其量只能理解为"法"的公布。但由于用人单位规章制度实际上对劳方具有约束力，从合同的角度看，契约一方制定的规章制度对另一方发挥了当然的约束力，所以，规章制度应作为劳动合同的附件而存在。在签订劳动合同之前将用人单位规章呈现给劳动者，这是给劳动者一次选择的机会。同时，用人单位规章制度并不是一成不变的，它会随着用工环境的变化而变化。但凡有与劳动者切身利益相关内容的变更，都必须有劳方代表的参与，但这种参与并没有形成实质性制衡权。单位规章的变更内含着对劳动契约的修改，在原劳动合同的有效期内，劳动者有权拒绝接受。否则，用人单位可以通过随意变更用人单位规章而事实上改变劳动合同的内容，也可以通过制定规章制度扩大解雇权，达到变更劳动合同的目的，甚至实现其他一些非法目的。故而，必须对用人单位规章制度的制定确立基本的原则。首先，用人单位制定规章时必须遵守一定的理论或法律依据。其次，用人单位规章制度的制定目的必须是保障劳资关系的顺利运行，只有单位规章的制定符合这一目的时，才有范围上的合理性。例如，有些单位因劳动者的私生活，如离婚、婚外情等而解除劳动合同，这就超出了规章制定的范畴。最后，对于没有参与规章制定的劳动者，用人单位同样应当履行相应的告知义务。

### 二、提供适格劳动条件

劳动条件是指为保证劳动关系的顺利运行，用人单位为劳动者提供的物质和技术条件。劳动者通过劳动行为创造社会物质和精神财富的活动需要在一定的生产条件下进行。在契约劳动环境下，劳动者在丧失生产资料的同时也丧失了提供劳动条件的能力。生产场所由传统的农田转移到工厂后，光线、温度、噪音指数等早已超出劳动者的控制能力，而当然地演变为用人单位的义务。在工作环境中，劳动者需要遵守用人单位规章，接受用人单位的管理。与之相适应，用人单位有义务保障劳动环境的适格与安全。关于劳动条件的具体内涵，我国目前尚没有法律层面的权威界定。劳动者丧失生产资料以后，通过建立劳动关系在用人单位提供的劳动条件下进行生产劳作。劳资关系的运行是劳资双方通过合作以创造社会财富的过程。保障这一关系顺利运行的条件包括物质条件和人身条件，即资方掌握的生产资料和劳方的参与为这一关系的运行提供的人身条件。劳动合同是双务合同，劳动义务的履行有赖于用人单位提供一定的物质条件，既包括厂房、机器、生产设备等，也包括一定辅助条件。适格的劳动条件是劳动关系运行的根本保障。1893 年，马瑟与普拉特（Mather & Platt）公司在提供良好的工作条件和人文环境的情形下，将周工时从 54 小时减少到 48 小时。两年的时间，公司的产量不降反升。[①] 可见，只有改善劳动条件，才能使员工获得归属感和荣誉感，提高生产效率。梅奥根据"霍桑实验"的结果进一步提出了工人的"社会人"属性，认为任何组织之中都内含着非正式组织，良好的劳动条件是劳资关系长久良性运行的重要保障。[②]

学理上一般认为，劳动条件是指劳动者在劳动过程中所必需的物质设备条件，包括办公场所、机械设备、劳动工具、劳动资料和劳动对象，以及相应的技术资料等。具体而言，劳动条件指有关生产过程中保障劳动者的安全、卫生和劳动强度等方面的条件，如厂房建筑和机器设备的安全状况、车间温度、湿度、通风条件，安全卫生设施，机械化程度等。[③] 也有学者认为这种观点过于狭隘，窄化了劳动条件，主张从广义上界定劳动条件，认为劳动条件不仅包括为保证劳动合同顺利履行用人单位应为劳动者提供的上述物质条件，还应该包括用人单位提供的工作环境，以及相应的福利待遇、工资待遇、合理的用人单位规章、管理制度、劳动纪律及健全的企业文化等软条件。[④]

尽管立法至今并未明确劳动条件的具体内涵，但是无疑授予了劳资双方（其中主要是劳动者）通过契约明确相关劳动条件的权利。《劳动合同法》已经将劳动条件规定为劳动合同的必备条款，如"劳动保护、劳动条件和职业危害防护"等。[⑤] 立法之所以做这样的处理，主要是因为不同的生产环境下劳动条件存在巨大差异，无法采用一刀切的标准。立法没有在劳动条件方面做出具体规定，而是授权劳资双方通过契约的方式加以协定。对于需要进行专门保护的特殊群体，其他条例或规定可以有针对性地规定相应的劳动条件。2012 年国务院通过的《女职工劳动保护特别规定》（以下简称《规定》）规定了对女职工这一特殊群体的保护，明确了对女职工的特殊保护制度。如怀孕 7 个月以上的女职工，禁止用人单位安排其

---

① ［美］乔治·梅奥:《工业文明的人类问题》，陆小斌译，电子工业出版社，2013，第 1 页。
② ［美］乔治·梅奥:《工业文明的人类问题》，陆小斌译，电子工业出版社，2013，第 45-61 页。
③ 邹瑜、高扬瑜等:《法学大辞典》，中国政法大学出版社，1991，第 722 页。
④ 王益英:《中华法学大辞典——劳动法学卷》，中国检察出版社，1997，第 214 页。
⑤ 参见《劳动合同法》第十七条。

加班、加点或从事夜间劳动。这种对女职工因生理需求而进行的保护也是对这一群体工作时间的限制。同时，《规定》明确了女职工禁忌从事的劳动范围，如"矿山井下作业、体力劳动强度分级标准中规定的第四级体力劳动强度的作业"等。禁忌无疑是劳动条件的重要边界之一。女职工在孕期禁忌从事的劳动范围也主要是以劳动条件的危害程度来界定的，如高处、冷水、低温、噪声，以及作业场所空气中铅、汞、苯、镉、甲醛等有毒物质的含量超标等。

2002 年通过的《安全生产法》进一步明确了用人单位对适格劳动条件所应该承担的责任，第四条强调了生产经营单位必须遵守有关安全生产的法律、法规。此处的"生产经营单位"主要指《劳动法》中的用人单位。第六条"生产经营单位的从业人员有依法获得安全生产保障的权利，并应当依法履行安全生产方面的义务"中的"从业人员"，针对的主要是《劳动法》语境下的劳动者。同时该法第十一条承认了"国家标准或者行业标准"的法律地位，要求各"生产经营单位必须执行"。由此可见，尽管《劳动法》与《劳动合同法》没有规定具体劳动条件，但是用人单位事实上并不缺少劳动条件的具体标准，各行业都有相应的国家标准和行业标准，并且由于劳动条件是劳动者在工作环境中的基本安全保障，在劳动条件不适格的情况下，劳动者不需要事先告知用人单位即可解除合同。以健隆生物科技股份有限公司与甄某某劳动争议一案为例。[①] 2015 年 7 月 1 日，甄某某进入健隆生物科技股份有限公司工作，任采购部主任。2018 年 7 月 8 日，健隆生物科技股份有限公司以"公司经营发展的需要"为由，将甄某某调任办公室主任助理。2018 年 8 月 11 日，甄某某去新岗位报到，却发现公司办公环境非常恶劣，无法正常开展工作。公司为甄某某的新岗位安排的办公场所处于员工餐厅的一个角落，并且该办公场所只有一人在此办公，缺少电脑等基本的办公设备，且由于空调无法降温，蚊子、蟑螂横行。甄某某多次向领导反映，均未得到解决。最终甄某某以未经与劳动者协商擅自变更工作岗位和工作地点，并且新工作地点工作条件严重不符合要求为由提出仲裁，请求解除合同并由雇主支付经济补偿金。最终裁决认为健隆生物科技股份有限公司未能向劳动者提供适格的劳动条件，甚至对劳动者存在一定的人身侮辱行为，同意甄某某解除合同的请求，并裁决由用人单位向其支付经济补偿金。这是劳动者以劳动条件不适格为由解除合同的典型案例，是司法界对劳动条件保障劳动合同履行的重要认可。

---

① 参见北京市高级人民法院（2019）京民申 2872 号民事裁定书。

## 第二节　实现劳动者合理的职业预期

### 一、依合同约定合理使用劳动者

劳动关系是具有人身性的复杂的契约关系，劳动关系依合同建立，但是劳动者从劳动中获得的不仅限于契约利益，还包括自身素质的提高，如技术的积累、自身就业能力的提升、工作阅历的丰富等。劳动者对劳动关系质量的衡量绝不仅止于劳动报酬，工作前景、人生规划、居住地点等都是必要的考虑因素。甚至不排除在特定情况下，劳动者会放弃相对高薪的工作岗位而选择低薪但前景相对较好的行业。因此，在劳动关系中，按合同约定合理使用劳动者是用人单位的权利也是其义务。黄越钦先生提出了"提供经济地位向上机会之义务"，以及"受雇人智慧财产权之保护义务"。① "提供经济地位向上机会之义务"或曰"提供劳动机会之义务"和"受雇人智慧财产权的保护义务"表明劳资之间是一个相互依存的共同体，劳动不仅是劳动者谋生的重要手段，也是其寻求发展和自我提升的途径，劳动力闲置对劳资双方都是严重的损失。劳动合同的内容以劳资双方的契约为基础，契约是劳资之间的准立法，对双方当事人当然有效。《劳动合同法》第二十九条规定："用人单位与劳动者应当按照劳动合同的约定，全面履行各自的义务。"可见，劳资双方关于劳动合同内容的约定对劳动合同的顺利履行起到至关重要的作用，在一个完整的、合法的劳动合同中，劳动内容是必备条款。如《劳动法》第十九条规定："劳动合同应当以书面形式订立，并具备以下条款：（一）劳动合同期限；（二）工作内容；……"再如《劳动合同法》第十七条规定劳动合同应当具备以下条款："……（四）工作内容和工作地点；……"这都表明了劳动立法对劳动合同内容的重视。需要明确的是，劳资之间的约定不得违背强制性的法律规定。《劳动合同法》第二十六条第（三）项规定："违反法律、行政法规强制性规定的劳动合同无效。"有用人单位为了避免诉讼纠纷约定"特定的劳资纠纷不得向司法机关起诉"就明显违背了法律的强制性规定，是无效的。

马克思通过将劳动者参加劳动的过程与其他动物的活动进行对比，如"蜘蛛"与"纺织工"、"蜜蜂"与"建筑师"，证明了人类劳动有高于其他动物活动的规划和目的性。尽管表面看来很相似，但即便是最普通的建筑师，在工作前也已经在自己的头脑中将大厦建成。劳动者劳动的过程是实

---

① 黄越钦：《劳动法新论》，中国政法大学出版社，2003，第176-182页。

现头脑中这一目的的过程，而其他动物的活动是无意识的，没有事先的规划。因此，人类的劳动是一个主动参与的过程，是一个劳动者主动创造的过程，劳动者对其将要从事的具体劳动内容有一定的预期。这是人类劳动的本质。反之，如果劳动关系中的劳动内容无法预期，或者劳动内容可以由用人单位随意改变，那么将会打破劳动者对劳动内容的预期，劳动者在劳动过程中将无法充分发挥他的主观能动性，甚至可能导致劳动的异化。马克思在《1844 年经济学哲学手稿》中提出了异化劳动理论。"异化"是属于哲学范畴的概念。在哲学中，主体具有决定客体的作用，具有积极主动的权利。这一理论应用在劳动关系中则是指劳动者这一主体对于劳动关系的内容有一定的主观的积极作用或影响。而"异化"是指在劳动关系中劳动者从客体中被剥离出来，丧失了应有的主观能动性。异化劳动所要阐释的是一种劳动者从生产资料中被剥夺，主观能动性无法发挥的状态。① 异化劳动理论体现了马克思对于普通劳动者的人文关怀。在异化劳动中，劳动行为从劳动者本身剥离，劳动行为隶属于资本家而不再隶属于劳动者，劳动的过程是对劳动者的压抑。劳动成了一个被动的过程，劳动者丧失了对工作内容的主观能动性。在异化劳动过程中，劳动者无法从劳动中获得价值感，因此只要强加于肉体的行为一经停止，劳动者就会像逃避瘟疫那样逃避劳动。② 可见，对于劳动内容的预判和掌控是劳动者发挥主观能动性的前提，只有遵照劳动合同的约定提供劳动，劳动过程结束时想要得到的结果才有可能事先存在于劳动者的意象之中，劳动者才有可能对劳动行为形成一定的预期。

关于劳动内容的变更，实质上是改变劳动合同的本质，对于劳动内容的变更必须符合相应的程序要件。《劳动合同法》第三十五条规定："用人单位与劳动者协商一致，可以变更劳动合同约定的内容。变更劳动合同，应当采用书面形式。"对于这一规定，有学者提出，劳资之间经过协商可以变更合同内容，但这并不意味着合同内容的变更必须经过双方协商一致，现实中也的确存在雇主的单方解除权。例如，《劳动合同法》第四十条规定"劳动者患病或者非因工负伤，在规定的医疗期满后不能从事原工作，也不能从事用人单位另行安排的工作的"及"劳动者不能胜任工作，经过培训或者调整工作岗位，仍不能胜任工作的"，只要"用人单位提前三十日以

---

① 谭培文：《对和谐社会的利益概念的马克思主义解读》，《马克思主义研究》2008 年第 2 期，第 65 页。

② 马克思、恩格斯：《马克思恩格斯全集（第 1 卷）》，人民出版社，2012，第 54 页。

书面形式通知劳动者本人或者额外支付劳动者一个月工资后，可以解除劳动合同"。对于劳动合同内容的变更，用人单位则必须首先与劳动者协商。未经协商，用人单位不享有单方解除权。可见，我国劳动立法对合同内容稳定性的维护与加持。

对于劳动合同内容的变更，劳动者在人身安全受到威胁时享有相应的单方解除权。《劳动合同法》第三十八条规定："用人单位以暴力、威胁或者非法限制人身自由的手段强迫劳动者劳动的，或者用人单位违章指挥、强令冒险作业危及劳动者人身安全的，劳动者可以立即解除劳动合同，不需事先告知用人单位。"即便如此，客观情况发生变化而导致的雇主单方解除权的行使必须事先与劳动者进行协商，可见，用人单位不具有不经协商单方解除劳动合同的权利。一方面是因为劳动者对单位生产经营所掌握的客观情况了解有限，"事先协商"是劳动者获取信息的重要渠道，另一方面也是对劳动者进行倾斜保护的重要体现。以黄某诉某商业公司变更劳动合同内容为例。黄某与某商业公司于 2006 年 7 月 1 日签订劳动合同，并于 2008 年和 2012 年两次续签了劳动合同，约定的合同终止期限为 2016 年 6 月 30 日。2013 年 5 月 7 日，雇主某商业公司未经与黄某协商，便单方面向黄某发出《调岗通知书》，表示根据公司经营情况将黄某由公司技术部门调整到销售部门。黄某具体工作岗位由设计改为销售，职位由经理改为主管，工资由原来的 10500 元/月下调为 6800 元/月，此外另支付 3700 元/月的生活补贴，作为改变工作地点的补偿。黄某表示商业公司调整工作岗位未经劳动者同意，也未履行协商手续，且调整后岗位的工作内容不符合劳动者对自身的职业规划，因此拒绝到新岗位就任，仍然坚持按原合同履行。最终司法裁判支持了黄某的诉讼请求。

在上述案件中，黄某胜诉的原因之一在于用人单位事前未与其进行协商，另一个原因是用人单位对于导致合同解除的"客观情况"的认定不符合法律的规定。何种情况能够被认定为"客观情况发生了重大变化"导致"劳动合同无法正常履行"？劳资之间常常持有不同的观点。对此，立法提供了一定的认定标准。1994 年《关于〈中华人民共和国劳动法〉若干条文的说明》第二十六条规定"劳动合同订立时所依据的客观情况发生重大变化，致使原劳动合同无法履行，经当事人协商不能就变更劳动合同达成协议的"，用人单位可以解除劳动合同。并且在随后的第二款中解释了何为"客观情况发生重大变化"。"本条中的'客观情况'是指发生不可抗力或出现致使劳动合同全部或部分条款无法履行的其他情况，如企业迁移、被兼并、企业资产转移等。"但是，即使在客观情况发生变化的情形下，合同内容的变更也必须经过协商一致。允许用人单位单方解除劳动合同的前提是必须"经用人单位与劳动者协商，未能就变更劳动合同内容达成协议的"，即在"客观情况"发生变化时，用人单位并不拥有直接解除合同的权利，其解除权的行使仍然必须以协商为前提，只有在协商未果并且合同无法继续履行的情况下，用人单位才可以解除合同。而在本案中，并不存在导致合同不能继续履行的情形，因此，法院判定用人单位的合同解除通知不具备法律效力。

## 二、为劳动者提供工作资历证明

劳动关系结束后，用人单位仍然依法负有相应的后合同义务，以保障劳动者离职手续的顺利办理，包括转移档案和社保关系、出具劳动合同解除或终止的书面证明及退职证明书等。[①] 劳动关系结束后，用人单位要向劳动者出具离职证明以便劳动者向新的用人单位或社保部门申请入职或申请相关的保险。离职证明不仅是劳动关系解除、劳动合同终止，以及办理完离职手续的证明，也是劳动者转移社会保险和申请领取失业保险金必要的证明材料，同时还是劳动者以往工作经验的重要证明。首先，用人单位不出具离职证明，会导致劳动者无法领取失业救济金。2011 年生效的《中华人民共和国社会保险法》第五十条规定："用人单位应当及时为失业人员出具终止或者解除劳动关系的证明，并将失业人员的名单自终止或者解除劳动关系之日起十五日内告知社会保险经办机构。失业人员应当持本单位为其出具的终止或者解除劳动关系的证明，及时到指定的公共就业服务机构办理失业登记。"可见，离职证明是劳动者进行失业登记的必要条件，用人单位拒绝出具离职证明将会直接导致劳动者无法领取失业救济金。其次，用人单位不出具离职证明，可能直接阻碍劳动者的再次就业。《劳动合同法》第九十一条设定了新旧雇主的连带责任。为了规避这一连带责任，新的用人单位对不出具离职证明的劳动者可能存在的法律风险采取了一定的防范措施。比如，在招聘过程中向应聘劳动者声明以前雇主出具离职证明作为聘用条件或者在新的录用通知中加注相应的备注条款，如"若应聘人员在限期内不能提供合法的离职证明，则录用通知自行作废"等。

用人单位为劳动者出具离职证明是一项法定的附属义务。法定义务的典型特点是不需要劳动合同的约定，但当事人必须履行，且无论是协议解除合同还是劳动者单方解除合同，均需要履行。由于劳动者解除劳动合同

---

① 王泽鉴：《民法学说与判例研究（第 7 册）》，中国政法大学出版社，1998，第 179-183 页。

相对比较自由，且除了因劳动者单方解除劳动合同的情形外，一般不会产生劳动者的赔偿责任，因此实践中劳动者离职的情况极为普遍，很多情形下用人单位毫无防备的能力，但仍不能免除出具离职证明的责任。鉴于劳动者单方解除合同非常自由，而雇员单方离职又不可避免地会给用人单位带来一定的损失，并增加管理上的困难，因此用人单位常常会出于气愤拒绝出具离职证明。以荣某诉某商业银行拒不出具解除劳动合同证明书一案为例。荣某与某商业银行通过签订劳动合同建立了劳动关系。荣某于 2015 年辞职离开该银行，然而该银行拒绝为荣某出具解除劳动合同的书面证明，以至于影响了荣某的再就业，双方争执不下。荣某遂向当地劳动仲裁委员会申请仲裁，申请由某商业银行赔偿因单位未出具离职证明而无法就业造成的损失。最终，二审法院对此案作出终审判决，要求用人单位赔偿劳动者因此所遭受的损失。二审法院认为，只要劳动者能够证明无法重新就业的损失是用人单位未出具工作资历证明所致，就可以要求用人单位进行赔偿，即劳动者只需要证明就业不能和工作资历证明缺失之间的因果关系，即可获得赔偿。具体的损失数额无法确定的，参照劳动者在解除或终止劳动合同前十二个月平均工资合理确定。具体到本案，荣某证明了自己一直未能实现再就业是银行没有为其出具证明其工作资历的离职证明书所致，并且提供了某银行的录用通知书证实了前述情况，故用人单位不出具离职证明的行为客观上给荣某造成了经济损失。据此，法院以劳动合同结束前十二个月的平均工资为参考标准判决某商业银行赔偿荣某经济损失 156000 元。

可见，出具离职证明书是用人单位对劳动者应承担的法定义务。只要劳动者的辞职不违反法律的强制性规定，用人单位就不能免除依法出具离职证明的义务。那么，离职证明究竟应该证明哪些事项呢？《劳动合同法实施条例》第二十四条规定："用人单位出具的解除、终止劳动合同的证明，应当写明劳动合同期限、解除或者终止劳动合同的日期、工作岗位、在本单位的工作年限。"根据《劳动合同法实施条例》的这一规定，离职证明所证明的均为常规事项。那么，用人单位可否在离职证明中就劳动者在工作期间的表现作出评价呢，尤其是对于劳动者不利的评价？对此，1996 年劳动部发布的《关于实行劳动合同制度若干问题的通知》第十五条规定："如果劳动者要求，用人单位可以在证明中客观地说明解除劳动合同的原因。"通过这一规定可以看出，用人单位在离职证明中说明解除合同的理由原则上以"劳动者要求"为条件。对此，笔者以为，在劳动者没有提出要求的情况下，用人单位没有说明理由的必要。一般而言，在解除劳动合同的情况下，劳资之间或多或少会存在一些纠纷，理想中的好合好散很难做到，用人单位对解除合同的劳动者难有赞美之词。而劳动者如果要求用人单位说明理由，表明劳动者对自己与之前用人单位之间的关系有一定的信心，并且不难判断，劳动者所希望获得的是对自己在前一份工作中的肯定和褒奖。所以，用人单位按照《劳动合同法实施条例》第二十四条的规定出具证明本身就已经表明用人单位承认劳动者与自己办理了常规的工作交接，二者已经"好合好散"。此时如果强行要求用人单位作出评价，用人单位常常很难给出正面的评价。

事实上，出具离职证明本身即已经表明劳资之间进行了客观、理性的交接，其他的评价明显多余。劳动者如果主动要求，通常是希望用人单位作出对自己有利的解释说明，不允许用人单位在离职证明中作出对自己不利的说明。况且，对劳动者有污点的离职证明对其再次就业会产生非常不利的影响。用人单位开具此类证明，往往带有赌气的成分，或是因为劳动者离职给自己带来了严重的管理困难，借机惩罚劳动者。但是由于劳动合同具有人身依附性，劳动者对劳动合同的单方解除权是法定的权利，用人单位不能通过"污点离职证明"给劳动者施加压力，以限制其解约自由权。如某科技公司的程序员在未完成公司规定项目的情况下提前一个月通知用人单位一个月后解除劳动合同，并办理了工作交接和正常的离职手续。用人单位在其离职证明上写了"该员工在项目未完成情况下因个人原因离职"，使该程序员被新公司拒绝入职，遭受了严重的损失。可见，用人单位开出的"污点离职证明"对劳动者影响非常大。所以，在劳动者进行清楚的交割之前，用人单位有权拒绝开具离职证明，但是只要劳动者履行了法律规定的手续，用人单位不宜在离职证明上进行负面评价，否则实际上变相限制了劳动者的择业权。

综上，出具离职证明是用人单位当然的法定义务。《劳动合同法》第八十九条规定："用人单位违反本法规定未向劳动者出具解除或者终止劳动合同的书面证明，由劳动行政部门责令改正；给劳动者造成损害的，应当承担赔偿责任。"前述案例中，新的用人单位因为劳动者未能提供离职证明而拒绝签订新的劳动合同，劳动者遭受了巨大的经济损失。法律对这一补偿规定了明确的标准，即按照劳动合同解约前十二个月平均工资的标准加以补偿。用人单位依法应当在办结工作交接时向劳动者支付经济补偿。鉴于劳动者拥有相对自由的合同解除权，为在劳资之间达成平衡，《劳动合同法》第九十条规定："劳动者违反本法规定解除劳动合同，或者违反劳动合同中约定的保密义务或者竞业限制，给用人单位造成损失的，应当承担赔偿责任。"劳动关系具有一定的人身依附性，限制工作更换在一定程度上就是限制劳动者的人身自由，因此，即使劳动者未按照规定进行工作交接，用人单位也不能以此为由免除出具离职证明的义务。对于不按规定办理相应交接手续的劳动者，用人单位当然可以行使抗辩权，拒绝向其支付经济补偿金。

### 第三节　薪资以外的财产类附随义务

#### 一、解约后依法支付经济补偿金

除向劳动者支付工资报酬以外，用人单位通常还负有向劳动者支付财产类附随义务的责任，其中最为典型的是经济补偿金。对劳动者的倾斜保护理念的普及使经济补偿金也在世界范围内普遍使用，只是名称略有不同，如"离职金""资遣费""遣散费"等。经济补偿金主要分为两大类，即竞业限制经济补偿金、解约补偿金和合同终止补偿金。由于竞业限制补偿金已经在前文专门讨论过，故本节只探讨解约补偿金和合同终止补偿金。解约补偿金和合同终止补偿金可以笼统地认为是在员工被动结束劳动关系时，企业承担的一项法定帮助义务。[①] 这类补偿金的支付通常以劳动者"被动"解除劳动关系为前提。如果解除劳动合同的动议是由劳动者提出的，那么用人单位可以免除相应的经济补偿金支付义务。但是由于用人单位对劳动关系的运作掌握着一定的主动权，为防止用人单位通过各种手段给劳动者施加压力，迫使劳动者"主动"提出解除合同以免除单位自身的补偿金支付义务，《劳动合同法》第四十六条第一款第五项规定，除用人单位维持或者提高劳动合同约定条件续订劳动合同，劳动者不同意续订的情形外，因合同期限届满劳动合同解除的，用人单位仍然应当向劳动者支付经济补偿金。经济补偿金由早期的"生活补助费"演变而来，体现了社会法领域用人单位对劳动者的帮扶义务。作为解雇保护制度的重要内容之一，经济补偿金具有法定性、单向性和有限性，可以在一定程度上维护劳动关系的稳定性。经济补偿金本质上是将雇主对雇员在解除劳动关系后的帮扶义务法定化，是社会法中倾斜保护劳动者原则的重要体现。

经济补偿金在我国更多地体现为贡献补偿和帮扶义务。依据贡献补偿说，由于用人单位向劳动者支付的工资远远低于其实际的贡献，所以劳动关系解除时其所获得的补偿金实质上仍然是劳动者自身之前创造的社会财富。帮扶义务则认为经济补偿金是社会法基于实质公平理念对于相对弱势

---

[①]　董保华：《锦上添花抑或雪中送炭——论劳动合同法的基本定位》，《法商研究》2006 年第 5 期，第 47 页。

的劳动者的帮助和补偿，是倾斜保护义务的具体体现。笔者比较赞同后一种观点。劳资关系是生产资料和劳动力结合以创造社会财富的一种社会关系，二者的结合是一种资源的互补。劳动者领取劳动报酬是一种稳妥的收入方式，劳动报酬本身并不具有和付出的劳动——匹配的必然性，将劳动者的工资报酬与其对单位的贡献挂钩是一种线性思维方式下产生的观念，事实上通常不是如此。劳动者是一个具有稳妥倾向性的厌风险群体，为了规避社会经济中的风险，即使其创造的社会财富远高于其收入，也会选择低风险的收入，以规避单位亏损时的风险，因为亏损企业依然有承担工资发放的义务。劳动者的劳动付出和其收入之间原本就不存在绝对的——匹配关系，更谈不上对之前创造社会财富的进一步补偿，换言之，用人单位也不能通过进行成本核算，证明某个具体劳动者没有创造出社会财富或者创造的社会财富已经发放完毕而免除自己的经济补偿金支付义务。所以，经济补偿金更多体现的是社会法领域用人单位对劳动者的帮扶义务。

　　基于对劳资关系定性的不同，目前学界关于经济补偿金的认识出现了两种互相对立的观点。一是常凯教授提出的以加强劳动者保护为原则的补偿理论。这种观点认为，我国的劳资状况依然是"强资本，弱劳工"，因此需要进一步加强对劳动者的保护。因为劳动者的维权能力较弱，所以需要一定范围的公权力介入，以扩大经济补偿金的支付范围并提高其支付水平。二是董保华教授认为的我国的经济补偿金支付水平已经远远高于大部分国家，不宜再盲目随意扩大经济补偿金的支付标准。过高的经济补偿金无疑会增加企业的用工成本，其结果往往是用人单位不堪重负。如果用人单位退出雇佣市场，不但会阻碍经济的发展，最终也会损害劳动者的利益。实际上，我国的经济补偿金支付范围已经十分广泛，《劳动法》所规定的经济补偿范围将劳动者主观过错排除在外，同时排除了劳动合同到期终止和约定终止两种情形下的补偿金支付。《劳动合同法》则将经济补偿金范围拓展至劳动合同正常终止时的情形，进一步强化了对劳动者的倾斜保护。《劳动合同法》第四十六条规定："有下列情形之一的，用人单位应当向劳动者支付经济补偿：（一）劳动者依照本法第三十八条规定解除劳动合同的；（二）用人单位依照本法第三十六条规定向劳动者提出解除劳动合同并与劳动者协商一致解除劳动合同的；（三）用人单位依照本法第四十条规定解除劳动合同的；（四）用人单位依照本法第四十一条第一款规定解除劳动合同的；（五）除用人单位维持或者提高劳动合同约定条件续订劳动合同，劳动者不同意续订的情形外，依照本法第四十四条第一项规定终止固定期限劳动合同的；（六）依照本法第四十四条第四项、第五项规定终止劳动合同的；（七）法律、行政法规规定的其他情形。"可见，《劳动合同法》打破了经济补偿金以违法解雇为支付前提的传统，对于正常终止的劳动合同及推定解雇，用人单位仍然要向劳动者支付补偿金。在这种情况下，再继续强调经济补偿金的扩大适用无疑将会给用人单位造成严重的经济负担。因此，笔者赞同第二种观点。经济补偿金的支付应限定在合理的范围内，在对劳动者进行倾斜保护的同时也需要考量用人单位的承受能力，以实现劳动关系的和谐发展。

事实上，根据现行劳动立法，我国用人单位需要支付经济补偿金的情形非常广泛。一方面，当用人单位有过错时，劳动者拥有解除合同的权利，并且可以主张经济补偿金。《劳动合同法》第三十八条规定了单位存在过错时，劳动者可以单方解除劳动合同的情形。此规定以用人单位存在过错为前提，符合基本的由过错而产生赔偿的因果关系理论，因此这种情况下的赔偿金支付在学术界争议不大。另一方面，是《劳动合同法》第四十条所规定的用人单位没有过错但仍需支付经济赔偿金的情形。由于不存在用人单位的过错，劳动合同法在此处采用了严格责任，而这无疑增加了用人单位的义务。本条规定中的第一情形，劳动者患病专指非职业病，负伤也强调了是"非因工负伤"，即劳动者不能从事劳动合同约定的工作并非由用人单位所致。用人单位在这种情况下解除合同还有一个前提，就是劳动者无法从事由用人单位安排的其他工作岗位，即用人单位在无过错的情况下解除劳动合同必须事先为劳动者另行安排工作岗位。即使用人单位对劳动者已经尽到了雇主应承担的责任，仍不能免除支付经济补偿金的义务。对此，很多学者是有异议的。

我国劳动立法对用人单位的经济补偿金支付义务适用严格责任原则，补偿金支付不以用人单位有过错为前提。尽管这种做法有利于克服劳动合同短期化现象，但有违合同自由原则和合同期限的效力。[①] 对于正常的合同期满，除用人单位维持或者提高劳动合同约定条件而劳动者不同意续订的情形外，用人单位均需要支付经济补偿金。[②]《劳动合同法》规定的经济补偿金适用范围很广，一定程度上发挥了失业保险的作用。[③] 笔者对我国经济补偿金的适用范围做了梳理，发现涉及的补偿种类不少于二十种，包括单

---

① 冯彦君：《我国劳动合同立法应正确处理三大关系》，《当代法学》2006 年第 11 期，第 25 页。
② 参见《劳动合同法》第三十六、三十八、四十、四十一、四十四条。
③ 李干：《从"弹性安全"看修改〈劳动合同法〉的社会风险防范》，《中国劳动》2016 年第 17 期，第 16-19 页。

位提出动议的协商解除，劳动者随时、立即及无过失性解除劳动合同，用人单位经营期限届满、破产、被吊销营业执照、经济性裁员等情形。劳动合同的期限是双方根据劳动力市场和自身经营状况做出的约定，允许固定期限的劳动合同到期自动解除是对劳资双方自由意志的尊重。对于固定期限劳动合同正常终止的经济补偿一定程度上否定了合同期限的价值。荷兰《民法典》第六百六十七条明确规定：固定期限雇佣合同自合同期限届满之日起自动解除。① 意大利自 1966 年第六百零四号法案以来，虽一直有参照工资和工作年限支付离职补偿金的传统，但近年由于失业补偿金和公共退休金已经发挥了充分的庇护功能，离职补偿金独立存在的价值备受质疑，2005 年第五百二十一号法令已经确认支持雇员把离职补偿金缴至私人退休基金账户。② 美国实行雇佣劳动双向自由选择制度，政府对雇主与被雇者之间的自由选择通常不加干涉。③ 美国广泛适用的"失业补偿金"与我国的"经济补偿金"性质不同，美国的"失业补偿金"已纳入其社会保障体系中，类似于我国的失业救济金，而且除失业救济金之外，没有另设的类似于我国经济补偿金的补偿。因此，美国不存在覆盖全员的解雇保护，也没有类似我国经济补偿金制度的制度，仅在种族、肤色、宗教信仰、性别等方面规定了针对部分群体的防止不公正的解雇保护，给企业的灵活用工留下了空间。我国的经济补偿金并未纳入社会保障体系，因此部分劳动者在劳动合同解除时可能同时获得失业救济金和经济补偿金，两者相加数额很可能超过当地的最低工资标准。这在某种程度上会促成劳动者的逆向选择。

那么，具体的经济补偿金标准该如何计算呢？我国的经济补偿金计算采用的是补偿金与工作年限和工资待遇联动的补偿机制。工龄长、工资高则经济补偿金就相对较高，反之则较低。《劳动合同法》第四十七条规定："经济补偿按劳动者在本单位工作的年限，每满一年支付一个月工资的标准向劳动者支付。六个月以上不满一年的，按一年计算；不满六个月的，向劳动者支付半个月工资的经济补偿。"同时，为了避免因为在职时的收入悬殊而带来的补偿金标准差异过大，该条第二款规定了一定的限制标准："劳动者月工资高于用人单位所在直辖市、设区的市级人民政府公布的本地区上年度职工月平均工资三倍的，向其支付经济补偿的标准按职工月平均工

---

① ［荷］费迪南德·B. J. 格拉佩豪斯、莱昂哈德·G. 费尔堡：《荷兰雇佣法与企业委员会制度》，蔡人俊译，商务印书馆，2011，第 32 页。

② ［意］T. 特雷乌：《意大利劳动法与劳资关系》，刘艺工、刘吉明译，商务印书馆，2012，第 126–127 页。

③ 王益英：《外国劳动法和社会保障法》，中国人民大学出版社，2001，第 345 页。

资三倍的数额支付，向其支付经济补偿的年限最高不超过十二年。"为了保障劳动者及时获得经济补偿金，《劳动合同法》设立了一定的经济补偿金支付不能时的双倍惩罚机制。《劳动合同法》第八十七条规定："用人单位违反本法规定解除或者终止劳动合同的，应当依照本法第四十七条规定的经济补偿标准的二倍向劳动者支付赔偿金。"

即便《劳动合同法》对经济补偿金作出了如此详尽的规定，经济补偿金仍然只是起到一定的补偿作用，在劳动者没有过错并且劳动合同可以继续履行的情形下，仍然允许劳动者选择继续履行合同，毕竟只有劳动关系的长期稳定运行对劳动者而言才是最长久的利益保障。根据《劳动合同法》第四十八条，"用人单位违反本法规定解除或者终止劳动合同，劳动者要求继续履行劳动合同的，用人单位应当继续履行"。可见，经济补偿金只是在合同无法继续履行或劳动者在特定条件下选择不再继续履行劳动关系时的一种补偿手段，并不是最优的选择。"劳动者不要求继续履行劳动合同或者劳动合同已经不能继续履行的，用人单位应当依照本法第八十七条规定支付赔偿金。"此外，经济补偿金制度也不适用于非全日制用工。根据《劳动合同法》第七十一条，"非全日制用工双方当事人任何一方都可以随时通知对方终止用工。终止用工，用人单位不向劳动者支付经济补偿"。可见，经济补偿金支付不约束非全日制用工，因为非全日制用工灵活性极强，其雇主不具有完善的管理和组织能力，抗风险能力较弱，也缺乏承担赔偿责任的能力。并且，在非全日制雇佣关系中，劳动者具有与之相匹配的随时解除劳动合同的权利。因此，在非全日制用工领域，劳动立法排除经济补偿金的适用是合情合理的。

## 二、劳动者因工支出的偿还义务

### （一）因工支出的概念和范围

通常情况下，劳动者就业以获取劳动报酬为目的，但是这并不能排除劳动者为了履行劳动合同而为用人单位利益预先支付一定的费用，如为用人单位经营需要垫付的经营成本等。这类在履行劳动合同过程中劳动者为保障用人单位事业的顺利运营而垫付的费用，可称为"因工支出"。劳动关系中最为普遍的因工支出是通勤费，或曰交通费。通勤的说法源于日本。在日本，乘坐电车而非校车上学叫"通学"，乘坐电车上班被称为"通勤"。我国劳动立法目前没有关于通勤费的统一规定，通勤费在我国尚不属于法律概念。通勤费与交通补贴相类似。尽管实践中部分用人单位会根据各自的经营状况发放一定的交通补贴，但都不是制度性行为，也不是法定义务。

交通补贴的发放及其标准既不是劳动合同的必要条款，也不属于任意性条款。用人单位发放交通补贴是将其作为劳动者的一项福利，而不是必须承担的法定义务。对于交通补贴如何发放乃至于发放与否，劳动者鲜有议价能力，多由用人单位来决定。这通常体现在用人单位的规章之中，法律并无强制性规定。随着我国城市化进程的加快，城市规模越来越大，劳动关系也越来越灵活。而劳动者的居所常常是固定的，并且迁居的成本逐年增加，这必然导致劳动者的通勤成本上升，将通勤费的支付纳入劳动合同是一个必然的趋势。

除通勤费以外，对于经常需要异地出差的劳动者而言，差旅费也是一项重要的因工支出。差旅费包括购买各类车票、船票、机票等的费用，若是自驾用车，则包含燃油费、路桥费、停车费等。需要在外地住宿的工作人员还享有住宿补贴等。离开工作地点跨城市工作产生的费用通常称差旅费，不过，我国劳动法、会计法及税法等领域对差旅费并无相关的规定。实践中，差旅费的报销依据主要是《中央和国家机关差旅费管理办法》，该办法第三条规定，"差旅费是指工作人员临时到常驻地以外地区公务出差所发生的城市间交通费、住宿费、伙食补助费和市内交通费"。差旅费与通勤费的主要区别在于是否跨区域。正常的通勤费仅限于一个城市的交通范围之内（新兴的"候鸟族"例外），往返于住所和固定的办公地点之间产生的费用，而差旅指需要跨区域居住或工作，因此差旅费往往涉及住宿费用，与差旅相关的交通费用也更加复杂，涉及不同种类和等级的交通工具。

### （二）因工支出的立法空缺和诉讼困惑

我国劳动立法中没有关于劳动者因工支出的规定，相关的实施条例和司法解释对这一问题也未涉及。劳动立法在因工支出方面的缺位将劳动者的相关维权置于不利境地。例如，目前我国劳动立法中并无关于劳动者垫付费用的返还规定，但是劳动合同是不完全合同，劳动者在很多场合事实上是用人单位的代表，为了单位利益垫付各种费用常常是在所难免的。特别是对于销售人员来说，因工支出实际上是一项不可避免的花销。从现实的劳资关系运营情况来看，因工支出的返还属于劳资关系运行中的重要内容，不应被劳动立法忽视。劳动立法在因工花费方面的空白导致此类纠纷完全依赖劳动合同来加以约定，但是对于既不是"必要条款"，也不属于"任意条款"的因工花费约定，劳动者的议价能力相对较弱，常常由用人单位掌握着主要的控制权，因而劳动者维权处于被动地位。

劳动者因为工作关系常常会为用人单位经营之需垫付一定的费用，这部分费用属于用人单位的经营成本，用人单位应当偿还劳动者。在美国，有相应的政策保障雇员的因工花费的返还。如果支付的业务费用超过了收入的 2%，雇员可以获得减税待遇。① 我国现实劳资关系中的因工支出呈现出多种多样的形态。有些因工支出是劳动者为工作进行的正常垫付，如通勤费、差旅费、住宿费等。有些则是变相的福利或者是工资本身，只是以因工花费的方式呈现，并且要求劳动者通过报销的途径获得。如赵某 2014 年 6 月应聘至某网络公司担任程序员，劳动合同约定工资为 5000 元/月。合同签订后，公司人力部门以口头形式告知赵某，工资中的 3000 元由公司每月 15 日以现金形式直接发放，另外 2000 元需要赵某以提供发票的形式通过报销方式获得。迫于就业压力，赵某接受了这一规定，但是在一年后解除劳动合同计算经济补偿金时，双方就计算经济补偿金的核算标准发生了争议。根据《劳动合同法》第四十七条的规定：经济补偿金按月工资标准计算。赵某提出按照书面合同约定的 5000 元工资为标准计算经济补偿金，但是该网络公司认为凭单据报销的 2000 元属于公司的经营成本，不属于劳动者的基本工资，因此主张以 3000 元的工资标准来计算经济补偿金。对此，仲裁委员会经审理认为，某网络公司与赵某的书面合同中明确约定工资为 5000 元/月，其后人资部门另行与赵某的口头约定不能否定书面合同的约定，故而经济补偿金的支付应以书面合同中的 5000 元/月为标准加以计算。《劳动合同法实施条例》对工资标准的计算进行了相对细致的规定，将计时工资、计件工资及奖金、津贴和补贴等货币性收入均纳入补偿的范围。② 本案中的 2000 元"报销款"显然是用人单位为避税或降低社会保险缴费基数而采取的灵活支付工资的形式，这种对基本工资进行拆分，并附条件进行发放的"假报销"行为本质上是违法的。报销应根据实际情况进行，是用人单位补偿劳动者因工支出的行为，如通勤费、差旅费等。而本案中并不存在实际的因工支出，这类发票是劳动者的私人花费，或者是劳动者通过其他途径获得的。这种伪造的因工支出需要按月提供一定的票据，而且其支付的数额和期限都是确定的，因此只是工资的变相支付形式。

劳动者因工支出未能纳入法律的调整范围无疑是一个重大缺憾。以差旅费报销为例。差旅费报销问题多见于销售员的工作中，因为销售人员工作地点不确定，且工作常常是跨区域的，差旅费及相关的住宿费用是一项极为常规的支出。但是，差旅费纠纷能否列入仲裁范围目前仍是一个有争议的问题。根据我国 2007 年《劳动争议调解仲裁法》的规定，通勤费及差

---

① 林晓云：《美国劳动雇佣法》，法律出版社，2007，第 29 页。
② 参见《劳动合同法实施条例》第二十七条。

旅费的报销不属于劳动报酬，其产生的纠纷，除非补贴计入工资总额，否则属于民事纠纷，劳动仲裁委员会可以不予受理。一个劳资纠纷需要面临分而诉之的局面，无疑加重了劳动者维权的难度。在销售员吴某起诉公司主张差旅费一案中，吴某于 2009 年 8 月受聘负责单位的销售工作，2010 年 1 月 1 日以单位未支付其 2009 年 12 月 1500 元的差旅费为由向深圳某区劳动争议仲裁委员会提出仲裁申请，遭到驳回，理由是"支付差旅费"的请求不属于劳动争议仲裁委员会受案范围。依《劳动争议调解仲裁法》第二条的规定，因"订立、履行、变更、解除和终止劳动合同发生的争议"均属于劳动争议仲裁的受案范围。差旅费用显然属于劳动合同履行的内容，之所以被排除在仲裁范围之外，常常是因为劳动合同中没有具体的规定。据此，只要所涉纠纷属于履行劳动合同规定的范畴，就应属于仲裁的受理范围。为避免仲裁委员会以通勤费和差旅费不属于受案范围为由拒绝仲裁，应将通勤费和差旅费问题明确纳入劳动合同当中。否则，一旦通勤费和差旅费遭到拒付，此类纠纷就只能通过民事诉讼来进行维权，对劳动者权利保护极为不利。

**（三）因工支出的未来保障趋势**

2008 年汶川地震后，灾区群众就业面临重大困难。当年，人力资源和社会保障部发布了对灾区群众就业进行援助的相关通知，给异地就业的灾区劳动者发放相应的交通补贴。根据该规定，异地就业的灾区劳动者可凭身份证、就业证明和交通票据直接报销交通费用，经劳动保障部门审核、财政部门复核后，即可报销；对按政策转移到国务院确定的灾后恢复支援区就业的灾区劳动者，将给予铁路、公路或水运（路）交通费补贴。这是我国首次以公开的方式规定劳动者的交通费用问题，尽管补贴是由财政支出负担，且只适用于灾后需要救助的特殊群体，但是这一规定表明了通勤费用是劳动者的一项必要支出，有理由将其推广至各类用工主体。随着城市的扩大，这种交通成本将会逐渐增加。由于一线城市的住房和生活成本的逐步攀升，出现了每天搭乘高铁跨城市上班的"候鸟族"。对于这类劳动者而言，通勤的成本将会更加高昂。所以，因工支出必将成为未来劳资谈判的重要内容之一。

## 第四节　合法处理相关信息的义务

### 一、与合同相关的信息应依法告知

劳动合同是继续性合同，劳资关系具有一定的人身性。为保障劳资之间配合默契，劳资双方需要保持畅通的信息渠道，加强了解和沟通。劳资彼此之间负有一定的与劳动合同履行相关的告知义务。这一义务集中体现在我国《劳动合同法》第八条之中，具体包括"告知劳动者工作内容、工作条件、工作地点、职业危害、安全生产状况、劳动报酬，以及劳动者要求了解的其他情况"。与特定工作岗位相关的信息等用人单位均应当明确如实相告，而不是简单笼统地介绍。至于《劳动合同法》第八条规定的"劳动者要求了解的其他情况"具体包含哪些内容，目前没有明确的法律标准。以"劳动者要求了解"的主观标准来界定用人单位的告知义务显然是不现实的，对此，笔者认为可以参考"与劳动合同直接相关"的用人单位知情权标准。与劳动合同直接相关的信息会在劳动者作出决策时产生一定的影响，用人单位有义务告知。而对于自身的经营管理事项，如董事会成员任免、企业的营销策略等，用人单位不需要告知。劳动者是领取固定薪水的人，并不承担企业运营好坏的市场风险。但是，严重经营失误、濒临破产的企业，随时有可能对劳动者进行集体裁员的企业，会直接影响劳动者的利益，因此用人单位应当将运营和整改情况告知劳动者。

用人单位告知义务包括绝对必要告知义务和相对必要告知义务，分别对应的是绝对必要告知事项和相对必要告知事项。绝对必要告知事项是法律明确规定的，建立劳动关系所必须告知的事项，无论劳动者请求与否均应告知，如工作时间、地点、报酬、职业培训等《劳动法》及《劳动合同法》规定的劳动合同必须具备的事项。相对必要告知事项是指那些经劳动者请求才予以告知的事项，主要涉及劳动者的辅助报酬，如班车运行、伙食补贴、幼儿看护等福利事项。法定告知义务主要体现在《劳动合同法》第四条和第十七条中。《劳动合同法》第四条集中规定了雇主在"制定、修改或者决定有关劳动报酬、工作时间、休息休假、劳动安全卫生、保险福利、职工培训、劳动纪律"时的告知义务，第十七条则以"劳动合同必要条款"的形式列举了用人单位必须告知的事项。第十七条第二项提及的"试用期、培训、保守秘密、补充保险和福利待遇等其他事项"，笔者以为也应理解为"法定的告知义务"，因为虽然法律规定这些条款是劳动合同的任意条款，但是选择权完全掌握在用人单位手中，立法将其规定为任意事项旨在规范用人单位的选择权。也就是说，对于任意事项，劳资之间可以不约定，但是只要约定用人单位就必须依法告知。"任意"的选择权所指的不是告知与否，而是规定与否。规定与否不是告知义务的范畴，而是合同的实质权利义务内容，但是一旦选择约定就必须列入合同，成为必要的告知事项，这是不容选择的。此外，当雇主行使单方解约权或进行经济性裁员时，需向个别劳动者或工会履行的"说明"义务实际上也是用人单位告知义务的体现。

在劳动合同履行过程中，用人单位告知义务集中体现为具体的工作内容、相关的工作条件、工作地点、可能的职业危害及其预防等与劳动关系运行直接相关的内容。鉴于多数劳动关系中用人单位掌握的信息要比劳动者充分，因此，有些国家的法律对用人单位的告知义务规定得极为详细，并且在用人单位不履行相应的告知义务时赋予了劳动者解除合同的权利。如日本《劳动标准法》第十五条规定："在签订劳动合同时，雇主必须把工资、工作时间和其他劳动条件对工人当面说明。对于工资事项，必须根据命令所规定的方法予以说明。根据前项规定所当面说明的劳动条件如与事实不符时，工人可以立即解除劳动合同。"

劳动合同是继续性合同。在长期的履约过程中，合同的内容随时可能面临调整。对于这些为适应现实需要而对劳动合同进行的调整，用人单位应及时告知劳动者。如单位内部规章涉及的劳动规则的调整，以及对劳动者具体工作岗位和工作内容的临时调整。用人单位的告知义务存在于劳动合同自开始协商订立到履行完毕的全部过程中，一定意义上也包括部分后合同义务，如合同到期或解除后的档案和保险的转移、工作交接等。《劳动合同法》第五十条要求用人单位对已经解除或者终止的劳动合同文本，至少保存二年备查，这也应被视为劳动关系结束后用人单位所负有的后合同义务的重要内容。

## 二、对劳动者个人信息加以保密

为保障劳动合同的良性运行，劳资之间不可避免地会掌握对方一定的信息，如用人单位基于知情权会掌握劳动者的相关个人隐私。在劳动关系中，易于衡量的有价值信息主要是用人单位的商业秘密和各种客户信息，因此关于劳动关系中的保密义务，主要强调的是由劳动者承担的对用人单位的保密义务。目前的立法和学界多是以劳动者为保密义务主体加以探讨的，用人单位对劳动者的保密义务常常处于被忽略的状态。2009 年，由中国社会科学院发布的《法治蓝皮书》指出，随着信息存储技术的快速发展，个人信息被过度搜集的情况日趋严重。劳动关系建立之初，用人单位便可依据《劳动合同法》第八条的规定，获得"与劳动合同直接相关"的劳动者个人信息。然而，对于何为"与劳动合同直接相关"，法律并未给出一个清晰的界定。现实中，对于用人单位的询问，不管与劳动合同是否直接相关，求职者都常难以拒绝。询问的边界常常超出了学历、技能、工作经历这类"与劳动合同直接相关"的内容，年龄、婚姻、宗教信仰等也经常成为用人单位询问的内容。对于女性而言，常会被问及是否已经生育，以及是否有怀孕计划。这些是否与合同直接相关很难一概而论。然而对于这些信息，用人单位却没有必须承担的保密义务。随着现代信息技术的发展，劳动者信息更加易得，用人单位对劳动者的个人信息掌握得越来越全面，但是对用人单位没有相应的约束机制，因此也出现了劳动者信息在市场上进行交易的情形。用人单位基于建立劳动关系而获得与劳动者相关的个人信息，立法应明确其相应的保密义务。

在劳资之间，用人单位具有一定的管理和信息优势，获得劳动者的信息相对比较容易。以无犯罪记录证明为例，这个本来只适用于征兵、入学、考公务员的证明，被某些用人单位大肆滥用。据某派出所所长称，目前开具的无犯罪记录证明六成以上都是劳动者为求职而给用人单位开具的。所涉及的职位多种多样，从公司职员、律师，到司机、保洁、搬运工等。显然，用人单位想借这一证明把有犯罪前科的人挡在自家大门之外。但这是对劳动者信息无限制的获取，也是对无犯罪记录证明的滥用。因此，有必要对用人单位获取信息的渠道和途径加以规范。但是，出于劳资关系良性运行和管理的需要，很难强行规定某些事项属于用人单位信息获取的禁区。以美国为例，即使是十分私密的问题，也不能保证对所有行业绝对禁止。美国最高法院在 Skinner vs. Railway Labor Executives Association 和 National Treasury Employee Union vs. Von Raab 两个案件中均以安全的名义允许了毒品检测。① 但是，对可获取的信息进行一定的分类和区别依然是可行的，如美国《反歧视法》对不同的行业加以区别对待，限制了劳动合同确立阶段用人单位对劳动者信息的获取范围，并且规定了单位的保密义务。同时，通过特别法规定不同行业的特殊知情标准。如根据《联邦儿童保护法》授权各州涉及教育、护理、儿童保育行业的用人单位对犯罪记录的知情权。对于金融、银行等涉及大量钱款的行业，也允许用人单位审查劳动者的犯罪记录。通过《民权法案》《反怀孕歧视法》《残疾人法》禁止用人单位在面试阶段询问婚姻及生育情况，禁止询问员工是否残疾或有相关的工伤保险史，即使需要询问，也必须等到劳动关系确定以后。② 这种分类区别的规

---

① Andrea M. Kanski. Employee Drug Testing—Balancing the Employer's Right to Know with the Employee's Right to Privacy：*Detroit College of Law Review*，1987：27-63.

② ［H］Chris Hunt and Corinn Bell，Employer Monitoring of Employee Online Activities outside the Workplace：Not Taking Privacy Seriously? *Canadian Labour and Employment Law Journal*，2014—2015（18）：411-457.

定，无疑对用人单位信息的获取起到了一定的规范作用。

我国《劳动合同法》以"与合同直接相关的内容"作为用人单位获取信息的边界显然比较笼统，可以再进行适当的分层。比如学历、专业技能、前期相关的工作经历等信息，可以认定为与工作能力直接相关，用人单位有权获取。但对于只与部分行业相关，同时具备一定敏感性的内容，则不宜对所有用人单位开放。敏感性资料的范围可以参考欧盟《资料保护指令》，其中包括种族、民族、政治观点、宗教信仰、世界观，以及与健康和性生活有关的个人信息。[1] 这类敏感信息只允许有特殊需要的行业用人单位知情。例如，对于劳动者的健康状况，销售、编辑等大部分行业用人单位不必知情，但食品、药品行业用人单位则必须知情；对于劳动者的信用记录，食品、药品行业用人单位不必知情，但银行业、证券业用人单位则是必须知情的。第三类则属于未经特殊授权不允许用人单位介入的劳动者隐私权范畴，如是否涉毒、是否携带艾滋病毒等。对于有权获得相应敏感信息乃至劳动者隐私的用人单位，其获得信息的手段和途径必须合法并应承担相应的保密义务，所获信息的使用也必须规范。[2]

我国的档案管理制度使用人单位可能获得比劳动者更多的劳动者个人信息。1987年《中华人民共和国档案法》（以下简称《档案法》）由全国人大常委会通过。受限于当时的立法技术，该法并未清楚地界定档案的本质属性，也未确定其归属问题。根据《档案法》第三条的规定，一切国家机关、武装力量、政党、社会团体、企业事业单位和公民都有保护档案的义务。根据现在的档案管理规定，毕业一年内确定工作单位的应届毕业生，个人档案交至用人单位所属的劳动人事部门管理或由单位所在地的人才交流中心代管。不管档案是保管在单位还是在相关的人资部门，用人单位均可以随时查阅，而劳动者不被允许查看自己的档案。劳动合同解除或终止后，用人单位应在一个月内将相关密封材料转交有管辖权的劳动就业服务机构。这些密封材料的主要内容就是档案。但是在档案流转过程中，劳动者本人不被允许查看自己的档案，也就是说关于档案记录的内容，只有用人单位单方面知情，劳动者对此并不知情，且根据现行法律，劳动者没有相应的抗辩权。根据这一档案管理制度，相对于劳动者本人，用人单位实

---

[1] 孔令杰：《个人资料隐私的法律保护》，武汉大学出版社，2009，第1页。

[2] 美国国会于1970年公布，1971年实施了《公平信用报告法》，对用人单位调查劳动者信用的程序作了明确规定，即事先必须经过求职者的同意，获得书面的通知后方可以依法、以不歧视的方式进行，并且所得的信息不可以用于其他用途。

际上获得了更多的劳动者个人信息。在这种情况下，如果用人单位将档案信息泄露出去，可能会对劳动者造成极为不利的影响，而劳动者对此是毫无防备的。

在劳动关系市场化的过程中，我国劳动力市场形成了身份与契约并存的两种雇佣体制。管理的"双轨制"运行冲击着计划经济体制下的档案管理模式。随着企业的市场化改革，目前，由用人单位直接管理档案的情形越来越少，档案材料多通过委托方式交给第三方，由专门的人力资源管理部门代为管理。在计划经济体制下，国家对人、财、物进行统分统配，通过管理档案记录劳动力的流动轨迹是社会管理的重要一环。档案是我国劳动法所特有的内容，档案问题本不属于劳动合同约定之范畴，劳资双方一般不对档案问题加以约定。进入市场经济后，档案管理严重束缚了劳动力的流动，也增加了用人单位管理的负担。档案管理开始逐步转变为市场化的管理模式，即用人单位用工后，将档案以付费的方式交给专门的人力资源管理部门进行管理，用人单位从档案管理的负担中解脱出来，劳动者在劳动力市场上的流动也更加便利，即劳动力使用和档案管理实现了"双轨制"。

在计划经济体制下，国家是唯一的雇主，劳动力的流转属于国家的人才调配行为，理应记录在案。但是在市场经济条件下，劳动力作为生产资料，按劳动力市场的需求自由流转。随着劳动力流转的频率提高，将劳动力流转记录在案的管理方式显然跟不上劳动力流转的速度，现实中难免出现"卡档""丢档"等纠纷。尤其是纸质档案的转移效率更低，并且耗费巨额的社会成本。造成档案纠纷频发的重要原因之一是我国当下的档案管理立法缺失。《档案法》已严重不能适应当下的经济发展，也给用人单位过度获取劳动者隐私提供了一定的土壤。当下劳资关系中涉及的档案管理问题主要依据 1992 年《企业职工档案管理工作规定》第二条，该条规定："企业职工档案是企业劳动、组织、人事等部门在招用、调配、培训、考核、奖惩、选拔和任用等工作中形成的有关职工个人经历、政治思想、业务技术水平、工作表现以及工作变动等情况的文件材料。是历史地、全面地考察职工的依据，是国家档案的组成部分。"但是该规定的立法层次太低，导致现在的档案管理与现实之需严重不符，而纸质档案的流转程序复杂更是严重阻碍了劳动力的流转乃至经济的发展。为此，有学者提出建立电子档案以取代纸质档案。① 我国从 1992 年提出建立社会主义市场经济体制以来，一直强调盘活经济生活中的各种资源，鼓励劳动力自由流转是其重要的组

---

① 李哲：《劳动者人事档案纠纷法律对策研究》，《山西档案》2017 年第 2 期，第 88-90 页。

成部分。以档案方式管理劳动者明显对劳动力资源的流转造成了一定的阻碍，我国当下市场经济中的用人单位也与传统以国有企业为代表的国家雇佣主体有本质的区别，况且档案制度也导致了劳动者信息在劳资之间的分配不均。用人单位可以掌握的劳动者信息，劳动者本人却无法获得，这对劳动者而言无疑是不公平的，在没有严格的用人单位保密义务与之相匹配的情况下甚至是十分危险的。从世界范围来看，档案管理并不是管理劳资关系的普遍手段，因此，在市场经济环境中，可以考虑取消以档案方式管理劳动者。

# 第八章  违反用人单位义务的法律后果

●●●●●●●●●●●●●●●●●●●●●●●●●●●●●●●●●●●●●●●●●●●●●●●

## 第一节  用人单位义务归责的特殊性

### 一、归责原则及其判定标准

归责原则是行为人依法承担责任的理由和标准。人类社会早期大多实行同态复仇，因此在历史上，各国的归责原则一般都以遵循加害原则为基础。行为人是否需要承担责任，以是否有实质的损害发生为前提，不关注加害人的主观状态。随着法律的近代化，逐渐开始了对行为人主观恶性的评估，以过错为前提的责任承担方式开始得到普及。到了资本主义自由竞争时期，对行为人主观过错的评估达到了顶峰，并依此确立了完全的过错责任原则，即没有主观过错，行为人可以免责。我国民法领域传统上依对行为人的主观状态要求不同将归责原则分为过错责任原则、无过错责任原则和公平责任原则三种。一般情况下的责任承担以行为人有一定的过错为前提，此为最普通的归责原则。《民法典》第一千一百六十五条："行为人因过错侵害他人民事权益造成损害的，应当承担侵权责任。"根据这一规定，承担责任的前提是"因过错"，无疑采用的是过错责任原则。另外两个原则即无过错责任原则和公平责任原则只是对一般过错责任的补充和修正。该条文还规定："依照法律规定推定行为人有过错，其不能证明自己没有过错的，应当承担侵权责任。"此即为无过错责任。从这一规定可以看出，没有过错，行为人需要承担责任的前提是法律有相应的特殊规定，在法律没有特殊规定的情形下依旧遵守的是过错责任原则，因此无过错责任原则只是适用过错责任原则的例外和补充。公平责任则是根据《民法典》第一千一百八十六条在"受害人和行为人对损害的发生都没有过错的"的情况下，根据实际情况由双方分担责任以实现对受害人的补偿的特殊归责形式，本质上属于对过错责任原则的补充。

过错责任原则的归责传统主要以自然人为对象，以康德哲学中的自然人意志自由为基础。既然人的意志是自由的，则通过观察行为人的主观心理即可分辨他的主观恶性的程度，因为意志是自由的，所以过错是可以责难的。过错责任原则的归责原则以个人的自由意志为前提，但是现代企业社会中个人的自由意志无法充分彰显。劳动关系具有一定的从属性，在劳动过程中，劳动者对风险的控制相对无力。劳动者对于整个生产系统了解甚少，在权益受到侵害时要求其证明用人单位存在主观过错的难度非常大，因此一般的过错责任原则在劳资关系中很难适用，否则会损害劳动者的权益。在这种相对特殊的法律关系中，用人单位侵权责任归责原则作为现代组织型社会中一种相对特殊的归责方式逐渐浮出水面。

归责原则一定程度上是由社会经济生活条件决定的，到了垄断资本主义时期，资方在生产中占据了决定性的强势地位，劳方证明企业有过错的难度逐渐增加。于是在社会发展进入垄断资本主义阶段之后，出于对劳资利益平衡的考量，对资方承担责任的要求逐渐严格起来，无过错责任逐步确立，即劳方不需要证明资方存在主观上的过错，只要存在损失，并且损失和雇佣行为之间有一定的因果关系，就可以主张雇主承担损害赔偿责任。工业革命带来的雇佣生产关系同时带来了相关法律的革命，以自然人过错为基础的侵权义务归责原则已经无法满足工业社会的需要，用人单位义务的归责原则无疑已经演变为一种特殊的归责类型。对此，朱岩提出了"组织责任"这一概念，认为组织责任包括雇佣他人及使用机器设备等各种组织活动所产生的侵权责任。[①] 用人单位承担的责任与传统民法上的自然人责任不同。用人单位是一种社会组织，在现代社会，组织责任已经成为现代分工社会的核心责任，其归责原则确立的依据也与传统民法有所不同。组织责任强调的是因为在各种组织活动中产生的风险所形成的责任。就用人单位而言，其承担责任的理论依据是用人单位掌握着更多的信息，有一定的组织管理权，因此，用人单位作为组织对劳资关系有更多的掌控能力。一言以蔽之，用人单位责任归责的法理基础不是基于特殊关系而为他人承担责任，而是就自身的组织风险承担组织责任，本质上也是一种自己责任。

很显然，传统的过错归责原则难以直接在劳资关系中适用。那么是否可以直接要求用人单位承担无过错责任，或者从对劳动者倾斜保护的实质公平理念出发要求用人单位承担责任呢？由于在工业社会中，劳动者逐渐被工业社会组织化，雇佣甚至成为社会管理的一种方式。对大企业而言，雇佣将改变劳动者的生产生活方式，劳动者只是其庞大组织运转过程中微

---

① 朱岩：《风险社会与现代侵权责任法体系》，《法学研究》2009年第5期，第18-36页。

小的环节，要求劳动者证明组织存在过错从技术上和道德上都很难完成。因此，民事上的过错责任原则在劳资领域很难适用，对其进行修正在所难免。与传统个人侵权责任不同，用人单位责任本质上是一种组织过错责任。在劳资关系中，单位的企业属性、组织能力及其相应的利润分配和责任产生机制都表明用人单位具备远远超过劳动者的责任承担能力，并且由于工业生产的技术性，用人单位的风险控制能力也强于劳动者。从社会风险防范和规避的角度考量，要求用人单位遵循相对严格的归责原则有其可行性和必要性。

关于用人单位责任的归责原则，长期以来主要存在无过错替代责任说[1]和过错推定责任说[2]。也有部分学者提出过错替代责任说[3]、过错推定与衡平责任相结合说[4]及替代责任与自己责任共存说[5]，但从根本上讲，仍是以无过错替代责任说和过错推定责任说为基础的，其他几种归责方法都蕴含在了这两种归责原则中。可见，大多数学者认为雇主应以无过错为原则承担替代责任。关于基于现代组织理念导致的用人单位责任的扩大化，我国学界常解释为用人单位的"替代责任"或称之为用人单位对劳动者侵权的代位责任。但是，替代责任主要来源于英美法系，其内涵是"对他人行为的责任"，不以雇主本身的行为作为衡量标准，即使雇主没有任何主观上的过错，依然有产生赔偿责任的可能性。从根源上讲，"纯粹无过失的雇主责任是不存在的"[6]，对用人单位采用严格责任的原因是用人单位的过错劳动者难以证明，单位承担的无过错责任是过错无法证明时的一种理性推定。换句话说，我国学界在广泛使用"替代责任"这一表述的同时，又在另一层面论证用人单位的过错或推定过错责任本身是矛盾的。在大陆法系中，"替代责任"在法国法上也有所体现，但法国法上的辅助责任有明确的归责基础，即雇主对于雇员的担保责任。法国法将雇主视为雇员行为的担保人。德国法不承认雇主的责任是出于"替代"或由雇员转嫁而来的，更不是基于"担保"的。德国法认为雇主责任是一种实实在在的责任，雇主之所以

① 张新宝：《中国侵权行为法》，中国社会科学出版社，1998，第162页。
② 环建芬：《雇主责任的归责原则和雇佣活动的适用范围辨析》，《政治与法律》2007年第1期，第150-155页。
③ 王利明：《侵权行为法归责原则研究》，中国政法大学出版社，2003，第155页；张民安：《侵权法上的替代责任》，北京大学出版社，2010，第210页。
④ 杨立新：《〈中华人民共和国侵权责任法〉条文解释与司法适用》，人民法院出版社，2010，第199页。
⑤ 刘士国：《侵权责任法重大疑难问题研究》，中国法制出版社，2009，第175页。
⑥ 班天可：《雇主责任的归责原则与劳动者解放》，《法学研究》2012年第3期，第105-125页。

承担责任，是基于其在劳动关系中隐藏的种种过失，如雇主在选任、监管雇员方面存在的过失。这种过失通过"雇员行为"这一媒介外化为侵权行为，其本质仍是雇主自身存在的过错行为。所以，在德国，这一责任不是"替代"的，实质上认可了雇主在雇员侵权行为中的过错。过错责任说以雇主存在选任和监管上的过失为承担责任的前提，如果雇主证明自己无瑕疵地尽到了义务，则允许免责。[①]

我国最高人民法院《关于审理人身损害赔偿案件适用法律若干问题的解释》（以下简称《人身损害赔偿解释》）第九条规定："雇员在从事雇佣活动中致人损害的，雇主应当承担赔偿责任；雇员因故意或者重大过失致人损害的，应当与雇主承担连带赔偿责任。雇主承担连带赔偿责任的，可以向雇员追偿。"可以看出，只要是"雇员在从事雇佣活动中致人损害的"，雇主就应当承担赔偿责任，并不以雇员"侵权"为前提。并且，雇员只有在"因故意或者重大过失致人损害的"，才"与雇主承担连带赔偿责任"，即雇员享有轻过失免责的权利。这一规定因实质上与替代责任说的内涵相冲突而为学界所诟病。实务界则主张雇主应承担过错责任，与学界基本立场大异其趣。比较德、英、日等国的归责原则发现，绝对的雇主责任无过失原则在现实中很难立足，雇主承担责任的根本前提是其在组织管理过程中存在的过失，雇主责任的归责原则不宜以雇员侵权与否来界定，所谓"雇员的轻过失"均可以在雇主的组织和管理中寻找到相对应的瑕疵。单位可否通过尽到组织和监管责任免责？《人身损害赔偿解释》第九条没有设置用人单位的免责抗辩权，更多体现了用人单位的替代责任原则。这与德国法及我国部分学者主张的过错责任不同，实际上要求用人单位在劳动者侵权事项方面承担严格责任。

雇主责任是民间的一种笼统称呼，与之相关的法律责任有很多，如纳税、环保及一定程度的社会责任。与劳动关系直接相关的责任主要有两种：一是根据法律规定或劳动合同约定应承担的对劳动者的责任；二是在劳动关系的运行过程中由于劳动行为导致的对劳动合同以外的第三人应承担的侵权责任。从法律关系运行的主体范畴上来界定，前者由于发生于劳资关系之中，姑且称之为"用人单位的内部责任"。后者由于涉及劳资关系以外的法律主体，通常称之为"用人单位的外部责任"。笼统地说，内部责任是指用人单位对劳动者应承担的责任，外部责任则指劳动关系运行过程中因

---

① 环建芬：《雇主责任的归责原则和雇佣活动的适用范围辨析》，《政治与法律》2007年第1期，第150—155页。

劳动者的职务行为给第三人造成损害时用人单位应承担的替代责任。但是，不论是内部责任还是外部责任，其责任确立的方式和标准或曰理念基本是一致的。

《中华人民共和国侵权责任法》（以下简称《侵权责任法》）第六条确定了侵权行为的过错责任。据此规定，行为人实施了侵权行为，并且不能证明自己没有过错的，应当承担侵权责任，该条确立了侵权行为的过错责任和过错推定责任。第七条则规定"行为人损害他人民事权益，不论行为人有无过错，法律规定应当承担侵权责任的，依照其规定"，以此确立了无过错责任原则。比较而言，无过错责任是一种更为严格的责任承担方式。《侵权责任法》通过其第六、第七条将侵权责任归责原则分为三类，即过错责任、过错推定责任与无过错责任。那么用人单位责任究竟应属于哪一种呢？有学者主张我国的用人单位责任是无过错原则。也有学者认为我国的用人单位可以通过证明自己没有任何管理上的疏忽而免责，因此应为过错推定责任。笔者认为，用人单位责任的归责原则是一个复杂的法律问题，不可一概而论。用人单位责任既包含内部责任，也包含外部责任。就内部责任而言，由于劳资之间有一定的身份隶属性，劳动者需要接受用人单位的管理，因此可以说，内部责任存在的前提是用人单位对劳动关系的支配和管理。如果用人单位可以证明自己已经履行了支配和管理的职责，危害纯属劳动者的个人行为所致，则就用人单位而言可以一定程度地免责。如劳动者不遵守单位劳动纪律，进入建筑工地不戴安全帽导致事故，劳动者应该分担一定的责任。就外部责任而言，由于受害第三人与劳动行为之间并没有直接的法律关系，劳动者的侵权行为造成第三人的损失的，第三人有权要求获得足额的赔偿。尽管损害是劳动者的职务行为所致，但是，由于通常情况下用人单位的偿债能力强于劳动者，所以应由用人单位以无过错责任原则为基础承担相应的替代责任。所以在用人单位的外部责任中要求用人单位承担严格责任，是因为第三人与劳动关系没有直接联系，受害第三人和用人单位之间并不存在管理或约束关系。在发生职务侵权行为时，第三人如果向劳动者进行索赔，常会因劳动者偿债能力有限而索赔不能，因此在外部责任中，确立用人单位的无过错责任原则本质上是在保护第三人的利益。在外部责任中，只要劳动者能够证明侵权行为属于职务行为所致，用人单位就应该承担无过错责任，第三人唯一需要证明的便是其损害是由劳动者的职务侵权行为所致。

替代责任的理论依据是传统的危险和报偿理论，其实践依据系根据比较法而来。如德、日两国的法律都允许雇主通过证明自己尽到了选任和监管的责任而免责，但事实上几乎没有雇主证明成功过。实践表明，劳动者的过错或多或少与雇主的监管疏忽有一定的联系。因此，尽管理论有纷争，而在职务侵权行为中雇主已经承担了严格的替代责任，事实上促成了雇主的无过错替代责任在世界范围内的确立。雇主替代责任在全球范围内的确立包含深刻的劳动者解放思想，让劳动者在雇佣关系中免受诸多无法掌控的束缚。劳动者解放，在德国法律中被称为劳动者解放请求权（或称免责请求权），指当劳动者在劳动过程中因过失导致雇主或第三人损害时，可以向雇主请求从赔偿责任中解放出来的法律思想。① 在大部分学者看来，将风险分配给用人单位承担是对劳动者的倾斜保护，但从经济学的视角考量，用人单位义务的承担本质上是一种损失分配体制。卡拉布雷西认为，之所以选择企业成为风险承担者，最根本的原因在于企业最有可能把风险的损失或负担转嫁给产品购买者或者其他企业，从而广泛地分配损失。②

《人身损害赔偿解释》第九条体现了劳动者解放的思想和经济学的风险分担理念，符合国际发展趋势。我国某些司法判例已先于理论体现出了劳动者解放这一理念。以"上海仲品房地产投资顾问有限公司与蔡某劳动合同赔偿纠纷案"为例，2004年4月30日，上海仲品房地产投资顾问有限公司指派出纳员蔡某将15万元人民币通过私下交易兑换为港币。尽管有两位同事的陪同，但依然出现了失误，交易中15万元人民币被调换了成假币，用人单位损失15万元。单位认为蔡某应对此事负责，对其进行了扣发工资、奖金等处罚，继而向法院起诉，要求蔡某赔偿其全部损失。法院判决对此案给出了相应的学理解释，即"如果蔡某出于故意时，须负全责；具有重大过失或通常过失时，可依照过失程度，确定分担损害；仅有极轻微过失时，仲品公司不得向蔡某追偿。本案中，尽管人民币不慎被人调包，但蔡某已经小心行事，并且有两位同事陪同，在发现被骗后又及时报警，蔡某的此种行为应当属于极轻微过失。仲品公司明知私自买卖港币系违法行为，仍然要求蔡某按照工作指示正常行事，仲品公司本身存在一定的过错，因此不得向蔡某主张损害赔偿"③。毫无疑问，这一判决超出了现行法律的规范，具有一定的开创性，更重要的是，本案判决书中未引用任何实体规范的条文，只以理论阐明了相应的判决标准。主审法官通过判决将过失区分

---

① 班天可：《雇主责任的归责原则与劳动者解放》，《法学研究》2012年第3期，第105-125页。

② ［美］盖多·卡拉布雷西：《事故的成本：法律与经济的分析》，毕竟悦等译，北京大学出版社，2008，第46页。

③ 国家法官学院、中国人民大学法学院：《中国审判案例要览（2006年民事审判案例卷）》，中国人民大学出版社、人民法院出版社，2007，第515页。

为重大过失、通常过失和轻微过失，并且提出当雇员仅有轻微过失时，雇主无权主张损害赔偿的理论顺应了世界范围内雇主严格责任的潮流，体现了对劳动者的倾斜保护理念也符合经济学的责任分担原理。①

### 二、严格责任与举证责任倒置

劳动争议案件的处理原则上适用《民事诉讼法》，因此其举证原则适用"谁主张，谁举证"的民事举证原则。《劳动争议调解仲裁法》第六条重申了这一举证原则。2002 年最高人民法院发布的《关于民事诉讼证据的若干规定》进一步明确了劳动争议诉讼的举证责任分配，本质上依然坚持的是"谁主张，谁举证"的原则。然而，"谁主张，谁举证"的民事举证责任分配原则是建立在双方当事人的人身和财产地位平等的基础之上的。在劳动争议案件中，由于用人单位的自我维权能力较强，劳动者通常是争议之中的权利主张者。按照"谁主张，谁举证"的证据原则，劳方应对自己的主张提供证据。但是劳资关系不同于民事关系，劳资之间的经济实力、信息掌握程度不对等，劳方常常面临举证不能的风险，因此可能面临败诉的后果。

劳动关系具有从属性，用人单位与劳动者之间的管理与被管理关系是一种内部隶属关系，而内部关系的举证往往非常困难。劳资之间在关系比较和谐的阶段，双方常常没有保存证据的意识，特别是在中小企业中，劳资关系的运转更接近于家庭关系，双方的取证和保存证据的意识更加薄弱。而且，很多用人单位都采用了自动化办公方式，这种管理方式的采用在方便了日常管理的同时，使劳动纠纷的举证更加困难。因为，自动化办公方式中经常采用的录音录像资料、电子邮件等现代影像或数据资料的证明力相对较弱，而证据必须查证属实才能作为认定事实的根据。这导致劳动争议案件事实认定较之一般民事案件事实认定更加困难。由于劳动争议有其特殊性，所以针对一般民事争议所设置的举证原则并不完全适用于劳动争议案件的处理，需要设计有针对性的特殊举证原则。

在劳资实力有所悬殊的雇佣关系中，完全适用平等主体之间的"谁主张，谁举证"的举证原则无疑会给劳动者维权造成相应的阻碍。为此，有学者提出在劳资关系中应遵循举证责任倒置的原则。另有学者认为，劳动

---

① 王剑平：《用人单位对劳动者损害赔偿请求权的限制——上海仲品房地产投资顾问有限公司与蔡燕劳动合同赔偿纠纷案》，http://www.doc88.com/p-9012694423706.html，访问日期：2019 年 2 月 28 日。

争议案件的举证责任不可一概而论，举证责任倒置与否应区分具体情况而定。首先，如果纠纷是因执行国家有关劳动基准而引起的，由于劳动基准属于公法，具有确定性等特点，且以用人单位为义务主体，关于这一方面的纠纷，劳动者只需证明劳动关系的存在，至于具体是否执行了工资、工时、社保缴纳、培训及劳动保护的义务等则由用人单位承担证明责任更为合理，也更符合效率的原则。如果用人单位不能证明自己已经履行了相应义务，就要承担败诉的后果。其次，对于其他的公法责任以外的由于用人单位侵权而产生的纠纷，不能一概而论。由于没有法定的义务标准，劳动者至少应证明具体损害事实的存在，由用人单位证明不存在具体的侵权行为作为其免责的条件。尤其是当劳资争议是由于执行单位规章而引起的时候，由于单位规章是用人单位主导制定的，此时由用人单位承担举证责任更符合实质正义的原则。最后，有学者主张，如果纠纷是劳动者自身原因引起的，如劳动者自己主动提出辞职等，按照"谁主张，谁举证"的原则分配举证责任相对更加合理，因为不管是从举证能力还是从证据距离来考量，对主动辞职的情形，劳动者掌握着更多的证据，其举证也更加符合效率原则。[①] 对这种观点，笔者持保留意见。因为在劳资关系中，由于劳动关系的人身性和长期性，很多看似"主动"的辞职常常隐含着难以举证的"被动"因素，一概而论地要求劳动者承担举证责任常常会导致不公正的结果，所以笔者倾向于在劳资关系中要求用人单位承担相应的严格责任。

　　我国劳动争议案件诉讼程序主要适用的是《民事诉讼法》，劳动实体法鲜有对证明责任分配的明确规定，偶尔见诸少量法条。尽管如此，我国立法界还是对用人单位严格举证责任原则做出了一系列的肯定。首先，2001年最高人民法院《关于审理劳动争议案件适用法律若干问题的解释》第十三条规定承认了在"开除、除名、辞退、解除劳动合同、减少劳动报酬、计算劳动者工作年限等"相对特殊领域的举证责任倒置。2001年最高人民法院发布的《关于民事诉讼证据的若干规定》第六条重申了这一规定。其次，2003年公布的《工伤保险条例》第十九条规定了工伤认定争议的证明责任分配，规定"职工或者其近亲属认为是工伤，用人单位不认为是工伤的，由用人单位承担举证责任"。在工伤事件中，劳动者处于当然的弱者地位，而且很多工伤事件的成因是劳动者无法掌控的。由于劳动者保护的隐秘性和技术性提高，甚至有些工伤危害是在劳动者不知情的情况下酿成的，

---

　　① 孙德强：《劳动争议诉讼举证责任分配》，《中国劳动关系学院学报》2006年第1期，第53-58页。

在这一领域率先实行严格的用人单位举证责任表明了立法界对工伤事故证明责任分配的态度。最后,《劳动合同法》第三十九条第一款第一项规定,劳动者在试用期间被证明不符合录用条件的,用人单位可以解除劳动合同,从而将劳动者在试用期间不符合录用条件事实的证明责任分配给用人单位。对于试用期解雇而言,用人单位在招聘劳动者时,其雇佣条件是明确的、公开的。在试用期内"证明不符合录用条件",本质上是在推翻自身先前的招聘行为。这种责任分配方式无疑会增加用人单位试用期解雇的难度。据北京市中伦律师事务所统计:2014 年 1 月 1 日至 2016 年 12 月 10 日,用人单位的败诉原因 65% 是用人单位无法充分证明"员工不胜任工作"或者无法证实"绩效考核的有效性"。尽管如此,笔者以为立法界这一举证责任的分配仍然是值得肯定的,它代表了立法要求用人单位承担严格责任的发展趋势。毕竟,在工业社会,劳动关系是生产社会财富的主要社会关系,加入一个具体的生产组织是社会个体获得安全感的最重要的方式。企业尤其是大企业的管理必将成为未来社会管控的一种重要方式。要求用人单位承担严格的举证责任本质上会督促用人单位完善其举证预警机制,促进用人单位管理水平的提高。更重要的是,用人单位在劳资关系中起到主宰的作用,对成本传递、改善劳资关系和提升管理水平掌握着更大的主导作用。因此,由用人单位承担严格举证责任实际上对劳资关系有积极、正向的引导作用。

### 三、用人单位责任的构成要件

法律责任的"构成要件"并不是一个严格的法律概念。通常认为,构成要件就是法律责任的产生条件或产生原因,但实质上二者并不是绝对一一对应的关系。构成要件是产生法律责任的必要前提,法律责任仅是构成要件的可能结果。传统以直接侵权理论为基础发展起来的侵权责任为用人单位监管的不作为预留了空间。由于用人单位责任的复杂性,在世界范围内各国民法一般都规定了相应的雇主替代责任,即雇主对雇员的职务侵权行为承担责任。劳动者因为执行工作任务而造成他人损害的,被称为"职务侵权行为"。《侵权责任法》第三十四条将职务行为的责任主体确立为用人单位。可见,侵权法对职务行为的归责原则是很明确的,职务行为的认定成为区分劳动者个人责任与用人单位责任的关键。但是,何为"职务行为"?目前立法并没有给出一个明确的定义。即使在劳动过程中或者法定的工作时间内,也有可能存在劳动者个人的纯私人行为,如在办公场所打架、酗酒等,这类行为理应由劳动者个人承担责任。对于工作过程中的职务行为，则由用人单位承担责任。侵权责任法的这一规定统一了我国用人单位承担责任的规范，改变了个体经济组织雇主和法人雇主责任单独立法的局面。

### （一）用人单位外部责任的构成要件

《侵权责任法》第三十四条规定了用人单位对其外部行为应该承担的责任。根据这一规定，我国立法将职务行为的责任分配给了用人单位，并且没有要求用人单位或其工作人员在实施侵权行为时具备一定的主观过错。可以说，我国《侵权责任法》在用人单位责任的归责原则上采用的是无过错责任原则。无过错责任原则又称"严格责任"，是一种要求行为主体即使不存在任何主观过错依然需要承担责任的归责方式，即只要确定了合法的劳动关系存在，劳动者的行为是否属于单位责任的焦点集中到了该行为是否属于劳动合同约定的职务行为。通俗地说，只要有职务侵权行为，用人单位就要承担责任，不管劳动者是否存在主观过错。这一规定乍看起来对用人单位要求极其严格，因为无过错责任原则无疑会增加用人单位的成本，甚至可能导致用人单位不堪重负。但是，立法上对用人单位的严格要求客观上有利于促进企业尽力控制不必要的生产风险。在卡拉布雷西看来，侵权责任的分配最终体现的是立法对风险的分配。对于有学者主张在用人单位归责原则中应有限度地适用过错责任原则的观点，卡氏认为这一"仁慈"的想法看起来合理，实则不然。因为，在确定侵权行为的处理时，我们始终希望这一制度的设置可以"不惜一切代价"避免成本，因此避免某种事故所需要的成本和其所能带来的收益就成了不得不考虑的问题。[①] 可见，基于风险分配和控制的原理，劳动者的职务行为责任最终转嫁由用人单位承担，而一般的民事劳务关系中并不存在这种转嫁关系。因为一般的民事劳务关系中并不存在类似于劳动关系中的组织和人身上的依附性，所以民事劳务关系中的侵权责任不能转移，而是依据《侵权责任法》第三十五条，"由接受劳务一方承担"。

可见，根据《侵权责任法》，只要能够确定为劳动者的职务行为，用人单位就应该承担相应的替代责任。现行立法没有给予用人单位自证清白的机会，换句话说，即使用人单位可以通过证明自己在选任工作人员以及对劳动者的指挥和监督上没有主观过错，也不能免除相应的惩罚性责任。但是，《侵权责任法》并没有关于劳动者职务行为的认定标准。从劳动法基础

---

① ［美］盖多·卡拉布雷西：《事故的成本：法律与经济的分析》，毕竟悦等译，北京大学出版社，2008，第21页。

理论上判断，转嫁给用人单位承担责任的劳动者侵权行为至少应该包含以下因素。首先，该行为应属于工作范围，即劳动者的侵权行为是接受了用人单位的授权或委派，具体的工作内容也是为了增进用人单位的利益。其次，职务行为客观上以工作时间和工作地点为界定标准。劳动者行为是否构成职务侵权与其具体的工作时间和工作地点直接相关，通常情况下，职务行为发生在工作时间和工作地点是被认定为职务行为的基本要求。这里的工作时间和工作地点可以依据法定的原因有一定的延伸，如合法的加班时间、接受用人单位领导的指派去特定乃至于不特定的地点从事具体的工作。再其次，劳动者的侵权行为与其所从事的工作必须有一定的因果关系。这样就可以排除虽然发生在工作时间和工作地点但是却完全与工作无关的个人行为，如工作时间内因私人事务引起的打架、斗殴、酗酒等个人行为。但是对于有些表面上看似私人行为，实则与工作存在着内在联系的行为，仍然应将其认定为职务行为，如因领导授意或工作应酬而导致的酗酒。

《侵权责任法》以"因执行工作任务"来界定职务行为，而不是"执行工作任务"或者"工作过程中"，这也表明了对"与工作相关性"行为的认可。"执行工作任务"只强调行为表面的或直接的联系，容易导致部分实质上的职务行为被排除在外，而"工作过程中"否定了相关的扩张工作时间。"因执行工作任务"的标准强调的是行为与职务之间的因果关系，为弹性的工作时间留有余地。实践中判定职务行为时，司法工作人员可以从劳动者行为与用人单位利益之间存在的内在联系加以合理界定。劳资之间是合作的利益共同体，雇员为了用人单位的利益所从事的行为通常可以被认定为职务行为，反之，如果劳动者纯粹是为了个人利益的行为，即使发生在上班时间或工作地点，也不宜被认定为职务行为。例如，因工作原因进入客户工厂或办公室而发生的劳动者盗窃行为，不能被认定为职务行为，因为该行为与工作之间没有相应的因果关系。此时如果仅仅采用"工作时间"或"工作地点"这类客观标准，则难以将此类行为排除在职务行为之外。①

用人单位无过错归责原则的确立无疑对用人单位对劳动者的监督和管理提出了更高的要求。由于用人单位在劳资关系中处于主导地位，掌握更多的信息和资源，因而事实上对于劳动过程中的风险控制更加有能力，无过错归责原则更能够促使用人单位尽力避免工作中危险事故的发生。同时，由于用人单位具备一定的风险转嫁能力，其替代责任的承担并非最终责任，用人单位可以通过提高产品价格或者缩减劳动者弹性福利等方式将由于替

---

① 王泽鉴：《民法学说与判例研究》，中国政法大学出版社，1998，第24页。

代责任产生的生产成本向市场或劳动者传递，以达到风险分散的目的。所以，从本质上讲，用人单位所承担的无过错责任不会减损用人单位的经济利益。从经济学的视角分析，这是最为经济和有效率的风险分担方式。从某种意义上讲，无过错责任原则体现了新形势下对于风险与事故的责任分配。受害者的责任无法获得赔偿与用人单位承担无过错责任表面看来都是一种社会不公，但是两种不公却有本质的不同。受害者是无辜的，但是对于用人单位而言，绝对的无过错责任并不存在。所谓"无过错"，只是就劳动者行为当时而言的，但是任何行为主体对自己的行为所隐含的风险都应具备一定的预见责任。尤其是在工业社会中，工业生产的复杂性导致雇员对生产中的风险控制能力下降。但是用人单位掌握更多的信息并且有一定的管理职责，所以在对整个劳动行为管控的过程中，实质上存在着一种隐含的风险管理责任，而这一责任在具体的个别侵权行为中并不一定能够直观地呈现出来。用人单位承担的劳动者因职务侵权行为而引发的责任，本质上是有原因的，只是在劳动者直接侵权的时间点上因果关系一时难以辨识。用人单位对劳动者职务行为承担责任的无过错责任原则本质上体现了劳动关系中的风险分配方式，并且用人单位具备将因承担责任而产生的成本转嫁出去的能力。

根据无过错责任原则，职务行为的现实损害是单位承担责任的全部条件，用人单位不能通过自证清白加以免责。可见，这里适用的是严格的举证责任倒置原则。《侵权责任法》第三十四条规定："劳务派遣期间，被派遣的工作人员因执行工作任务造成他人损害的，由接受劳务派遣的用工单位承担侵权责任；劳务派遣单位有过错的，承担相应的补充责任。"本条实际上确立了在派遣劳动关系中派遣单位与用工单位之间的补充连带责任，但是作为用人单位这一整体而言，其仍然承担的是无过错责任。无过错责任原则又称客观归责或严格责任原则，是指以行为人在客观上造成损害为事实基础追究的责任，而不论行为人的主观状态如何。传统侵权责任以过错为原则，即追究责任必须以行为人有一定的主观过错为前提。无过错责任原则是随着科学技术的发展产生的。科技革命带来了诸多行为人主观无法掌控的风险，以行为人的主观过错为追究责任的前提势必导致大量的现实损害难以落实相应的责任主体。

无过错责任是一种严格责任，这一归责原则的确立本质上会增加责任主体的负担，因此在适用的过程中，司法解释对这一原则进行了一定程度的修正。2003年最高人民法院颁布的《人身损害赔偿解释》第二条规定："适用民法通则第一百零六条第三款规定确定赔偿义务人的赔偿责任时，受害人有重大过失的，可以减轻赔偿义务人的赔偿责任。"《民法典》第一千一百六十六条正是以"行为人造成他人民事权益损害，不论行为人有无过错，法律规定应当承担侵权责任的，依照其规定"的表述规定了严格责任。据此可以说，最高人民法院修正了无过错责任原则。可见，在"造成他人民事权益损害"的外部责任中，出于对第三人利益的保护，我国立法明确地要求用人单位承担了无过错责任。当然，从本质上讲，绝对的无过错责任是不存在的，劳动者的侵权行为用人单位或多或少都存在管理上的失职。这种失职是劳动关系内部的事务，用人单位在承担了对第三人的侵权责任后，可以通过内部的劳动纪律和用人单位规章对劳动者进行相应的惩罚，但是这种追偿行为与第三人无关。

在用人单位的外部责任判定中，实际上只存在着对劳动者职务行为的判定。只要能够将具体的侵权行为界定为劳动者职务行为，用人单位就应该承担相应的替代责任，反之则是劳动者的个人行为，由劳动者自己对第三人根据民法的规则承担相应的责任，用人单位可以免责。因此，用人单位无过错责任原则中内含着职务行为和个人行为的判定，单位责任以职务行为为前提，如果某一行为被界定为与工作无关，就是劳动者的个人责任，不应要求用人单位承担责任。根据现行立法，劳动者的行为究竟是否属于"因执行工作任务"仅着眼于劳动行为的客观表现，忽视了对劳动者主观状态的甄别。这容易造成劳动者以执行职务的方式恶意侵权，最终却将责任转嫁给了用人单位。因此，即使是工作行为，对劳动者实施侵权行为的主观状态加以考量也是一种必须，否则将会降低劳动者规避风险的主观注意程度。《民法典》第一千一百七十三条规定："被侵权人对同一损害的发生或者扩大有过错的，可以减轻侵权人的责任。"笔者以为这一规定可适用于用人单位的内部责任，以此允许用人单位在劳动者存在一定的主观过错时（如不遵守劳动纪律、违反规章制度等情形）免责或部分免责。

**（二）用人单位内部责任的构成要件**

在劳动过程中，劳动者受到损害的情形时常发生，此为用人单位义务的内部责任构成问题。在用人单位与劳动者之间的内部关系中，由于劳资之间原本就存在合法的劳动关系，劳动基准也有相应的规定，彼此之间存在权利和义务的预先告知和分配。那么，在何种情况下用人单位需要对劳动者的损失承担责任呢？具体责任的分配往往直接影响到劳资之间的利益分配，对劳动者在具体工作过程中的谨慎和注意的程度也有着重要的影响。劳动者会根据风险的分配状况来调整自己的注意义务，用人单位也会据此调整其对工作环境的安全保障程度。可以说，立法对劳资之间的利益分配对用人单位和劳动者的行为起到重要的指引作用。劳动者按照用人单位的指示从事劳动，接受用人单位的监督和管理。在对外责任中，基于用人单位有一定的安全保障和管理的职责，可以要求用人单位承担相对较重的责任。但是，在劳资之间，由于存在事先的合约和公开的单位规章和劳动纪律，如果用人单位能够证明自己已经履行了应尽的管理和告知义务，而损失由劳动者自身的过错所致，则允许免责。所以用人单位在内部关系中承担的是推定过错责任，允许用人单位通过证明自己已经尽职而免责。

推定过错责任是指行为人在不能证明自身无过错的情形下便推定为有过错，行为人不能免责而需要承担相应的损害赔偿责任的一种归责方式。与普通的过错责任原则相比，推定过错责任对行为人的主观注意程度要求相对较高，即只要行为人不能免除自己的主观过错，就要承担责任，事实上导致了举证责任的倒置。但是与无过错责任相比，过错推定责任对用人单位的要求相对较低，因为在劳动关系中，劳动者对自己损失的造成并不像外部第三人那样是完全无辜的。过错推定原则的风险分配原则主要是考虑到用人单位所具有的管理和监督职责。我国《劳动法》明确了用人单位对劳动者的安全保障责任，《劳动法》第五十二条规定："用人单位必须建立、健全劳动卫生制度，严格执行国家劳动安全卫生规程和标准，对劳动者进行劳动安全卫生教育，防止劳动过程中的事故，减少职业危害。"根据这一规定，劳动者如果在工作期间、工作场所内发生纠纷或斗殴，即使该行为不属于执行工作任务，用人单位仍然负有相应的监管义务。用人单位如果想要免责，必须证明自己已经尽到了相应的监管职责。以 A 公司员工封某与徐某在食堂用员工自购菜刀互殴一案为例。该食堂场所是 A 公司为员工提供的自主做饭及进餐场所，菜刀及相关炊具均系员工私人购买。2016年 7 月 14 日，徐、封二人因琐事发生争执，引起互殴并持刀发生肢体冲突。封某被砍伤，经鉴定为三级伤残，徐某被以故意伤害罪判处有期徒刑四年。后封某以 A 公司未尽监管责任保障安全的工作环境为由，要求 A 公司赔偿1676070.15 元。在本案中，法院经审理认为，该食堂场所是公司为员工个人生活便利提供的进餐场所，与工作内容并不直接相关，具有一定的私密性，而且纠纷起因于个人生活，故不属于职务行为。并且在案发过程中，A 公司管理人员在知情后及时赶到现场，将受害者封某迅速送往医院救治并报警，表明此案中用人单位已经尽到了相应的监管义务。据此，法院判决驳回了封某要求 A 公司进行赔偿的诉讼请求。

劳资关系具有一定的人身性，劳动者必须受用人单位劳动纪律和规章制度的约束，用人单位对工作场所当然地需要承担一定的安全保障责任。

《侵权行为法》第三十七条第二款规定了第三人及未尽到保障义务的管理人或者组织者的补充责任。根据这一规定，如果用人单位对工作场所监管失责，则应承担一定的侵权责任。但管理失责仅仅是一种间接侵权，以安全保障义务确立起来的间接侵权责任无疑对用人单位提出了更高的要求，因此，这种责任的界定必须依法进行，原则上不宜随意扩张。这一监管责任的内涵包括人身保护义务、危险警示义务，以及保护和看管的义务，若用人单位未履行上述义务，受害劳动者可以根据《侵权责任法》第三十七条第二款的规定主张用人单位的补充责任。以范某某代驾遇事故死亡一案为例。[1] 2018 年 5 月 1 日凌晨，代驾司机范某某下班途中遇交通事故身亡，肇事者逃逸。对于此事，死者家属主张工伤认定，而代驾平台表示双方没有签劳动合同，范某某的死亡不能算工伤。诚然，签不签订劳动合同并不是判断工伤的必备条件。然而，这一行为至少表明平台方并未将劳动法的用工成本核算在企业成本之中。对于工作过程中可能存在的事故，公司《代驾服务协议》中规定："代驾过程中发生交通事故，双方应根据交警部门的事故认定确定责任。因车辆本身安全性能问题或者甲方不当阻碍、扰乱车辆安全行驶等发生事故由甲方承担责任，经认定属于乙方过错的，由乙方承担相应责任。"同时，该协议强调："平台仅为甲乙双方提供代驾信息服务……不对代驾服务过程中产生的纠纷或争议承担责任，也不对甲乙双方代驾服务过程中或准备过程中、结束服务后遭受的损失承担责任。"依此协议，代驾过程中的事故，由保险公司承担相应的责任，代驾公司不承担赔付责任。近期发生的代驾司机事故也肯定了这样一种责任形式。有学者将此类事件列为民事纠纷，认为代驾者与代驾公司之间的协议不符合"现代"劳动关系的要求，理应适用民事合同。但不可否认的是，这一事件即使在有约在先的情况下，依然引起了社会的广泛讨论。这种广泛的关注至少代表了大众的一种粗浅认识，即代驾司机以代驾谋生，应符合劳动关系的标准，却被排除在工伤认定之外，这不符合公众的常识判断。平台雇佣涉及的人数甚众，且是未来的发展趋势。今天，我们勉强将其视为劳动关系的例外，适用民事合同的解决机制，然而随着美团、滴滴等平台的增多，这种平台用工模式或许将成为未来社会的主流用工方式，而传统用工方式将会逐渐萎缩，固守"现代"观念无疑会使《劳动法》在现实面前裹足不前，无法适应未来社会的发展。在用人单位内部责任的归责过程中，裹足于劳

---

① 网易号：《悲剧！四川代驾司机被撞身亡，代驾公司称：没签合同，不算工伤！》，http://dy.163.com/v2/article/detail/DH4TH28O0528IOGK.html，访问日期：2019 年 8 月 20 日。

资关系之外的第三人的无过错责任将会使得劳动者疏于对自身注意和谨慎义务的履行，不利于劳动关系和谐运行。

## 第二节　违反用人单位义务的法律责任

用人单位法律责任，就广义而言，是指用人单位违反劳动法所导致的依法应当由用人单位及其责任人员承担的法律责任；就狭义而言，仅指其中应当由用人单位承担的法律责任。[①] 用人单位本身是一个组织，有相对独立的财产，因此对于财产类责任的承担通常没有障碍，必要时甚至可以通过司法程序对其财产加以扣押来追究责任，但是对于人身自由类刑事责任的承担则只能针对相应的直接负责人，特别是在直接负责人存在主观过错的情形下。可见，追究用人单位的法律责任必须包含财产和人身两大类责任才算完整。

### 一、违反用人单位义务的民事责任

民事责任，又称民事法律责任，是指行为主体因实施了违反民事法律规范的行为，依据民法所应承担的对其不利的法律后果。民事责任在救济手段上旨在恢复受害人的被侵害利益，因此，民事责任以补偿为原则，不以惩罚行为人为目的，一般表现为赔偿损失、赔礼道歉等财产或精神类责任，在劳动法领域更多地体现为财产类责任。民事责任中的缔约过失责任、违约责任和侵权责任在单位责任中均有所呈现。劳动者在劳动关系运行过程中所享有的权利是多样的，这也造成了用人单位侵权的多样性。

#### （一）缔约过失责任

缔约过失责任又称先合同责任，是指在为订立合同而进行磋商的过程中，因订约一方违背诚实信用原则给对方造成了一定的信赖利益的损失，并因此而对受害方所应承担的损害赔偿责任。缔约过失责任通常仅产生于签订合同的过程之中，行为人违反了诚实信用原则，承担的是一种对于受害人利益损失所负有的补偿责任。缔约过失责任最早出现在我国《合同法》第四十二条和第四十三条之中，具体表现为"假借订立合同，恶意进行磋商"、"故意隐瞒与订立合同有关的重要事实或者提供虚假情况"及"其他违背诚实信用原则"的情形，并明确了行为人对缔约过失行为应承担的责任。无论合同成立与否，双方当事人均不得泄露或不正当地使用在合同订

---

① 王全兴：《劳动法学（第二版）》，高等教育出版社，2008，第136页。

立过程中获得的商业秘密，否则需要对受害方承担相应的赔偿责任。这构成了我国缔约过失责任的法律渊源，但是从立法内容来看，《合同法》只是列举了缔约过失责任可能存在的情形，并表明了对缔约过失行为应承担责任的态度，对于违反先合同义务的相关责任的规定却既不规范也不完整。具体责任的缺位导致司法裁判赔偿标准不一。

缔约过失责任产生的理论基础是诚实信用原则。诚信原则是民法的基本原则，被称为民法的帝王条款。劳动合同本质上是一种契约，除法律有特别规定以外，一般合同法的原则在劳动法领域同样适用。《劳动合同法》第三条明确了对于民法诚信原则的适用，也是劳动合同中缔约过失责任确立的法律依据。《劳动合同法》第三条规定："订立劳动合同，应当遵循合法、公平、平等自愿、协商一致、诚实信用的原则。"这一规定明确了诚实信用原则在劳动合同订立过程中的地位，在此基础上，《劳动合同法》在第二十六条中列举了相关的不诚实信用行为，包括欺诈、胁迫、乘人之危等。除此之外，《劳动合同法》第二十八条对无效劳动合同报酬的确认也是诚信原则的重要体现。但是，总体而言，我国劳动立法关于劳动合同订立过程中产生的缔约过失责任立法仍然不够完善，常使司法审判陷入困境。

**（二）劳动违约责任**

契约是劳资关系存在的前提和基础，是劳资之间的准立法行为，劳动合同在劳动关系运行中发挥着重要的作用，对双方当事人具有当然的约束力。用人单位的违约损害赔偿责任是指用人单位不履行或不完全履行劳动合同约定的义务，而应该承担的法律责任。违约损害赔偿责任以合法有效的劳动合同存在为前提。如果劳动合同不存在或者被宣告无效，则仅产生相应的缔约过失责任，不会发生违约责任。在劳动合同履行过程中，用人单位可能基于主观过错、情势变更及不可抗力等因素而违约，产生相应的损害赔偿责任。用人单位违约的情形大致包括逾期违约、瑕疵履行、不履行或部分履行等。基于劳动合同本身的特性，劳动合同违约责任无法与民事违约责任完全吻合，劳动合同违约责任的分配与承担必须考虑劳动合同的特殊性，以及基于这种特殊性而产生的对劳动者倾斜保护的价值取向。劳动合同违约责任的承担一定程度上体现了对基本人权的保障，因此用人单位责任的承担往往是实现社会实质正义的手段。这种对实质正义的追求一定程度上制约着民事合同的契约自由原则在劳动关系中的发挥。

1. 由规范劳动合同引发的赔偿

我国《劳动法》与《劳动合同法》均对劳动合同的书面形式提出了严格的要求。《劳动法》第十六条第二款规定："建立劳动关系应当订立劳动合同。"这一规定在《劳动合同法》第十条中得到重申。可见，在我国，书面劳动合同是确立劳动关系的重要条件之一。然而，劳动合同具有附和性，订立合同以及合同内容确定的主动权均由用人单位掌握，劳动者通常处于从属地位，只能对用人单位提供的劳动合同文本表示接受与否，并无实质的决定权。用人单位事实上掌握了劳动合同订立的主动权，是否订立合同、内容公平与否均由用人单位决定，因此，如果劳动合同内容不完整或不公平，给劳动者造成损失，单位应承担民事损害赔偿责任。关于劳动合同的形式，《劳动法》虽然规定了书面形式要求，但并未规定相应的惩罚机制，而相关的实施细则对事实劳动关系的认定也不具有任何惩罚性，导致《劳动法》对于书面劳动合同的形式要求缺少实际的威慑力。《劳动合同法》通过第八十二条对这一责任进行了弥补，对用人单位设置了双倍工资的惩罚机制，给未按期订立书面劳动合同的用人单位以实在的经济惩罚，并且这一惩罚的物质利益的直接受益人是劳动者。这不但是对用人单位违法不订立书面劳动合同的惩罚，也极大地调动了劳动者维权的积极性，对书面劳动合同的落实起到了重要的促进作用。对由于劳动合同内容不规范而侵害劳动者权益的行为，《劳动合同法》第八十一条规定："用人单位提供的劳动合同文本未载明本法规定的劳动合同必备条款或者用人单位未将劳动合同文本交付劳动者的，由劳动行政部门责令改正；给劳动者造成损害的，应当承担赔偿责任。"这一规定明确了用人单位对劳动合同内容的规范义务。在具体的劳动合同约定方面，如关于试用期，如果"违法约定的试用期已经履行的，由用人单位以劳动者试用期满后的月工资为标准，按已经履行的超过法定试用期的期间向劳动者支付赔偿金"[①]。此外，对于"用人单位违反本法规定不与劳动者订立无固定期限劳动合同的"情形，《劳动合同法》第八十一条第二款要求用人单位"自应当订立无固定期限劳动合同之日起向劳动者每月支付二倍的工资"。可见，较之《劳动法》，《劳动合同法》在书面劳动合同的形式、内涵及期限方面落实了相应的措施，以对劳动者进行损害赔偿为出发点，给用人单位设定了具体可行的规范。另外，对于用人单位因自身原因而导致的合同履行不能，用人单位也应当承担相应的损害赔偿责任。根据《劳动合同法》第四十八条，单位违法解除合同，若劳动者放弃继续履行劳动合同的，可以向用人单位主张《劳动合同法》所规定的经济补偿标准的二倍支付赔偿金。

---

① 参见《劳动合同法》第八十三条。

### 2. 违法规章损害赔偿责任

单位规章作为一种准立法行为，本质上是合同的一部分，必然会给劳动者权益带来一定的影响，故有学者提出应将单位规章列为劳动合同的附件。在劳动者入职以后再进行规章的告知实际上剥夺了劳动者的选择权。立法是社会规则的制定，决定着社会生活的基本秩序，是一种必须加以规范的行为，为此，我国制定了专门的《立法法》以约束国家机关的立法行为。用人单位规章的制定作为一种准立法行为，自然也要受到相应的法律、法规的约束。对此，《劳动法》第八十九条规定：用人单位制定的劳动规章制度违反法律、法规规定的，由劳动行政部门给予警告，责令改正；对劳动者造成损害的，应当承担赔偿责任。根据这一规定，对用人单位立法行为进行监督的主体是劳动行政部门。对劳动者承担损害赔偿的前提是"单位规章违反法律、法规"并且"对劳动者造成损害"。但是《劳动法》的这一规定有其不严谨之处，因为"违反法律、法规"的规章对劳动者的影响是极其复杂的。用人单位制定"违反法律、法规"的规章必然是从单位利益出发的，以提高单位自身在市场经济中的地位，获得利润最大化。用人单位的经济效益提高了，劳动者也会从中获益，即用人单位的规章违反法律、法规不一定会损害劳动者的利益。可见，用人单位对劳动者造成损害若仅以"违法、违规"为条件，不免过于宽泛。对此，《劳动合同法》对因为单位规章给劳动者造成损害的赔偿范围进行了一定的修正。《劳动合同法》第八十条规定只对"直接涉及劳动者切身利益的规章制度违反法律、法规规定"并且"给劳动者造成损失"的行为承担损害赔偿责任。该规定将单位规章由"违法、违规"缩小到了"直接涉及劳动者切身利益"并且"违法、违规"，这就将用人单位纯粹为了自身的市场经营和盈利而制定违法、违规单位规章的行为排除在外，因为这类行为并不直接损害劳动者的利益，劳动者甚至有可能从中获益。劳动者和用人单位是利益共同体，将这类行为排除在对劳动者的损害赔偿之外，体现了《劳动合同法》相较于《劳动法》的进步之处。

### （三）劳动侵权责任

传统中华法系从《法经》以来均以公法为主，尤其以刑事立法最为突出，至于私法，多是晚清以后的舶来品。侵权行为作为一种对他人固有利益的侵害行为，由清末沈家本先生编订的《大清民律》草案引入中国，关于劳动侵权行为的规定则更晚。劳动侵权行为是指在劳动过程中对劳动者固有利益所造成的损害，该损害超越了合同约定的范围，常指对劳动者法定利益的损害，如对劳动者人身健康、名誉乃至于生命权的损害，变相剥夺劳动者的法定休假权等。

1. 侵害劳动者财产权益损害赔偿

从《劳动法》第九十一条的规定来看，对于劳动者合法权益的损害赔偿主要包括四个方面，即拖欠工资、拒不支付加班费、违反最低工资标准及未按法定标准支付补偿金。对于《劳动法》中的这四项需要对劳动者进行侵权损害赔偿的情形，《劳动合同法》继承了一项，修改了三项。对"低于当地最低工资标准支付劳动者工资的"，《劳动合同法》在第八十五条中进行了完全一致的规定，对其余三项则有不同程度的修改。第一项修改是对于"克扣或者无故拖欠劳动者工资的"，《劳动合同法》第八十五条将其修改为"未按照劳动合同的约定或者国家规定及时足额支付劳动者劳动报酬的"。这一修改的基本内涵与《劳动法》的规定是一致的，不同之处是将"工资"修改为"劳动报酬"，并将"劳动报酬"明确为两个标准，即"劳动合同的约定"或"国家规定"。将"工资"的称呼修改为"劳动报酬"体现了劳动立法修辞的进步。毕竟我国没有专门的工资立法，关于何为"工资"尚且不存在一个严谨的概念界定。并且，我国的劳动关系脱胎于计划经济劳动关系，在计划经济体制下，除工资外，大部分用人单位都存在"额外"报酬，而且这一报酬常不在少数，如奖金、股权、单位提供宿舍或福利房、交通工具，甚至包括子女入学、家属就业等。这些福利的存在是一种历史传统，立法不宜一概否定。并且，这些福利常常是劳动者做出决策的重要诱因。如果劳动关系建立后用人单位未能及时支付这类报酬，用人单位当然也要承担相应的损害赔偿责任。因此，笔者以为，从"工资"到"劳动报酬"的修改体现了我国《劳动合同法》对于劳动者报酬本土化、复合性的充分认识，是一个历史性的进步。第二项修改是将《劳动法》中的"拒不支付劳动者延长工作时间工资报酬的"修改为"安排加班不支付加班费的"。这一修改的主要变化在于"安排"二字上。"安排"加班体现了用人单位对于加班行为的知情和主动，而不是由劳动者自身工作效率低下所致。如果加班是由劳动者的原因所致，如在法定正常的工作时间内从事私人事务或恶意怠工导致未能按时完成约定的工作量，这种情况下要求单位支付加班费显然有失公平。"安排"加班在现实中体现为如果劳动者需要加班应向用人单位提出申请，用人单位对于加班的原因需要知情以便审核是否需要加班，即允许用人单位核定是否属于"额外"的工作量，用人单位基于此在支付加班工资和效益损失之间加以衡量。如果是劳动者岗位分内的额定工作，并无特殊的额外工作量，则要考虑劳动者是否能够胜任这一工作岗位，是否需要调岗。如果加班工资支出超出了加班行为所能带来的收入，从经济效益的角度衡量，用人单位有选择不安排加班的权利。因此，《劳动合同法》的制度安排实质上认可了用人单位对劳动者加班的决定权。由于加班行为所需成本由用人单位承担，笔者以为，这一赋权是理所当然的。这一修改表明了我国劳动立法在精确和科学方面又向前迈出了重要的一步。第三项修改是把《劳动法》中的"解除劳动合同后，未依照本法规定给予劳动者经济补偿"修改为《劳动合同法》第八十五条的"解除或者终止劳动合同，未依照本法规定向劳动者支付经济补偿"，即将劳动合同"终止"列为用人单位需要支付经济补偿金的事由。"解除"是劳动合同的非正常结束，而"终止"是劳动合同的正常结束，对于正常的劳动合同终止要求用人单位支付经济补偿金实质上增加了用人单位的责任。这一修改体现了《劳动合同法》的解雇保护倾向，无疑会增加用人单位的解雇成本，也使得劳动合同的约定期限丧失了应有的价值。此外，劳动者的辞职相对自由，只要"提前一个月书面通知用人单位"即可以解除合同，而用人单位解除劳动合同即使在正常合同到期的情况下也不能免除支付经济补偿金的责任。这在事实上导致劳动合同期限成了仅约束用人单位而不约束劳动者的单方约束条款，可能引发实践中的诸多道德风险。用人单位为免除自己的责任常常努力地证明劳动者违规违纪行为，而这些所违之"规"和"纪"在正常的公司的管理过程中往往并未能全面落实，不会给用人单位造成严重损失，是用人单位管理的灰色地带。在劳资关系运行良好的情况下，灰色地带是可容忍的，而一旦想要解雇劳动者，用人单位就会在此大做文章，于是形成了某些解雇"潜规则"，道德风险随之产生。笔者以为，这一修改是对劳资关系的一种束缚，会给劳动关系的运行带来严重的负面影响。另外，由于用人单位违法扣押证件及财产，也会产生相应的损害赔偿责任，《劳动合同法》第八十四条第二款规定："用人单位违反本法规定，以担保或者其他名义向劳动者收取财物的，由劳动行政部门责令限期退还劳动者本人，并以每人五百元以上二千元以下的标准处以罚款；给劳动者造成损害的，应当承担赔偿责任。"同理，劳动者依法解除或者终止劳动合同，用人单位扣押劳动者档案或者其他物品的，也应依前款标准对劳动者进行赔偿。除此以外，劳动立法中还存在着由于劳动者违法建立双重劳动关系而产生的连带赔偿责任。《劳动法》第九十九条规定："用人单位招用尚未解除劳动合同的劳动者，对原用人单位造成经济损失的，该用人单位应当依法承担连带赔偿责任。"《劳动合同法》将这一连带赔偿责任的范围拓展至"终止"劳动合同，是对解雇保护制度的进一步延伸。①

2. 侵害劳动者人身权益损害赔偿

侵害劳动者人身权益的行为主要包括用人单位对劳动者施以"暴力和威胁"，或者"侮辱、体罚、殴打"劳动者，对劳动者人身及居住场所进行搜查，以及"劳动条件恶劣"等。《劳动法》对这一系列行为进行了列举，如第三十二条中"用人单位以暴力、威胁或者非法限制人身自由的手段强迫劳动的；用人单位未按照劳动合同约定支付劳动报酬或者提供劳动条件的"，第九十六条中"以暴力、威胁或者非法限制人身自由的手段强迫劳动的；侮辱、体罚、殴打、非法搜查和拘禁劳动者的"。在《劳动法》中，针对这一行为，对用人单位设定的处罚仅有行政责任和刑事责任，不包括对劳动者的民事赔偿责任。这显然并不合理，因为上述行为的确对劳动者的个人利益造成了严重的损害，公法上的行政和刑事责任并不能弥补劳动者在物质利益方面的损失。因此，《劳动合同法》对单位侵害劳动者人身权益的损害赔偿责任进行了拓展。关于劳动者身心健康和人身自由受到威胁时的损害赔偿，《劳动合同法》第八十八条规定："用人单位有下列情形之一的，依法给予行政处罚；构成犯罪的，依法追究刑事责任；给劳动者造成损害的，应当承担赔偿责任：（一）以暴力、威胁或者非法限制人身自由的手段强迫劳动的；（二）违章指挥或者强令冒险作业危及劳动者人身安全的；（三）侮辱、体罚、殴打、非法搜查或者拘禁劳动者的；（四）劳动条件恶劣、环境污染严重，给劳动者身心健康造成严重损害的。"可见，《劳动合同法》明确了用人单位对劳动者的民事损害赔偿责任，能给劳动者的利益带来实质的补偿，是一个重要的进步。

3. 侵害劳动者休息休假权益损害赔偿

休息休假是指劳动者在法定或约定的劳动时间之外所享有的自由支配时间。根据《劳动合同法》第十七条，"休息休假"是劳动合同的必备条款，但休息休假的具体内容并非完全由劳资双方约定，它更是劳动者固有的法定权益。劳动者的休息休假权主要体现为公休假、法定节假日、年休假及各类关于婚丧嫁娶的假日。上述假日均为法定，主要体现在我国于2008年1月1日起实施的《职工带薪年休假条例》和《全国年节及纪念日放假办法》之中。如《职工带薪年休假条例》规定，"单位根据生产、工作的具体情况，并考虑职工本人意愿，统筹安排职工年休假"，即是对法定假日进行协调的依据。根据《职工带薪年休假条例》，"年休假在1个年度内

---

① 参见《劳动合同法》第九十一条。

可以集中安排，也可以分段安排，一般不跨年度安排。单位因生产、工作特点确有必要跨年度安排职工年休假的，可以跨1个年度安排"，即是法律允许劳资之间约定的幅度。所以，休息休假权是劳动者的法定权利，休息休假权被剥夺或变相剥夺应由用人单位承担相应的损害赔偿责任。如《职工带薪年休假条例》第五条规定："单位确因工作需要不能安排职工休年假的，经职工本人同意，可以不安排职工休年假。对职工应休未休假天数，单位应当按照该职工日工资收入的300%支付年休假工资报酬。"《劳动法》第四十四条重申了这一加班工资的支付标准。可见，法律对于加班、加点及法定年休假受到侵害时的补偿均已有明确规定，劳资之间没有协商的余地。所以，对劳动者休息休假权的侵害不是对合同利益的侵害，而是对劳动者固有利益的侵害，用人单位应承担的是侵权损害赔偿责任。

4. 用人单位侵权责任的竞合

现实中，我国劳动立法对第三人侵权与工伤赔偿竞合的责任未有明确的处理原则，有些劳动者甚至从受害行为中获益。这既造成了工伤保险资金的浪费，也使得不同受害者受到了不公正的待遇。有学者认为，对于已经从工伤保险中获赔的事项，如有与第三人侵权损害赔偿重叠的部分，应允许工伤保险对其追偿，避免重复给付，同时也可以恢复工伤保险基金的偿付能力。如果第三人属于同一工作场所的员工，则属于职务侵权行为，此时的竞合要另当别论。因为职务侵权行为的赔偿责任人为雇主而非雇员，所以受害者对第三人的追偿责任常常与用人单位的工伤责任发生竞合。侵权人是本单位的工作人员时，则属于单位职工的职务侵权行为。对于职务行为，各国均已明确了由单位承担赔偿责任，此时的侵权责任主体本质上也是用人单位。工伤与侵权的主体属于完全的竞合，本质上只有一个赔偿责任主体。用人单位当然有权利从自己缴纳的工伤保险中获益，要求工伤保险承担单位职工造成的损害赔偿责任，此时受害人只能从工伤保险基金中获得赔偿。因为工伤保险基金是由用人单位单方缴费形成的基金，本质上是单位责任，与侵权人的职务行为完全竞合。用人单位因为劳动者职务侵权行为而承担的赔偿责任可以向行为人进行追偿，但该追偿行为以行为人存在主观上的故意或重大过失为前提。

2003年，最高人民法院《人身损害赔偿解释》规定，在劳动侵权伤害案件中，劳动者在申请工伤赔偿的同时还有权向造成侵权行为的第三人主张民事赔偿责任。用人单位为劳动者所购买的工伤保险并不是为免除第三人的侵权赔偿责任。换言之，工伤与侵权是两种不同性质的法律关系，实施侵权行为的第三人不能以他人的投保行为而免责。工伤保险是社会保险的组成部分，属于公法范畴，是立法强制用人单位必须购买的，否则原本由工伤保险承担的责任就由单位来承担。它是专门为维护劳动者的权益而设定的，仅适用于劳动关系之中。如果因为从工伤保险中获赔而免除第三人的侵权责任，则不利于鼓励人们参保。况且，劳动过程中与工伤竞合的侵权行为，往往导致劳动者的人身健康损害乃至于生命损害。对于人身健康损害和生命损害的赔偿在民事保险中也是不设赔偿上限的。在普通的商业健康险和生命险中，保险额度可以无限大，其遵守的理念是人的生命和健康是无价的。相对于人的生命和健康而言，工伤保险的赔偿额度有限，仅是一种最低限度的弥补。如果剥夺劳动者从第三人处获得赔偿的权利，事实上会限制劳动者获得赔偿的权利，甚至可能提高第三人在工作场所侵权的概率，降低用人单位投保工伤保险的积极性。因此，在第三人造成损害的劳动侵权行为中，应允许劳动者兼得工伤赔偿和第三人的损害赔偿，并且根据实施情况来看，已有部分地方实施了兼得的做法。所以，在法律没有明文禁止的情况下，劳动者遭受的人身损害可以从工伤和第三人处同时获得赔偿。况且，第三人侵权损害赔偿与工伤损害赔偿认定程序不同，侵权损害赔偿适用普通的民事赔偿程序，其诉讼及由此承担的律师费和时间成本也非常高昂。即使胜诉，这一赔偿能否实现还依赖于第三人的实际偿债能力。如果只允许劳动者在二者之间择其一，可能导致劳动者根本无法获得赔偿。毕竟工伤赔偿是封顶的，工伤保险所承担的是一种有限赔偿责任，很多情况下并不能真正弥补劳动者的损失。如果不允许劳动者从工伤保险中获赔，一旦民事诉讼败诉或虽然胜诉但是执行不能，则会将劳动者陷于严重的选择困境。

换言之，尽管劳动立法规定了用人单位缴纳社会保险的强制性责任，但是目前我国工伤保险的覆盖面仍然有限。有些是因为认定劳动关系尚有争议，有些是因为用人单位没有履行相应的缴费义务，不管因为何种情况没有缴纳社会保险，对于未被工伤保险覆盖到的劳动者而言，其权利维护都是极其困难的。尽管立法规定，如果单位未缴纳工伤保险，则相应的工伤赔付责任由用人单位直接承担，但这等于是要劳动者通过民事侵权损害的赔偿方式来维权。如果在竞合的时候禁止劳动者向第三人主张侵权赔偿，实际上是对有工伤保险的损害设定了求偿障碍，因为工伤赔偿与第三人侵权损害赔偿的具体求偿数额在不同的个案中数额大小往往难以确定。《安全生产法》也支持了这一论点，该法第四十八条规定："因生产安全事故受到损害的从业人员，除依法享有工伤社会保险外，依照有关民事法律尚有获得赔偿的权利的，有权向本单位提出赔偿要求。"《人身损害赔偿解释》第十二条第二款也明确肯定了"受侵害劳动者"向"用人单位以外的侵权第三人"进行追偿的权利。2010 年实施的《社会保险法》第四十二条对这一追偿权的否定，于法于理均有失公正。《社会保险法》第四十二条规定："由于第三人的原因造成工伤，第三人不支付工伤医疗费用或者无法确定第三人的，由工伤保险基金先行支付。"工伤保险基金"先行支付"后即获得了向第三人追偿的权利，获赔后的追偿权转让给了工伤保险基金，即原则上要求受害人向第三人进行求偿，求偿不能时才从工伤保险基金中垫付。对于已经从工伤保险基金中获得赔偿的受害人来说，这事实上剥夺了其向第三人申请损害赔偿的权利。工伤保险产生的理论基础在于，相对于传统的侵权赔偿而言，因工伤受害的劳动者需要获得更加及时的救助，工伤保险具有弥补传统侵权赔偿责任制度效率不足的功能。对于用人单位侵权责任而言，工伤保险起到了重要的分散风险作用。但是，这并不代表工伤赔偿是充足的，事实上，工伤保险常常是补充性的责任，受害人仅是从中获得了补偿，其赔偿价值并不能充分发挥。此时如果剥夺劳动者向第三人的求偿权对其权益的保护是极为不利的，甚至会使得工伤保险起到一定的反作用，一定程度上限制受害劳动者的权利维护。

一般而言，劳动者所面临的工伤风险来源主要有四类，即由于用人单位的规章不健全、管理混乱和安保措施不到位引起的风险；工作本身的高风险，易引发相关的职业病；劳动者工作疏忽，如违规操作等引起的风险；劳动者之间可能存在的致害行为。劳动者在遭遇工伤时，首先应从工伤保险基金中获得赔偿。工伤保险在对劳动者进行快速赔偿的同时，分担了用人单位的风险，这是其存在的价值。《工伤保险条例》第十七条规定："职工发生事故伤害或者按照职业病防治法规定被诊断、鉴定为职业病，所在单位应当自事故伤害发生之日或者被诊断、鉴定为职业病之日起 30 日内，向统筹地区社会保险行政部门提出工伤认定申请。"若单位未能在法定期限内申请工伤，则："工伤职工或者其近亲属、工会组织在事故伤害发生之日或者被诊断、鉴定为职业病之日起 1 年内，可以直接向用人单位所在地统筹地区社会保险行政部门提出工伤认定申请。"而这一期限与民法的侵权期限不同，《民法典》第一百八十八条规定，受害人"向人民法院请求保护民事权利的诉讼时效期间为三年。法律另有规定的，依照其规定"。这种冲突可能导致劳动者的工伤侵权时效已过，但尚在民事诉讼时效期间内，因此劳动者仍然可以以民事受害人的身份提起侵权损害赔偿。根据现行立法，只要劳动者提供的证据充分，其侵权赔偿之诉应该能够获得法院的支持。可见，我国工伤保险在一定程度上带来了工伤与侵权责任的纠缠和混乱。

除工伤赔偿与第三人侵权时的竞合以外，在约定工资与最低工资标准重合时，也会出现工资支付义务违约与侵权的竞合。用人单位不履行合同约定的工资支付义务是违约行为，但是，如果违反了最低工资保障的标准，则应认定为侵权行为，此时会产生违约和侵权责任的竞合。因为最低工资是法定的，是劳资之间必须遵守的工资底线，并且至少每两年调整一次，调整的幅度劳资皆无法干预，所以，低于最低工资标准发放工资应被认定为是用人单位的侵权行为。如果劳资之间约定的工资低于最低工资，则这一约定是违法的，应被认定无效。如果劳资之间以最低工资标准作为约定工资的标准，则用人单位不履行或不完全履行支付义务构成了违约和侵权责任的竞合。根据现行民事诉讼的规则，对于因同一行为而遭受的损害以何种诉因提起诉讼主张维权，应由劳动者及其代理人进行选择。

## 二、违反用人单位义务的劳动法责任

劳动法责任是指劳动法所特有的基于劳动关系而产生的责任，是与普通民事责任不相重合的部分。之所以产生特殊的劳动法责任，乃是因为劳动关系与其他法律关系有本质的不同，具有一定的人身依附性。在工业社会中，劳动关系是维持社会成员生存和发展的基础社会关系，是社会管控的重要手段之一。随着社会的发展，传统以土地为依附关系的社会稳定制度必将转变为以劳动关系为依托的职业稳定关系，工业社会中的成员对劳动关系会形成深深的依赖感。通过劳动关系实现社会成员的安全感是现代雇佣的应有之义，经济补偿金制度及社会保险制度均是这一保障的具体体现。

### （一）支付经济补偿金

近代以来，民主国家权力的设置一直以洛克的政治分权理论为导向，美国是把这一理论运用得最为彻底的国家。在罗素看来，分权理论在工业革命以后的美国运用得越来越不顺畅了。[①] 美国的政治受财团的影响乃至控制越来越严重，很明显，在传统的立法权、行政权、司法权之外又出现了第四种权力，即基于各种公司或公司之间的联合利益催生的财团权力，这是洛克始料未及的。新出现的庞大的公司所具有的资产权力超乎想象，公司尤其是大公司越来越作为第四权越发不容忽视，并且在未来的工业社会中，这种趋势将会逐步加强。土地被剥夺之后，社会个体逐渐原子化，人

---

① ［英］伯特兰·罗素:《西方哲学史（第三版）》，耿丽译，重庆出版社，2016，第 422-423 页。

们从组织中寻求安全感的倾向与日俱增，时代的冲突越来越呈现为组织和组织之间的冲突。作为包容社会原子的劳动关系，以及承载这种关系的雇佣组织，个体对劳动关系的依赖程度逐渐加强，以至于公司成了政府之外管控社会的重要手段之一。在这种情况下，公司的社会责任逐渐受到重视，经济补偿金一定意义上是这种社会责任在劳动法领域的体现。

经济补偿金，是指劳动合同解除或终止时，用人单位在法定条件下应当按照法定标准向劳动者支付的经济补偿金。① 不同国家或地区对经济补偿金的称呼有所差异，法国称之为"辞退补偿金"，俄罗斯称之为"解职金"，我国内地一般称之为"经济补偿"，香港地区称之为"长期服务金"或"遣散费"。众所周知，合同具有相对性和时间性，因此在普通的民事合同中，履行期限截止缔约双方的责任自然解除。但是在劳动关系中，由于劳动关系具有一定的人身依附性，合同的解除或终止往往会给劳动者带来一定时期的生活动荡。为了将这种劳动者生活状态不稳定的损害降到最低，劳动立法体系确立了由用人单位支付经济补偿金的制度，以缓解劳动者由于工作丧失或暂时丧失而带来的不安全感。

我国自有系统的劳动立法以来一直对经济补偿金制度持肯定态度。《劳动法》第二十六条和第二十八条涉及的需要补偿的事由有"劳动者患病或者非因工负伤""不能胜任工作""客观情况发生重大变化""集体裁员"等。上述几类合同解除中用人单位可能并没有主观过错，但是却需要承担支付经济补偿金的责任，这突破了民法中的过错责任原则，是劳动法领域用人单位严格责任的体现。第二十七条规定了对用人单位"集体裁员"的经济补偿。客观地说，用人单位濒临破产或者生产经营状况发生严重困难属于经营性问题，并不存在对劳动者的违约或过错行为，而且如果用人单位"在六个月内录用人员的，应当优先录用被裁减的人员"，但是立法依然确立了用人单位的经济补偿责任，表明了我国对用人单位社会责任的认可。通观《劳动法》，只有因劳动者自身原因而引起的合同解除才能免除单位的补偿金支付义务，即"在试用期间被证明不符合录用条件的；严重违反劳动纪律或者用人单位规章制度的；严重失职，营私舞弊，对用人单位利益造成重大损害；被依法追究刑事责任"。用人单位通常只有在劳动者有过错的情形下才可以免责，即使是试用期间，也要证明劳动者不符合录用条件。此时尽管没有对劳动者过错的要求，但是要求用人单位"证明劳动者不符合录用条件"亦非易事。因为具体的录用条件已经在招聘公告中声明过，

---

① 王全兴：《劳动法学（第二版）》，高等教育出版社，2008，第202页。

劳动者能够被录用本身表明其符合招聘公告中的基本要求，那么入职后如何再去证明劳动者不符合录用条件，其本身的难度可想而知。

1994年，我国劳动部专门发布了《违反和解除劳动合同的经济补偿办法》，进一步规范了解除劳动合同时的经济补偿金问题。具体而言，《劳动法》中笼统地规定协商一致解除合同均应支付经济补偿金，《劳动合同法》则进一步明确要求，必须是"由用人单位首先提出解除协议的"，才需要支付经济补偿。可见，《劳动合同法》在"劳动者与用人单位协商一致"解除合同的情形中缩小了经济补偿金的支付范围。比较而言，这一规定更加科学，因为如果是劳动者主动提出解除合同，并且用人单没有过错，此时常常属于劳动者主动跳槽的情形，解除合同时劳动者通常已经确定了下一份工作，并不存在由于失业或工作变换而带来的生活动荡，没有进行经济补偿的现实需要。并且，《劳动合同法》进一步明确了劳动者的解约自由。《劳动合同法》第三十七条规定："劳动者提前三十日以书面形式通知用人单位，可以解除劳动合同。劳动者在试用期内提前三日通知用人单位，可以解除劳动合同。"在这种情况下，如果要求用人单位对劳动者提出的解除合同进行经济补偿，很可能会产生一定的道德风险。除此以外，《劳动合同法》对用人单位的经济补偿金支付范围总体是扩张的。首先，《劳动合同法》在第二十六条第一款确立了因"欺诈、胁迫和乘人之危"致使合同无效时的经济补偿金支付。其次，即使是劳动者解除合同，但如果解除合同的原因是用人单位的过错，劳动者同样可以获得经济补偿金。具体包括《劳动合同法》第三十八条所涉及的用人单位"未按照劳动合同约定提供劳动保护或者劳动条件的；未及时足额支付劳动报酬的；未依法为劳动者缴纳社会保险费的；用人单位的规章制度违反法律、法规的规定，损害劳动者权益的；因本法第二十六条第一款规定的情形致使劳动合同无效的；法律、行政法规规定劳动者可以解除劳动合同的其他情形"。对于用人单位存在的更为严重的暴力行为，如"以暴力、威胁或者非法限制人身自由的手段强迫劳动者劳动的，或者用人单位违章指挥、强令冒险作业危及劳动者人身安全的"，根据该条第二款，用人单位也应该支付经济补偿金。再其次，对于劳动者没有过错的因"患病、非工伤，不能胜任工作，情势变更以及单位裁员"等情况导致的合同解除，根据《劳动合同法》第四十条和第四十一条，用人单位也需要支付经济补偿金。最后，即使是正常的劳动合同期限届满，除"用人单位维持或者提高劳动合同约定条件续订劳动合同，劳动者不同意续订的情形外"，单位不免除支付经济补偿金的法律责任。这一规定旨在防止用人单位利用短期劳动合同剥夺劳动者的职业归属感，但同时也不可避免地使得劳动合同期限仅具有单向约束的作用，进一步削减了劳动关系的灵活性。

**（二）补缴社会保险**

社会保险通常是指为了确保劳动者的生活需要以及劳动力的健康延续，国家和社会对因丧失劳动能力和劳动机会而不能劳动或暂时终止劳动的劳动者采取的通过给予一定物质帮助，使其至少能维持基本生活需要的一种制度。① 我国《宪法》第四十五条规定："中华人民共和国公民在年老、疾病或者丧失劳动能力的情况下，有从国家和社会获得物质帮助的权利。国家发展为公民享受这些权利所需要的社会保险、社会救济和医疗卫生事业。"但是"国家"是一个极其抽象的概念，无法现实地承担相应的保险责任，最终这一责任通过基本立法被分配给了用人单位，这是工业社会中企业社会责任的重要体现。《劳动法》第七十条进一步落实了《宪法》第四十五条国家对公民的"社会保险、救济和救助"的义务，规定："国家发展社会保险事业，建立社会保险制度，设立社会保险基金，使劳动者在年老、患病、工伤、失业、生育等情况下获得帮助和补偿。"根据《劳动合同法》第十七条，缴纳社会保险是单位法定的强制性义务，所以只要建立劳动关系，用人单位就必须为劳动者承担缴纳社会保险的义务。《宪法》的社会保障责任最终通过劳动法落实到了用人单位主体上，这绝非偶然，本质上是对用人单位主体的经济能力、管理能力及转嫁成本能力的认可，而具备这一系列能力的主体本质上就是罗素提出的隐性的第四权力。换言之，国家或政府本身是不直接创造社会财富的，如果这一系列社会保障和经济补偿的社会责任不是由企业而是由国家或政府来直接承担，那么其前提将是国家对社会财富进一步地聚拢，而这与我国的社会主义市场经济发展道路和理念是相悖的。而企业作为市场主体，可以直接创造社会财富。国家可以通过立法或税收调整企业社会责任的分配。为匹配企业的社会责任，政府可以为企业提供更加广泛的发展空间，减少赋税，降低企业的运营成本。

我国的社会保险主要包含五项基本险种，即养老、医疗、工伤、生育及失业保险。在这五项保险中，养老保险由于其风险存在的必然性和长期性，开支占比最重，约占整个社会保险费用支出的三分之二，医疗保险次之。从缴费比例来看，如前文统计，五项险种用人单位合计缴费比例约为31.1%，这对用人单位而言是个不小的负担，用人单位必须进行严格的成本核算。即便如此，在当下及未来的工业社会中，社会保险由用人单位承担

---

① 王全兴：《劳动法学（第二版）》，高等教育出版社，2008，第405页。

仍然是最优的选择。首先，政府承担全面的社会保障责任必将导致全面的计划经济，社会很可能会重新回归低效率的状态。其次，企业是工业社会物质生产的主要载体。而且，经过劳动力市场的优胜劣汰，企业常常网罗了社会中相对有竞争力的人才，有能力进行快速的成本核算和转嫁。政府所能做的是为提供社会保障功能的企业建设优质的社会生产环境，以便于企业对市场的价格、成本的核算做出快速灵敏的反应。2019 年《政府工作报告》提出，允许各地方根据本地情况，适当下调用人单位社会保险缴费比例至工资总额的 16%，即是政府通过行政手段调整企业责任的直接体现。对于用人单位负担过重的问题，笔者以为主要争议在于我国对用人单位未进行合理的分层。跨国公司和个体工商户应对市场风险的能力显然不同，要求它们承担同等的责任有失公允。我国的社会保险责任承担的关键不在于是否由用人单位承担，而在于由具备何种财力的用人单位承担，对用人单位的分层已经成了制约我国劳动法发展的瓶颈问题，在社会保险责任承担方面表现得尤为突出。

### 三、违反用人单位义务的行政责任

#### （一）责令改正

责令改正是指行政主体命令违法行为人停止违法侵害行为并加以纠正，以使受害行为恢复原状的一种事后行政救济手段。责令改正本身并不具有很强的惩罚性，只是对原有违法行为的纠正。对任何违法行为的惩罚都只是手段而不是根本目的，惩罚只是促进改正的方法，根本目的均是维护社会秩序的稳定。因此在对大多数违法行为进行处罚的同时，常常附带责令改正这一行政责任，以责令行为人改正违法行为，否则行政处罚常常会给当事人造成一种错觉，即只要接受了一定的行政处罚，原本"违法"的行为就获得了合法的外衣。而责令改正这一看似轻描淡写的行政责任从根本上杜绝了以处罚获得违法"通行证"的可能。责令改正在我国现行《劳动合同法》中有四处应用。首先是《劳动合同法》第八十条关于"用人单位直接涉及劳动者切身利益的规章制度违反法律、法规规定的，由劳动行政部门责令改正"。用人单位规章是用人单位主导的对劳资关系的准立法，在以劳动合同为主导的继续性法律关系中发挥着重要作用。如果在对违法规章进行处罚之后不要求其改正，则违法规章将会造成更大的持续性危害。其次是《劳动合同法》第八十一条规定的"用人单位提供的劳动合同文本未载明本法规定的劳动合同必备条款或者未将劳动合同文本交付劳动者的，由劳动行政部门责令改正"。劳动合同是双方当事人之间的准立法，但是劳动合同具有附和性。大多数劳动合同并非由劳资之间逐条协商而成，往往是用人单位提供一个格式合同，而劳动者仅对此表示接受与否，因此常有合同内容不够完善的情形。如果不要求用人单位改正，则会导致这种危害行为一直持续下去。同样，对于未将合同文本交付劳动者的情形也不能一罚了之。合同文本是劳动者履约和维权的根本，对于实践中不向劳动者交付合同文本的情形，应责令用人单位履行交付义务。再其次是《劳动合同法》第八十三条规定的"用人单位违反本法规定与劳动者约定试用期的，由劳动行政部门责令改正"。关于试用期的约定，常见的是超期试用，如果宣布试用期违法或仅仅进行惩罚，实际上并不能免除劳动者所遭受的损害。不合法的试用期将继续存在，置劳动者于不稳定的劳动状态之中。此时，责令用人单位改正，重新约定合法的试用期是必不可少的。最后是《劳动合同法》第八十九条规定的"用人单位违反本法规定未向劳动者出具解除或者终止劳动合同的书面证明，由劳动行政部门责令改正"。解除劳动合同的书面证明又称离职证明，是劳动者与原用人单位合法解除合同的证明。用人单位为解约劳动者出具离职证明是其法定的后合同义务，如果违反该项义务，阻碍劳动者就业或给劳动者造成损害，要承相应的担损害赔偿责任。但是损害赔偿责任并不能起到对劳动者利益的根本维护作用，为保证劳动者择业权的实现，用人单位必须纠正其违法行为，履行出具离职证明的义务，从而真正阻止对劳动者就业权的持续性危害。

### （二）罚款

罚款是一种重要的行政处罚方法。对受惩罚人而言，罚款所造成的损失和罚金是一样的，但是二者却有明显的差异。罚金是刑事责任的一种，它的惩罚对象主要是违反刑法应受刑事处罚的行为人，其主观恶性较强，社会危害性更大，因此必须由人民法院依刑法进行判决，其他单位或个人不得行使罚金权。罚款是一种行政责任，受罚行为的社会危害程度比受罚金惩罚的行为的社会危害程度要低，行政执法单位可以直接对违法行为人处以罚款，不需要经过人民法院的判决。罚款和罚金给行为人带来的处罚效果相同，都是财产利益的损失。《劳动合同法》第八十四条规定："用人单位违反本法规定，扣押劳动者居民身份证等证件的，由劳动行政部门责令限期退还劳动者本人，并依照有关法律规定给予处罚。用人单位违反本法规定，以担保或者其他名义向劳动者收取财物的，由劳动行政部门责令限期退还劳动者本人，并以每人五百元以上二千元以下的标准处以罚款。劳动者依法解除或者终止劳动合同，用人单位扣押劳动者档案或者其他物品的，依照前款规定处罚。"本条罚款主要是基于用人单位利用其管理权限进行的扣押证件、档案和收取劳动者担保财物，这一系列行为都会直接或间接地造成劳动者财产或收入的损失，对用人单位施以罚款的处罚方式显示了一定的针对性和灵活性。

### （三）没收违法所得

除责令改正和罚款外，我国《劳动合同法》还对用人单位设定了没收违法所得的行政处罚方式。没收违法所得在行政责任和刑事责任中均有所运用，它通常是针对行为人由于违法行为所获收入而进行的财产没收。与罚款不同的是，没收违法所得针对的仅仅是行为人的违法所得，不涉及其他合法财产和固有利益，因此也可以说这一处罚本身并不具有惩罚性，只是对原有财产秩序的恢复。这一行政责任的适用必须以用人单位因其违法行为获得了额外的非法收入为前提。在《劳动合同法》中，这一行政手段主要针对违法经营劳务派遣业务的单位。首先是《劳动合同法》第九十二条第一款："违反本法规定，未经许可，擅自经营劳务派遣业务的，由劳动行政部门责令停止违法行为，没收违法所得，并处违法所得一倍以上五倍以下的罚款；没有违法所得的，可以处五万元以下的罚款。"其次是本条第二款："劳务派遣单位、用工单位违反本法有关劳务派遣规定的，由劳动行政部门责令限期改正；逾期不改正的，以每人五千元以上一万元以下的标准处以罚款，对劳务派遣单位，吊销其劳务派遣业务经营许可证。"可见，没收违法所得这一行政责任在目前的劳动立法体系中仅针对劳务派遣单位，这是由劳务关系的特殊性决定的。通常情况下，用人单位不能从经营劳动关系本身中盈利，所以没有违法所得可以获得，只有劳务派遣是例外。

## 四、违反用人单位义务的刑事责任

### （一）国（境）外劳动刑事责任的确立

工业革命肇始于西方资本主义国家，那里也是雇佣劳动的发源地。雇佣劳动的种种弊端也首先在西方呈现，如恶劣的工作环境、强迫劳动、集体维权引发的暴力冲突等。因此，西方国家关于劳动刑法理论的研究起步较早，理念相对成熟，其发展大致遵循着从法治国到福利国再到社会法理念的演变路径。[①] 劳动刑法在西方社会的确立代表了发达资本主义国家对工业社会中人类雇佣劳动的担忧和不满，也表达了对劳动者集体维权进行规范的愿望。劳动刑法自 20 世纪中期在英、美、法等国以法典或法律的形式确立以来，逐渐改变了自由资本主义时期维护雇主利益的传统，开始采纳

---

① 姜涛：《劳动刑法：概念模型与立论基础》，《政治与法律》2008 年第 10 期，第 100-105 页。

对劳动者加以倾斜保护的刑法立场，从而逐渐确立起与劳动法相适用的刑罚体系。到目前为止，西方的劳动刑法理论及立法已相对规范和制度化。英国的劳动刑法已经超越了传统的因工作环境和劳动条件而造成的人身伤害深入基本的制度层面。以最低工资为例，在英国，违反最低工资保护制度，可能会受到刑事处罚，最高可以导致 5000 英镑的罚款。① 受英美法系影响，我国香港地区的《雇佣条例》也确立了相关刑事惩罚规则，如"雇主如果出于故意或没有合理的理由而不按时支付工资给雇员，可被检控，一经定罪，最高可被处以 35 万元罚款及监禁 3 年"。美国 1893 年《科普兰法案》（*The Copeland Act*）规定了罚款、5 年以下监禁或者两者并科的刑事责任。② 劳动法属于社会法，由于学科定位的不同，劳动刑法在相应的法益目标和价值诉求上与大一统的刑法自然有所差异。对此，西方国家的劳动刑法已经形成了劳动刑法的特殊原则，如倾斜保护劳动者原则与附属刑法优先原则。我国的劳动刑法要想从刑法的大一统模式中分离出来，也应确立相应的倾斜保护劳动者的刑法立场，在劳资领域确立相对的强制性刑法规范，以劳资之间的利益与责任的平衡为出发点确立新的罪刑结构。③

**（二）我国劳动刑法理念之争**

在我国，关于刑法在劳动领域的应用，一直以来可谓仁者见仁智者见智。在对用人单位是否科以刑罚方面，以马克昌为代表的刑法专家表示，"不到不得以不动用刑罚"。而以关怀为代表的劳动与社会保障方面的专家主张在劳动领域加重刑事制裁，甚至提出制定专门的劳动刑法。刑法属于公法，公法的扩张适用往往伴随一定范围内私权的萎缩。从法律的发展演变历史看，不宜随意拓展刑法的适用范围。刑罚制裁过广是法律一元化的体现，但是，有学者提出，劳动纠纷入刑的根本原因是劳动领域存在着严重的恶性的社会危害后果，超出了民事和行政责任所能够保障的范畴。如"过劳死"本质上是企业强迫劳动者超负荷劳动，恶意剥夺员工的休息权所致，劳动者处于被管理者的地位无力反抗。对此，企业主不承担刑事责任不足以对用人单位实现相应的惩罚或制裁，也无法真正保障劳动者的利益。④ 长期以来，我国劳动刑法的缺失导致了行政权对劳动法的过分干预，这进一步助长了行政权的泛化，对我国的法治建设及社会管理中的去行政

---

① 谢增毅：《劳动法的比较与反思》，社会科学文献出版社，2011，第 111 页。
② 林晓云：《美国劳动雇佣法》，法律出版社，2007，第 8 页。
③ 姜涛：《劳动刑法：西方经验与中国建构》，《环球法律评论》2009 年第 2 期，第 109-118 页。
④ 苏永通、陆占奇：《胡新宇"过劳死"死了白死》，《南方周末》2006 年 6 月 15 日，第 6 版。

化极为不利。随着社会经济的发展，契约雇佣方式的劳动将会更加全面和
深入，因此有学者提出劳动关系调整的刑罚化是一种必然趋势，可以考虑
逐步把与劳动关系调整相关的行政法规上升为劳动刑法。① 这样不但可以避
免行政权的滥用，而且可以使劳资纠纷有法可依。

　　劳资关系有其特殊性。在劳资关系中，用人单位基于管理的需要具有
一定的强势地位，双方地位原始地不平等，因此劳资纠纷入刑与传统刑法
理念有所差异。在劳动刑法领域规范用人单位责任的制度设计应允许存在
一定的"相对强制性规范"，即对用人单位义务的规范允许适当倾斜。例
如，有学者提出劳动刑法应加强对违法用工行为的预防和惩治，以促进和
谐劳动关系的建立。② 从劳动者倾斜保护的理念考量，有学者提出劳动刑法
具有与传统刑法不同的特别属性，对不同的劳动争议应采用不同的指导方
针。例如，劳动刑法应体现对集体劳动争议的去犯罪化和对劳动者个人犯
罪的适当轻型化，以及对雇佣者的合理重刑化。强行在劳动刑法领域适用
刑法大一统的理论框架将会造成劳动附属刑法的严重不适，对劳动刑法理
念差异化的承认是构建劳动刑法理论的前提。③ 姜涛认为，从刑法学角度
看，劳动者至少面对三种风险：一是因为自身的弱势地位而招致侵害的风
险，这是由人类恃强凌弱的本性所决定的；二是劳动者为摆脱自身的弱势
地位而走上犯罪道路的风险；三是劳动者为维权可能采取暴力手段而导致
犯罪的风险。④ 基于此，姜涛提出应该确立劳动刑法的附属刑法学科地位。
作为附属刑法，劳动刑法的基本理念会面临调整乃至于根本的转变，社会
法领域的福利国家、实质正义及弱势公平理念都应该在劳动刑法的正义矫
正机制中得到体现。⑤

**（三）王某某案再次引发"欠薪入刑"之争**

　　2005 年王某某讨薪杀人案将劳动者欠薪问题推上了风口浪尖，"欠薪入
刑"一度成为社会热议的话题。王某某系宁夏进城务工农民，包工头吴某
某拖欠其 5000 多元工资，王某某多次讨要工资未果。因父亲住院治病急需
用钱，在向法院和相关劳动部门求助均无济于事后，王某某于 2005 年 5 月

---

① 孙燕山、孙凤君：《适时加大刑法对劳动关系调整的探析》，《河北师范大学学报（哲学社
会科学版）》2008 年第 1 期，第 26-32 页。

② 张勇：《劳动刑法视野下劳动用工违法犯罪的惩治与预防机制对策》，《河北法学》2008 年
第 4 期，第 107-110 页。

③ 姜涛：《问题与出路：对我国劳动刑法出场形态的慎思》，《西南政法大学学报》2010 年第
5 期，第 64-73 页。

④ 姜涛：《劳动刑法制度研究》，法律出版社，2013，第 324 页。

⑤ 姜涛：《劳动刑法：理念转变与立法完善》，《法学论坛》2009 年第 2 期，第 37-42 页。

11 日再次找包工头吴某某讨薪，却被吴某某之妻、儿子及邻居苏某才、苏某刚、苏某香五人辱骂。王某某在事后描述中称，他被骂成"像条狗"并遭到了暴力袭击。在这种极度绝望、无助和愤怒的情形之下，王某某连杀四人，重伤一人，后到公安局投案自首。王某某暴力讨薪一案，一时间引起了关于"欠薪入刑"的社会纷争。许多人都认为用人单位欠薪过错在先，王某某系由于无钱给父亲治病被"逼上梁山"的。社会舆论一度掀起了对王某某法外开恩的呼声。支持者认为，薪金乃是劳动者的生存之需，"断人口粮，等于谋财害命"①。学者高一飞表示，对王某某的死刑判决超出了"人之常情的容忍程度"。②

2005 年 6 月 16 日，宁夏石嘴山市中级人民法院以故意杀人罪判处被告人王某某死刑，剥夺政治权利终身。在王某某案中，雇主吴某某之子吴某华及其邻居苏某刚、苏某才、苏某香四人当场死亡，吴某某之妻汤某某受重伤。这是一起典型的讨薪受阻而引发的刑事犯罪案件。如果没有之前的恶意拖欠工资行为，或者如果立法对于欠薪行为有相对畅通的维权渠道，这样的恶性事件本可以避免。劳动者难以承受经济和人身的侮辱采用暴力手段必须受刑，那么对于这些暴力事件的诱因即用人单位的欠薪行为应该怎么处置呢？一时间，用人单位欠薪入刑问题成了媒体关注的焦点。有学者明确表示反对劳资争议入刑。刘艳红认为欠薪入刑实质上是刑法对契约行为的过分干预。劳动关系是一种契约关系，用刑罚的手段解决合同问题不能不说我们的制度设计出现了问题，不符合刑法的谦抑精神，是公权力的过分扩张。③ 常凯则认为之所以欠薪频发，根源在于中国的劳动法制过于宽松，没有"欠薪入刑"规定，主张将欠薪纳入刑罚的惩治范畴。④

**（四）用人单位欠薪责任入刑之辩**

中华全国总工会权益保障部前部长邹震建议"全国人大修订刑法时增加'欠薪罪'"，使得欠薪入刑问题一度成为 2010 年两会期间热议的话题。有学者认为"拒不支付劳动报酬罪"是刑法对恶意欠薪问题积极的正面干预，有利于及时惩罚用人单位并维护劳动者的权利。⑤ 受劳资对立的思维惯

① 搜狐新闻：《宁夏农民工讨 5 千工钱老板给 50 一怒之下连夺 4 命》，http://news.sohu.com/20050905/n226867603.shtml，访问日期：2019 年 3 月 7 日。
② 高一飞：《有必要判王斌余死刑吗？》，http://law.southcn.com/flpl/200509070597.htm，访问日期：2019 年 3 月 7 日。
③ 刘艳红：《当下中国刑事立法应当如何谦抑？——以恶意欠薪行为入罪为例之批判性分析》，《环球法律评论》2012 年第 2 期，第 61-75 页。
④ 常凯：《构建和谐社会与劳资关系法制化》，《检察风云》2007 年第 6 期，第 28-29 页。
⑤ 姜涛：《恶意欠薪罪若干问题探究》，《法学论坛》2012 年第 1 期，第 79-86 页。

性主导，舆论往往将"黑砖窑"和"用人单位"混为一谈，再加上王某某案的影响，《刑法修正案（八）》顺利通过并于 2011 年 5 月 1 日起施行。出于加强民生保护的需求，《刑法修正案（八）》部分地将欠薪行为纳入了刑罚制裁的范畴。为了规范全国司法的适用，最高人民法院和最高人民检察院发布了《关于执行〈中华人民共和国刑法〉确定罪名的补充规定（五）》，正式落实了"欠薪入刑"，将恶意欠薪行为命名为"拒不支付劳动报酬罪"。至此，"拒不支付劳动报酬"罪名已成，"欠薪入刑"已无悬念。那么欠薪问题是否就此可以得到缓解呢？笔者以为不然。欠薪导致的暴力事件屡屡发生的根源是欠薪问题无法通过正规的合法途径加以解决，用人单位的违法成本太低。我国的欠薪保障制度把欠薪惩罚标准定得太高，惩罚标准高就会导致执法难度大。"低标准是严执法的前提。"[1] 惩罚标准定得太高，会催生雇主的守法惰性和劳动行政部门的执法惰性。天长日久，这会导致劳动者对通过公权力维权丧失信心，进而寻求私力救济乃至暴力救济。正如林燕玲教授指出的，欠薪事件多发，是地方的劳动监察、执法不到位造成的，相关的法律不是太少，而是太多了。法律重复制定却得不到执行才是欠薪问题的症结所在。[2] 因此，通过"欠薪入刑"来解决工资拖欠实际上有些搞反了问题的方向。

　　劳动法专家从保障劳动者利益出发，主张加重刑事制裁，甚至提出制定专门的劳动刑法。有劳动法专家以"黑砖窑案"为例，提出"黑砖窑案"是劳动法领域的刑事犯罪问题，是市场经济所面临的新问题，认为应该以刑事手段解决。[3] 对于"黑砖窑案"，事实上在刑法修订之前就已经有"强迫职工劳动罪"对其加以制裁，《刑法修正案（八）》将这一罪名修改为"强迫劳动罪"。甚至有学者认为"黑砖窑案"本身已经不再是劳动法领域的问题，窑中"工人"被骗，甚至被绑架至砖窑，他们的人身自由受到绝对的限制，与窑主之间没有任何谈判的空间。他们不是劳动法意义上的"劳动者"，"黑砖窑"也不是劳动法意义上的用人单位。这一事件本质上就是刑事犯罪，只是以"伪雇佣"的方式表现出来而已，与劳动纠纷有本质的区别。以马克昌为代表的刑法学专家从保障人权的角度出发，反对"欠薪入刑"。在刑法学专家看来，刑法本身具有谦抑性，也被称为刑法的谦抑

---

[1]　董保华：《中国劳动基准法的目标选择》，《法学》2007 年第 1 期，第 52-60 页。
[2]　林燕玲：《"恶意欠薪"入刑：能否一劳永逸?》，《人民法院报》2011 年 1 月 9 日，第 7 版。
[3]　常凯：《山西黑砖窑案：需要击碎的是一个违法犯罪利益链》，《第一财经日报》2007 年6 月 20 日。

主义。谦抑性是刑法的基本理念和价值追求，即以最小刑罚的方式获取最大的社会效益，有效地预防和控制犯罪。马克昌教授提出，不到不得已不动用刑罚手段。"我们希望能在打击犯罪的时候，绷紧保障人权这根弦，贯彻刑法的谦抑性原则，做到'可捕可不捕的不捕，可诉可不诉的不诉，可判可不判的不判，可杀可不杀的不杀'，这跟构建和谐社会的目标是一致的。"[①] 梁慧星教授也明确反对"欠薪入刑"，认为应在法律理论化体系框架内设计出有效的解决方案。

从本质上讲，劳动关系是一种契约关系，如果雇主"恶意欠薪"可以入刑，那么劳动者故意或恶意不履行义务就应当也可以入刑，而这恐怕超出了立法者乃至社会的整体预判。据 2003 年北京青少年法律援助与研究中心开展的进城务工青年维权成本调查数据显示，在我国有 48.1% 的农民工经历过拖欠工资。[②] 工资拖欠在我国相对普遍，"欠薪入刑"不能一劳永逸地阻止欠薪问题，相反却可能进一步加大执法的难度，在社会中固化劳资对立的关系，这对我国和谐劳资关系的建立是极为不利的。正如梁慧星先生所言，如果真的严格执行"恶意欠薪罪"，将雇主判刑，随之工厂倒闭，劳动者也将会失去相应的就业机会。

**（五）我国劳动刑法罪名及适用**

我国刑法 1997 年初订立时所设立的与用人单位直接相关的罪名仅有"重大责任事故罪""强令违章冒险作业罪"。随着刑法的应用，在随后的相关修正案中逐渐呈现了劳动纠纷入刑的趋势，相关罪名逐渐增加。2002 年刑法第四修正案增加了"雇佣童工从事危重劳动罪"；2006 年刑法第六修正案修订了"重大劳动安全事故罪"，增加了"不报、谎报安全事故罪"；2011 年刑法第八修正案增加了"强迫劳动罪"和"拒不支付劳动报酬罪"。学者韩桂君提出应增设保护劳动者权益的相关罪名，如招用童工罪、社会保险诈骗罪等。[③] 徐武从保护公民劳动权的立场出发，主张在我国刑法中确立独立的"侵犯公民劳动权利罪"的章节。[④] 我国目前关于劳动刑法的研究基本处于空白阶段，少数研究也常常只针对个别罪名，并未涉及相关的理论研究，司法解释也止步于具体罪名的解释和演绎。

---

① 马克昌：《"不到不得已不动用刑罚"》，《南方周末》2009 年 9 月 25 日。

② 佟丽华、肖卫东：《中国农民工维权成本报告》，http://www.cnlsslaw.com/list.asp? Unid = 2506，访问日期：2011 年 7 月 3 日。

③ 韩桂君：《完善劳动者权益刑法保护的研究》，《中国劳动》2016 年第 6 期，第 34-38 页。

④ 徐武：《试论我国公民劳动权的刑法保护及完善》，《福建广播电视大学学报》2015 年第 2 期，第 73-77 页。

为保障具体罪名的准确适用，2013年最高人民法院《关于审理拒不支付劳动报酬刑事案件适用法律若干问题的解释》界定了劳动报酬的具体范畴。其第一条规定：劳动者依照《中华人民共和国劳动法》和《中华人民共和国劳动合同法》等法律的规定应得的劳动报酬，包括工资、奖金、津贴、补贴、延长工作时间的工资报酬及特殊情况下支付的工资等，应当认定为刑法第二百七十六条第一款规定的"劳动者的劳动报酬"。另外，对于何为"以转移财产、逃匿等方法逃避支付劳动者的劳动报酬"，该解释也列举了相应的情形，包括"以逃避支付劳动者的劳动报酬为目的"所从事的"隐匿财产、恶意清偿、虚构债务、虚假破产、虚假倒闭或者以其他方法转移、处分财产"等行为。

为防止刑罚在契约范围内的滥用，上述解释对拒不支付劳动报酬罪的情节和适用进行了一定的规范；虽然不支付劳动者的劳动报酬，但尚未造成严重后果，并且在立案前完成支付的，不认为是犯罪；如果用人单位在起诉前完成了报酬支付，可以减轻或者免除刑事处罚；对于免除刑事处罚的，可以根据案件的不同情况，予以训诫、责令具结悔过或者赔礼道歉；拒不支付劳动者的劳动报酬，造成严重后果，但在宣判前支付劳动者的劳动报酬，并依法承担相应赔偿责任的，可以酌情从宽处罚。为了防止定罪扩大化，对于何为"严重后果"，该解释将其锁定为两类行为：一是造成劳动者或者其被赡养人、被扶养人、被抚养人的基本生活受到严重影响、重大疾病无法及时医治或者失学的；二是对要求支付劳动报酬的劳动者使用暴力或者进行暴力威胁的。为防止其他社会主体通过否定自身的用人单位身份而逃避支付劳动报酬的行为和相应的惩罚，该解释规定："不具备用工主体资格的单位或者个人，违法用工且拒不支付劳动者的劳动报酬，数额较大，经政府有关部门责令支付仍不支付的，应当依照刑法第二百七十六条之一的规定，以拒不支付劳动报酬罪追究刑事责任。"这一规定实际上拓展了拒不支付劳动报酬罪的适用范围。用人单位本质上是一个法律拟制主体，自身不能表达意志，与社会沟通的功能通过单位负责人实现，因此对于拒不支付劳动报酬罪的单位负责人理应成为刑事责任的承担主体。根据该解释第九条的规定，拒不支付劳动报酬罪采用的是双罚制，对直接负责的主管人员和其他直接责任人员定罪处罚，而罚金由单位进行承担。所以，我国相关立法对拒不支付劳动报酬罪的数额、后果及主体都有严格的把关，是非常科学合理的。

# 结　语

·············································

　　以义务为出发点论述劳资关系改变了近代以来学术界权利本位的论证传统。无救济则无权利，关于权利的主张没有义务的保障只能导致空谈。在法律的发展史上，是先有义务性规范然后才有权利性规范的；在法律适用上，义务性规范是追究个体责任的前提。可以说，义务性规范是保障社会秩序稳定运行的基本框架，是权利界定和获得的依据。用人单位义务关系到劳资双方的责任分配，用人单位义务范畴的确立，是劳资关系良性运转的基本保障。基于对劳资双方的地位及信息占有能力的考量，劳动法学确立了劳动者倾斜保护原则作为劳动法律关系的基本原则，这就意味着劳动法律关系权利义务的确认必须尊重劳方与资方的实力差异。用人单位是劳资义务的主要承担者，相对清晰的用人单位义务边界对劳动关系的稳定运行起到不可忽视的作用。由于劳动者倾斜保护原则在劳动关系中的普遍确立，用人单位在劳资关系中主要是义务载体，清晰的用人单位义务边界是劳资关系良性运行的基础。

　　我国劳动立法对用人单位资格的认定目前采用的是列举的方式，这种立法理念源于计划经济的传统，本质上是以立法的方式将用工资格作为一种权利进行自上而下的分配。以"赋权"的方式分配"义务"必然导致实践中用人单位对雇佣身份的逃避和否定，也给劳资关系的认定设置了诸多障碍。我国学界先于立法借鉴了国外的法律理念，以从属性标准对用人单位资格加以界定，具体包括人格从属性、经济从属性、组织从属性等。以从属性标准认定用人单位资格保证了用人单位资格的弹性和开放，对实践中用人单位通过自否资格逃避义务的情形有一定的抑制作用。但是从属性认定标准对裁审机构的审核能力提出了严格的要求，在我国目前劳动法庭尚未充分推广的劳动司法环境下，从属性标准的适用难免受到掣肘。并且，这种理论观念的开放与立法的相对封闭必然带来用人单位主体资格认定的现实冲突。例如，对于自然人和立法未列举的组织，可否及如何承认其用工主体资格？根据从属性标准，二者均具备雇主资格，但是列举式的立法范式却将这两类主体排除在外。可见，不承认立法列举以外主体的雇主资格会导致用人单位资格范畴的窄化，致使现实中大量实质雇佣游离于劳动法的约束之外，这与对劳动者的倾斜保护原则背道而驰。若允许劳动司法机构以从属性标准对雇主资格加以认定，则挑战了我国列举式的用人单位资格立法模式。用人单位是市场经济环境中以营利为目的的经营主体，其存在形式是灵活多样的，只有尊重其开放性才能对其进行规范和约束，以适应社会经济的发展并保障劳资关系的运行。

《劳动合同法》对劳动者的保护力度之大超过了之前的《劳动法》及其他相关的劳动立法，增加了企业的用工成本。《劳动合同法》在试用期、无固定期限劳动合同的适用和经济补偿金制度等方面的严格要求，使企业在遇到市场风险需要减员时解除劳动合同的难度大大增加。此类用工黏附性成本的增加，对企业的抗风险能力提出了极高的要求，给中小企业及前述各种准自然人雇佣主体施加了巨大的运营压力。而劳资关系的和谐稳定运行，有赖于各色雇主的存在。现行劳动立法以劳动者保护为由，不加区分地给所有用人单位设定了过重的义务无疑给劳资关系的良性运行设置了一些障碍。从本质上讲，劳资是一对利益共同体。在劳动关系运行过程中，平衡的利益关系有利于二者良性互动，降低管理难度，实现经济利益的最大化。在劳资关系中，用人单位享有管理权并且掌握一定的信息优势，主张用人单位承担相对多于劳动者的义务无可厚非。然而，这种义务的倾斜必须控制在一定的范围内，用人单位义务设定过重会导致其不堪重负，破坏劳资关系，最终损害劳动者的利益。

劳资双方是利益相关的命运共同体，和谐稳定的劳动关系有利于促进劳资双方的利益最大化，因此，用人单位义务的设定必须注重劳资之间的利益平衡。突破合理的边界，一味要求雇主承担过重的责任，只能导致用人单位在竞争的市场环境中无所适从，甚至被迫退出用工市场，最终也必然损害劳动者的利益。这是因为受雇者的自由有赖于一大批多样化的雇主的存在。[①] 在劳动法律关系中，立法对双方主体宜从客观现实出发，掌握好倾斜保护的度。而且，根据我国现行的劳动立法，用人单位主体形形色色，实力不均，承担责任的能力更是参差不齐。在工业 4.0 时代，"不稳定的雇佣"将成为 21 世纪全世界劳资关系的共同特色，雇主与雇员之间的边界将会逐渐模糊。除传统雇主与雇员之间的关系日益模糊外，职业生涯的边界

---

① ［英］冯·哈耶克：《自由宪章》，杨玉生等译，中国社会科学出版社，2012，第 172 页。

将逐渐被打破。20世纪美国学者麦瑞克·阿尔伯提出的"斜杠青年"式的职业生活方式获得推广，传统支配性的从属劳动关系将演变为自主劳动、网络劳动、创新劳动，劳动过程更加专业化、个性化，从业者的身份也将更加多元，在雇佣与自营之间将产生大量从属性弱化的劳动关系。① 在这种劳资关系逐渐松散的趋势下，不宜再单纯通过强化资方的义务来维持劳资关系的良性运行。

资方对于劳方的监督和管理并不能破坏劳资双方合作共赢的经济基础。资本雇佣劳动是一种能够保证只有合格的人才会被选作企业家的机制，"合格的人"被选作企业家符合劳资双方的共同利益，"那些从事经营活动的成员应该被指定为委托人并有权索取剩余收入，以及监督其他成员。这不仅仅是因为他是主要的'风险制造者'，更主要的是因为他的行动最难监督"②。因此，雇主获得利润收益是对其资本投入和经营风险的认可，是为了鼓励企业家做出最能促进企业生产效率提高的决策，而企业生产效率的提高本质上对劳动者是有利的。在劳动关系中，劳资之间本质上互相依存。劳方付出合同约定的劳动获得稳定的报酬，资方提供资源和条件获得利润，资方管理权的存在是基于其对风险的承担，不能以此否定劳资之间的合作基础。在劳资关系运行过程中，资方无疑承担着市场决策不确定性的风险。尽管现有的经济学提供了企业决策的目标、手段和数据，但是任何条件都不意味着唯一的正确决策。资方需要对企业的未来承担责任，而现有数据不可能包含企业家决策需要的所有东西。③ 因此企业的利润是其承担风险之后的合理回报，劳动者领取工资、企业家获得利润是一种符合经济学规律的分配方式，不会也不应影响劳资关系的和谐运行。

工业社会代表着人类的未来，以工业雇佣为基础的劳资关系是经济运行的基础关系，劳资关系的良性运转是建立和谐社会的重要保障。劳动关系中的合作远大于冲突，劳动立法理应引导良性和谐的劳资合作与共治关系的建立。对立的劳资关系将劳动者客体化，使得劳资关系无法彰显劳动者的社会价值和社会功能，故其随时可能选择从工业社会中逃离。和谐的劳动关系鼓励劳动者与资方的合作与共治，从而调动劳动者的积极性以提高生产效率，这既彰显了劳动者的社会价值和功能，也是对人类工业社会

---

① 田思路：《工业4.0时代的从属劳动论》，《法学评论》2019年第1期，第76-85页。

② 张维迎：《企业的企业家——契约理论》，格致出版社、上海三联出版社、上海人民出版社，2016，第3页。

③ 张维迎：《产业政策争论背后的经济学问题》，《学术界》2017年第2期，第28-32页。

的发展趋势最根本的认可。劳资合作与共治在中外均有长期的实践历史，其根本原因是双方有共同合作的基础。劳资双方是一对利益共同体，有着根本的利益一致性，工人分享了经济发展的利益，生活待遇上有极大的改善，民主代议制的完善和法制的健全使得工会通过谈判而非斗争的方式解决纠纷成为可能。因此，现阶段劳资双方理应变革思想，以劳资合作与共治的观念为指导，摈弃传统的对抗态度和不合作立场，从对立走向合作，实现劳资合作与共治。这既是和谐社会的应有之义，也是劳资双方的共同目标。

脱离农耕社会进入工业社会之后，雇佣成了社会财富生产的主要方式。用人单位作为市场主体，应该承担的义务是系统的、多层次的，除了在劳动法领域对劳动者应承担的责任以外，还包括作为纳税主体应对国家承担的纳税责任，以及作为社会组织应该承担的环保责任等。作为为国家贡献税收、为个体提供就业机会，同时又承担了一定的社会责任的主体，用人单位的权利和义务边界显然不只停留于劳动法领域。依伯特兰·罗素之见，企业尤其是大型企业作为三权之外的第四极权力将成为管控社会的重要手段。

劳动者分层理论同样适用于用人单位，对于用人单位的权利义务界定同样要尊重不同用人单位的性质和实力而区别对待。从某种意义上说，我国劳动立法目前面临的大部分困境都是由于对用人单位主体大而化之的笼统规定而造成的，对用人单位进行分层已经成了当下劳动法学理论必须解决的问题。用人单位分层问题不解决，劳动法的学术和立法都将受到阻碍。任何学者、立法者都不可能对一个经济和管理实力迥异的用工群体作出整齐划一的合理规范，然而具体的分层问题显然超出了本书的驾驭能力。未来，笔者希望自己能够在这一方面有更进一步的探索。

# 参考文献

一、中文著作

[1] 史尚宽. 劳动法原论[M]. 上海：世界书局，1934.

[2] 谢怀斌，陈明侠. 劳动法简论[M]. 北京：中国财政经济出版社，1985.

[3] 黄越钦. 劳动法新论[M]. 北京：中国政法大学出版社，2003.

[4] 董保华. 社会法原论[M]. 北京：中国政法大学出版社，2001.

[5] 董保华. 劳动关系调整的法律机制[M]. 上海：上海交通大学出版社，2000.

[6] 董保华. 劳动关系调整的社会化与国家化[M]. 北京：中国劳动社会保障出版社，2006.

[7] 董保华. 十大热点事件透视劳动合同法[M]. 北京：法律出版社，2007.

[8] 董保华. 劳动合同制度中的管制与自治[M]. 上海：上海人民出版社，2015.

[9] 冯彦君. 劳动法学[M]. 长春：吉林大学出版社，1999.

[10] 秦国荣. 劳动与社会保障法律制度研究[M]. 南京：南京师范大学出版社，2004.

[11] 秦国荣. 劳动权保障与《劳动法》的修改[M]. 北京：人民出版社，2012.

[12] 田思路，贾秀芬. 契约劳动的研究：日本的理论与实践[M]. 北京：法律出版社，2007.

[13] 林嘉. 劳动法评论[M]. 北京：中国人民大学出版社，2005.

[14] 郑尚元. 劳动合同法的制度与理念[M]. 北京：中国政法大学出版社，2008.

［15］郑尚元. 劳动法与社会法理论探索［M］. 北京：中国政法大学出版社，2008.

［16］谢增毅. 劳动法的比较与反思［M］. 北京：社会科学文献出版社，2011.

［17］黄程贯. 劳动法［M］. 台北：空中大学印行，1997.

［18］冯英，杨慧源. 外国的失业保障［M］. 北京：中国社会出版社，2008.

［19］曹艳春. 雇主替代责任研究［M］. 北京：法律出版社，2008.

［20］薛长礼. 劳动权论［M］. 北京：科学出版社，2010.

［21］冯同庆. 劳动关系理论研究［M］. 北京：中国工人出版社，2012.

［22］柯振兴. 美国劳动法［M］. 北京：中国政法大学出版社，2014.

［23］程延园. 劳动关系［M］. 北京：中国人民大学出版社，2011.

［24］林晓云，等. 美国劳动雇佣法［M］. 北京：法律出版社，2007.

［25］张恒山. 义务先定论［M］. 济南：山东人民出版社，1999.

［26］景天魁. 打开社会奥秘的钥匙［M］. 太原：山西人民出版社，1981.

［27］马俊超. 中国劳工运动史［M］. 北京：商务印书馆，1942.

［28］冯涛，等. 劳动合同法研究［M］. 北京：中国检察出版社，2008.

［29］王全兴. 劳动法学（第2版）［M］. 北京：高等教育出版社，2008.

［30］常凯. 劳权论：当代中国劳动关系的法律调整研究［M］. 北京：中国劳动社会保障出版社，2004.

## 二、译著

［1］E. 博登海默. 法理学：法律哲学与法律方法［M］. 邓正来，译. 北京：中国政法大学出版社，2004.

［2］卡尔·拉伦茨. 法学方法论［M］. 陈爱娥，译. 北京：商务印书馆，2003.

［3］丹尼尔·奎因·米尔斯. 劳工关系［M］. 李丽林，李俊霞，译. 北京：机械工业出版社，2000.

［4］曼弗雷德·魏斯，马琳·施米特. 德国劳动法与劳资关系［M］. 倪斐，译. 北京：商务印书馆，2012.

［5］C. A. 摩尔根. 劳动经济学［M］. 杨炳章，等译. 北京：工人出版社，1984.

［6］费迪南德·B. J. 格拉佩豪斯，莱昂哈德·G. 费尔堡. 荷兰雇佣法与企业委员会制度［M］. 蔡人俊，译. 北京：商务印书馆，2011.

［7］杜茨. 劳动法［M］. 张国文，译. 北京：法律出版社，2005.

［8］罗纳德·H. 科斯. 企业、市场与法律［M］. 盛洪，陈郁，译. 上海：格致出版社、上海三联书店、上海人民出版社，2014.

［9］马克思. 资本论［M］. 郭大力，王亚南，译. 上海：上海三联书店出版社，2011.

［10］弗里德利希·冯·哈耶克. 自由宪章［M］. 杨玉生，等译. 北京：中国社会科学出版社，2012.

［11］马克斯·韦伯. 新教伦理与资本主义精神［M］. 马奇炎，陈婧，译. 北京：北京大学出版社，2012.

［12］肖伯纳. 费边论丛［M］. 袁绩藩，等译. 北京：生活·读书·新知三联书店，1958.

［13］玛格丽特·柯尔. 费边社史［M］. 杜安夏，杜小敬，等译. 北京：商务印书馆，1984.

［14］T. 特雷乌. 意大利劳动法与劳资关系［M］. 刘艺工，刘吉明，译. 北京：商务印书馆，2012.

［15］让-雅克·卢梭. 社会契约论［M］. 黄小彦，译. 南京：译林出版社，2014.

［16］弗里德利希·冯·哈耶克. 自由秩序原理［M］. 邓正来，译. 北京：生活·读书·新知三联书店，1997.

［17］川岛武宜. 现代化与法［M］. 申政武，等译. 北京：中国政法大学出版社，2004.

［18］弗雷德里克·温斯洛·泰勒. 科学管理原理［M］. 朱碧云，译. 北京：北京大学出版社，2013.

［19］约翰·罗尔斯. 正义论［M］. 何怀宏，何包钢，廖申白，译. 北京：中国社会科学出版社，1988.

［20］弗里德利希·冯·哈耶克. 法律、立法与自由［M］. 邓正来，张守东，李静冰，译. 北京：中国大百科全书出版社，2000.

［21］丹尼斯·吉尔伯特，约瑟夫·A. 卡尔. 美国阶级结构［M］. 彭华民，齐善鸿，等译. 北京：中国社会科学出版社，1992.

［22］伯特兰·罗素. 西方哲学史［M］. 耿丽，译. 重庆：重庆出版社，2016.

［23］马渡淳一郎. 劳动市场法的改革［M］. 田思路，译. 北京：清华

大学出版社，2006.

［24］韦伯夫妇. 英国工会运动史［M］. 陈建民，译. 北京：商务印书馆，1959.

［25］凯瑟琳·巴纳德. 欧盟劳动法［M］. 付欣，译. 北京：中国法制出版社，2005.

［26］森冈孝二. 过劳时代［M］. 米彦军，译. 北京：新星出版社，2019.

## 三、中文论文

［1］黄越钦. 从雇员契约到劳动契约［J］. 政法法学评论，1981(27).

［2］董保华. 中国劳动基准法的目标选择［J］. 法学，2007(1)：52-60.

［3］董保华. 论劳动合同法的立法宗旨［J］. 现代法学，2007(6)：69-75.

［4］董保华，周开畅. 也谈"从契约到身份——对第三法域的探索［J］. 浙江学刊，2004(1)：44-50.

［5］董保华. 劳动合同的再认识［J］. 法学，2000(5)：44-47.

［6］秦国荣. 用人单位义务：责任范围与立法逻辑［J］. 法治研究，2018(3)：109-120.

［7］秦国荣. 劳动关系法律调整的伦理要求与法治内涵［J］. 东南大学学报（哲学社会科学版），2018(4)：69-79.

［8］秦国荣. 网络用工与劳动法的理论革新及实践应对［J］. 南通大学学报（社会科学版），2018(4)：54-61.

［9］秦国荣. 劳资关系伦理的法学意蕴［J］. 政法论丛，2018(1)：24-31.

［10］秦国荣. 以十九大精神指引新时代和谐劳动关系法治建设［J］. 南京审计大学学报，2017(6)：10-13.

［11］秦国荣. 劳动关系治理的法治逻辑［J］. 中共贵州省委党校学报，2017(6)：66-74.

［12］秦国荣. 劳动法上用人单位的法学判别：理论与实践的考察［J］. 政法论丛，2016(3)：25-32.

［13］秦国荣. 劳资伦理：劳动法治运行的价值判断与秩序维护［J］. 社会科学战线，2015(7)：222-230.

［14］秦国荣. 无固定期限劳动合同：劳资伦理定位与制度安排［J］. 中国法学，2010(2)：173-182.

［15］秦国荣. 法律衡平与劳权保障：现代劳动法的价值理念及其实现[J]. 南京师大学报（社会科学版），2007(2)：21-28.

［16］秦国荣. 建国前中国共产党劳动立法的演变及其启示[J]. 江海学刊，2008(4)：127-132.

［17］李友根. 美国惩罚性赔偿制度的宪法争论：过重罚金条款与我国的惩罚性赔偿制度[J]. 法学论坛，2013(3)：12-18.

［18］田思路. 工业4.0时代的从属劳动论[J]. 法学评论，2019(1)：76-85.

［19］田思路，秦伟. 日本劳务派遣典型判例中用工企业雇主责任探析[J]. 中国劳动，2014(12)：28-31.

［20］田思路. 劳动关系非典型化的演变及法律回应[J]. 法学，2017(6)：138-147.

［21］田思路，彭浏诚. 论使用从属关系下非典型劳动者保护的多元化[J]. 中国劳动，2014(8)：18-21.

［22］冯彦君，王佳慧. 我国劳动法中应设立竞业禁止条款——兼谈弥补我国《劳动法》第22条的立法缺失[J]. 吉林大学社会科学学报，2002(6)：105-111.

［23］郑爱青. 和谐社会视野下劳动关系调整的法律思考——从用人单位和劳动者的基本劳动权利和劳动义务角度[J]. 法学家，2007(2)：22-26.

［24］吴文芳，韦祎. 论劳动合同中的附随义务——兼评《中华人民共和国劳动合同法（草案）》的相关条款[J]. 法商研究，2006(4)：128-135.

［25］黄程贯. 德国劳动法中劳动工债务不履行损害赔偿责任及限缩[J]. 台湾劳工，2007(6).

［26］黄程贯. 劳动基准法之公法性质与私法转化[J]. 东吴法学，2006(2).

［27］黄程贯. 劳动法中关于劳动关系之本质的理论[J]. 政法法学评论，1998(59).

［28］许建宇. 劳动合同的定性及其对立法的影响[J]. 中国劳动关系学院学报，2005(6)：17-21.

［29］李伶俐. 用人单位对劳动者个人信息义务性保护缺失的分析[J]. 学术交流，2014(4)：61-64.

［30］李干. 弹性与安全：审视《劳动合同法》的修改[J]. 探索与争鸣，2016(8)：62-67.

［31］张文显，姚建宗. 权利时代的理论景象［J］. 法制与社会发展，2005(5)：5-17.

［32］王全兴. 我国劳动合同立法的基本取向［J］. 中国劳动，2005(7)：11-14.

［33］曹艳春. 论雇主的保护照顾义务［J］. 法学论坛，2006(3)：101-106.

［34］郑爱青. 和谐社会视野下劳动关系调整的法律思考——从用人单位和劳动者的基本劳动权利和劳动义务角度［J］. 法学家，2007(2)：22-26.

［35］孙德强. 劳动争议诉讼举证责任分配［J］. 中国劳动关系学院学报，2006(1)：53-59.

［36］黎建飞，丁广宇. 竞业禁止义务规范研究——以英国法为比较视角［J］. 法学杂志，2006(4)：81-84.

［37］陈林林. 反思中国法治进程中的权利泛化［J］. 法学研究，2014(1)：10-13.

［38］王全兴. 我国劳动合同立法的基本取向［J］. 中国劳动，2005(7)：11-14.

## 四、外文类文献

［1］COASE R H. The Problem of Social Cost［J］. *The Journal of Law and Economics*, 1960,10(3)：1-44.

［2］HUNT C, BELL C. Employer Monitoring of Employee Online Activities outside the Workplace：Not Taking Privacy Seriously? ［J］. *Canadian Labour & Employment Law Journal*, 2014, 18(1)：411-457.

［3］LAWRENCE S. KLEIMAN, DARRIN KASS. Employer Liability for Hiring and Retaining Unfit Workers：*How Employers Can Minimize Their Risks*［J］. *Employment Relations Today*, 2014, 41(2)：33-41.

［4］CANNY A. What Employers Want and What Employers Do：Cumbrian Employers' Recruitment, Assessment and Provision of Education/Learning Opportunities for Their Young Workers［J］. A Rural Youth Labour Market：*Journal of Education and Work*, 2004, 17(4)：495-513.

［5］HAYEK F A. New Studies in Philosophy, Politics, Economics and the History of Ideas［M］. London；New York：Routledge, 1990.